entdecken und verstehen 1

Geschichte

Hessen

Differenzierende Ausgabe

Erarbeitet von
Cornelia Claußen
Sinje Eichner
Anja König
Oliver Luckhard
Manuel Panow
Sascha Rudat
Anette Schuck
Maren Stindt-Hoge

Mit Beiträgen von
Wolfgang Humann
Dr. Elisabeth Köster
Dr. Dieter Potente
Christiane Rein
Renate Teepe

Cornelsen

entdecken und verstehen

Projektleitung: Dr. Uwe Andrae
Redaktion: Jürgen Patner, Matthias Vogel
Bildassistenz: Anne-Katrin Dombrowsky

Umschlaggestaltung: Rosendahl, Berlin
Layout und technische Umsetzung: Straive
Coverbilder: Shutterstock.com/Vitalii Gaidukov (Helm); Bridgeman Images / Christie's Images (Buchausschnitt)

www.cornelsen.de

1. Auflage, 1. Druck 2023

Alle Drucke dieser Auflage sind inhaltlich unverändert und können im Unterricht nebeneinander verwendet werden.

© 2023 Cornelsen Verlag GmbH, Berlin

Druck und Bindung: Mohn Media Mohndruck, Gütersloh

ISBN 978-3-06-066287-6 (Schülerbuch)
ISBN 1100027787 (E-Book)

PEFC zertifiziert
Dieses Produkt stammt aus nachhaltig bewirtschafteten Wäldern und kontrollierten Quellen.
www.pefc.de

PEFC
PEFC/04-31-1033

Inhaltsverzeichnis

Einführung
Geschichte betrifft uns   8
Ein neues Fach: Geschichte   10
Geschichte begegnet uns überall   12
Methode Eine Zeitleiste erstellen   14
Orientierung In der Zeit   16
Woher wissen wir, was früher war?   18
Methode Wir legen ein Portfolio an   20
Das kann ich   22

Kapitel 1 Auf den Spuren der frühen Menschen   24

Schauplatz Eine Ausgrabung   26
Orientierung   28
Die Entwicklung des Menschen   30
Die Alt- und Jungsteinzeit   32
Leben in der Altsteinzeit   34
Die Jungsteinzeit   36
Methode Lese-Profi   37
Wahlseite Steinzeitkunst   38
Wahlseite Werkzeuge und Jagdwaffen   39
Wahlseite Tongefäße für die Vorräte   40
Wahlseite Spinnen und Weben   41
Die Metallzeit   42
Warenproduktion und Handel   44
Das kann ich!   46

Kapitel 2 Ägypten – eine frühe Hochkultur   48

Schauplatz Der Nil   50
Orientierung   52
Macht und Herrschaft   54
Methode Bilder lesen   56
Der Glaube im alten Ägypten   58
Pyramiden und Tempel   60
Wahlseite Die Kunst der ägyptischen Schrift   62
Wahlseite Kleopatra VII. – Historie oder Comic?   63
Wahlseite Der Fluch des Pharaos   64
Wahlseite Der Osirismythos   65
Fortschritt im alten Ägypten   66
Das moderne Ägypten und der Nil   68
Das kann ich!   70

Kapitel 3 Das antike Griechenland   72

Schauplatz Die Volksversammlung in Athen   74
Orientierung   76
Athener oder Griechen?   78
Leben in der Polis: Athen und Sparta   80
Auf dem Weg zur Demokratie   82
Methode Ein Schaubild auswerten   84
Wahlseite Die Göttersagen der Griechen   86
Wahlseite Die Olympischen Spiele   87
Wahlseite Sklaverei im antiken Griechenland   88
Wahlseite Die Baukunst der Griechen   89
Das Erbe des antiken Griechenlands   90
Das kann ich!   92

Kapitel 4 Das Römische Reich — 94

Schauplatz Die Stadt Rom — 96
Orientierung — 98
Die Entstehung Roms — 100
Unterwegs im Römischen Reich — 102
Sklaven in Rom — 104
Von der Republik zum Kaiserreich — 106
Leben am Limes — 108
Methode Textquellen untersuchen — 110
Das Christentum wird Staatsreligion — 112
Wahlseite Gladiatorenkämpfe — 114
Wahlseite Die römische Familie — 115
Wahlseite Tacitus und die Germanen — 116
Wahlseite Leben eines Legionärs — 117
Methode Außerschulische Lernorte entdecken — 118
Das Ende des Römischen Reiches — 120
Das kann ich! — 122

Kapitel 5 Lebenswelten im Mittelalter — 124

Schauplatz Auf der Burg — 126
Orientierung — 128
Königsherrschaft im Mittelalter — 130
Herrschaft durch Kreuz und Schwert — 132
Die Gesellschaftsordnung — 134
Leben auf dem Land — 136
Technische Fortschritte im Mittelalter — 138
Das Kloster – eine eigene Welt — 140

Wahlseite Klostermedizin — 142
Wahlseite Schreibkunst und Buchmalerei — 143
Wahlseite Baukunst und Romanik — 144
Wahlseite Das Kloster als Grundherr — 145
Das Mittelalter in der Gegenwart — 146
Das kann ich! — 148

Kapitel 6 Die Stadt im Mittelalter — 150

Schauplatz Markttag in der Stadt — 152
Orientierung — 154
Städte entstehen und wachsen — 156
Die Bewohner der Stadt — 158
Herrschaft in der Stadt — 160
Wahlseite Florenz — 162
Wahlseite Die Hanse — 163
Wahlseite Die Pest — 164
Wahlseite Die Seidenstraße — 165
Das kann ich! — 166

Kapitel 7 Religionen begegnen sich 168

Schauplatz In der Altstadt von Jerusalem 170
Drei Weltreligionen – ein Ursprung 172
Glaube und Religion im Mittelalter 174
Die Ausbreitung der Religionen in Europa 176
Zusammenleben in al-Andalus 178
Die Kreuzzüge 180
Juden im Mittelalter 182
Methode Ein eigenes Urteil bilden 184
Wahlseite Jüdische Jugendliche
in Deutschland 186
Wahlseite Muslimische Jugendliche
in Deutschland 187
Wahlseite Christliche Jugendliche
in Deutschland 188
Wahlseite Warum gibt es Religionen? 189
Das kann ich! 190

Kapitel 8 Neue Welten, neue Horizonte 192

Schauplatz Abenteuer Seefahrt 194
Orientierung 196
Eine neue Zeit beginnt 198
Wahlseite Hochkulturen in Amerika 200
Wahlseite Die Azteken 201
Wahlseite Die Inka 202
Wahlseite Die Maya 203
Die Suche nach einem Seeweg nach Indien 204
Methode Historische Karten auswerten 206
Die Zerstörung des Aztekenreichs 208
Folgen für Mittel- und Südamerika 210
Die Europäer und die Indigenen 212
Das kann ich! 214

Anhang 216

Lösungen zu den „Das kann ich"-Seiten 216
Lexikon 220
Quellenverzeichnis 222
Hilfen zum Lösen von Aufgaben (Operatoren) 224

So arbeitet ihr mit diesem Buch ...

**Liebe Schülerinnen,
liebe Schüler,**
wir möchten euch kurz
die unterschiedlichen
Seiten dieses Buches
vorstellen.

Auftaktseiten

Jedes Kapitel startet
mit einem großen Bild,
das einen historischen
Schauplatz oder etwas
Interessantes zum je-
weiligen Thema zeigt.
Ihr könnt Eindrücke
sammeln und Vorwis-
sen zusammentragen.

Orientierung

Hier könnt ihr euch einen zeitlichen
und räumlichen Überblick verschaffen.
Ein Wegweiser zeigt euch den Weg
durch das Kapitel.

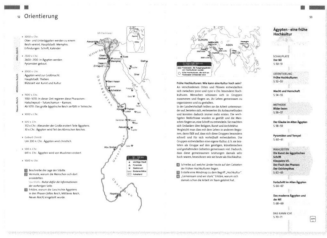

Methode

Diese Seiten unterstüt-
zen euch bei der Infor-
mationsbeschaffung.
Ihr könnt Schritt für
Schritt erlernen, wie ihr
aus verschiedenen
Quellen Informationen
entnehmen, diese ver-
arbeiten und schließlich
eure Lernergebnisse
präsentieren könnt.

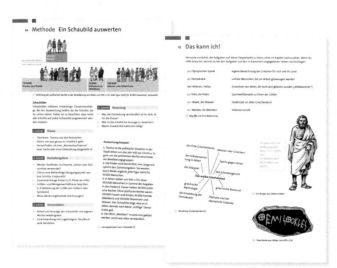

Das kann ich!

Jedes Kapitel endet mit
einem „Kompetenz-
Check". Hier könnt ihr
euer Wissen und Kön-
nen testen und die neu
erworbenen Kompeten-
zen anwenden.

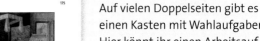

Wie prägte der christliche Glaube das Leben der Menschen?

[1] Das Jüngste Gericht, Gemälde von Hans Memling, um 1470. (1) Jesus (2) Der Engel Michael (3) Himmelstür (4) Der heilige Petrus (5) Höllenfeuer

1 Beschreibe Bild [1]: Fange in der Mitte an, dann die linke und rechte Seite.

2 Stelle anhand von Bild [1] Vermutungen an: Welche Gefühle prägten das Leben der Menschen im Mittelalter besonders?

Der Glaube bestimmt das Leben

Der meisten Menschen im Mittelalter konnten nicht lesen. Nur wenige Kinder besuchten eine Schule. Über Jesus und die Bibel erfuhren sie im Gottesdienst. Sie besaßen keine Bücher und konnten nicht in der Bibel nachsehen. Viele Kirchen waren deshalb mit Geschichten aus der Bibel ausgemalt. Die Bilder zeigten den Menschen auch, was mit ihnen passieren würde, wenn sie sich nicht an die Gebote Gottes hielten.

Das Leben der Menschen war vom Glauben geprägt. Für alle wichtigen Ereignisse gab es ein religiöses Ritual* für die Geburt, die Heirat und den Tod. Das Läuten der Kirchenglocken zeigte die Tageszeit an, denn Uhren besaßen die Menschen nicht. Christliche Feiertage waren die einzigen freien Tage im Jahr.

Im Glauben suchten die Menschen Erklärungen für Dinge, die sie nicht verstanden. Die Schöpfungsgeschichte der Bibel erklärte beispielsweise, wie die Welt aufgebaut und geordnet war. Die Menschen glaubten, dass Gott der Welt eine Ordnung gegeben hatte. Jeder hatte darin seinen Platz, den er nicht verlassen durfte.

das **Ritual**: eine feierliche Handlung, die man immer auf die gleiche Weise durchführt.

Sprachspeicher
Im Zentrum steht ... Es handelt sich um ...
In der Hand hält er ... Über ihm sieht man ...
Die Menschen links werden von Petrus ...

Wissen für wenige

Im Mittelalter kannten nur noch wenige Menschen das Wissen aus der Antike. Die Schriften der Griechen und Römer wurden in Klöstern aufbewahrt.

Mönche und Nonnen konnten lesen und schreiben, aber sie beschäftigten sich vor allem mit christlichen Texten. Die Bücher aus der Antike waren für sie „heidnisch", also nicht christlich. Sie gerieten deshalb in Vergessenheit.

In den Schreibstuben der Klöster kopierten Mönche und Nonnen die Bibel und andere religiöse Schriften. Sie schrieben sie von Hand ab, denn der Buchdruck war noch nicht erfunden. Ihre Werke verzierten sie mit aufwendigen Malereien.

3 Erkläre, warum Bücher im Mittelalter selten und kostbar waren.

Hildegard von Bingen, eine Äbtissin und Gelehrte, schrieb im 12. Jahrhundert über die Ordnung der Welt:

Gott achtet bei jedem Menschen darauf, dass sich der niedere Stand nicht über den höheren erhebe [...].
Und wer steckt all sein Vieh zusammen in einen Stall: Rinder, Esel, Schafe [...]? Da käme alles übel durcheinander! So muss man darauf achten, dass nicht alles Volk in eine Herde zusammengeworfen werde.
Es würde sonst eine böse Sittenverwilderung* einreißen, da man sich im gegenseitigen Hasse zerfleischen würde, wenn der höhere Stand zum niedrigen herabgewürdigt* und dieser zum höheren aufsteigen würde.
Gott teilt sein Volk auf Erden in verschiedene Stände, wie die Engel im Himmel [...]. Und Gott liebt sie alle.

Zit. nach Johannes Bühler: Die Kultur im Mittelalter, Stuttgart (Kröner) 1954, S. 123

4 Lies die Quelle [2]. Arbeite Hildegards Argumente für eine von Gott gegebene Ordnung heraus.

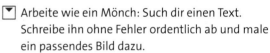

[3] Mönch in der Schreibstube, Buchmalerei aus dem 15. Jahrhundert.

5 Betrachte das Bild [3]. Erkläre, was darauf zu sehen ist.

die **Sitte**: eine anständige Verhaltensweise
herabwürdigen: abwerten

Wähle einen der Arbeitsaufträge aus:

☐ Arbeite wie ein Mönch: Such dir einen Text. Schreibe ihn ohne Fehler ordentlich ab und male ein passendes Bild dazu.

☒ Gestalte eine Mindmap zum Thema „Christlicher Glaube im Mittelalter".

☒ Sind die Argumente von Hildegard von Bingen zur göttlichen Ordnung [2] schlüssig? Bewerte ihre Aussagen, indem du eine Antwort an sie formulierst.

Sprachspeicher
4: Hildegard vergleicht in ihrem Text ...
Sie warnt davor, dass ...
Deshalb sei es wichtig, dass ...

Themendoppelseiten

Oben auf der linken Seite findet ihr eine Leitfrage, worum es auf dieser Doppelseite geht. Oft kommen in den Texten Begriffe vor, die näher erklärt werden müssen. Diese Begriffe sind mit einem Sternchen* versehen und werden in einem Kasten ausführlich erklärt. Auf jeder Inhaltsseite findet ihr Bilder, Schaubilder oder Diagramme. Alle Materialien könnt ihr mithilfe der Aufgaben erarbeiten. Außerdem findet ihr auf den Seiten unten einen gelben **Sprachspeicher**. Hier stehen Wörter, Wortgruppen oder Hinweise als sprachliche Unterstützung zum Textverständnis oder zur Bearbeitung der Aufgaben.

Das Lexikon

Das Lexikon bietet euch alle wichtigen Fachbegriffe in alphabetischer Reihenfolge mit Erklärungen. Hier könnt ihr nachlesen und euch informieren.

A

Adel, *der*: eine wohlhabende und führende Schicht der Gesellschaft, die eine Reihe von Vorzügen genoss; Adelstitel sind z. B. Fürst, Gräfin, Freiherr usw.

Alt|stein|zeit, *die*: Vor etwa zwei Millionen Jahren begann die Altsteinzeit. Sie endete mit der letzten Eiszeit um 8000 v. Chr. In dieser Zeit lebten die Menschen ausschließlich als Jäger und Sammler. Sie zogen in familienähnlichen Gemeinschaften von 20 bis 30 Personen umher. Ihre Geräte und Waffen stellten sie aus Steinen, Knochen und Holz her.

Differenzierungsangebot

Auf vielen Doppelseiten gibt es einen Kasten mit Wahlaufgaben. Hier könnt ihr einen Arbeitsauftrag auswählen. Die Aufgaben mit ☒ sind etwas leichter, die Aufgaben mit ☒ etwas schwieriger zu lösen. Außerdem findet ihr noch unter „Was ihr noch tun könnt ..." weiterführende Anregungen, wenn ihr euch mit dem Thema noch zusätzlich beschäftigen wollt.

Cornelsen Lernen-App

Mit der neuen Cornelsen Lernen-App könnt ihr digitales Begleitmaterial zu den Schulbuchseiten herunterladen.

Dein Buch findest du auch in der Cornelsen Lernen App

Siehst du eines dieser Symbole in deinem Buch, kannst du in deiner App ...

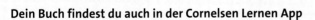

	Üben	Check
alle Hörspiele und Videos zu deinem Buch aufrufen.	interaktive Übungen zur Fachsprache in Geschichte machen,	dein Wissen am Ende des Kapitels überprüfen.

Geschichte betrifft uns

Zu Besuch in einer alten Stadt

Geschichte umgibt uns, wohin wir auch gehen. Bei einem Ausflug, hier zum Beispiel nach Marburg, können wir Spuren der Vergangenheit erkennen. Oft sind das alte Gebäude und wir fragen uns: Wie alt ist das Haus? Wer hat das gebaut? Wer hat darin gewohnt?
Wir Menschen beschäftigen uns immer wieder mit unserer Geschichte. Dafür müssen wir in der Zeit gar nicht so weit zurückgehen. Wir können gleich bei uns vor der Haustür beginnen.

1 Beschreibe das Bild. Hast du so ähnliche Häuser auch schon in deiner Nähe gesehen?

2 Was würde dich an dem Leben der Menschen interessieren, die damals lebten, als diese Häuser gebaut wurden?

Ein neues Fach: **Geschichte**

vor 2 Mio. Jahren	3000 v. Chr.
Urgeschichte	frühe Hochkulturen

1 Sieh dir die Bilder auf dieser Doppelseite genau an und berichte, was dir dazu einfällt.

2 Ordne die Bilder den Abschnitten der Zeitleiste richtig zu.

3 Nenne dann die Namen des jeweiligen Zeitabschnitts.

[1] *Menschen auf der Berliner Mauer vor dem Brandenburger Tor in Berlin.* Foto 1989.

[2] *„Die Bauernhochzeit" heißt das Bild des Malers Pieter Brueghel des Jüngeren von 1630.* Foto.

[3] *Jugendlicher mit einem Plakat auf einer Friday-for-future-Demo.* Foto 2020

[4] *Löwenmensch, geschnitzt aus einem Mammut-Stoßzahn, 41.000–35.000 v. Chr.* Foto.

Was bedeutet Geschichte?

Geschichte – damit ist all das gemeint, was seit dem ersten Auftreten der Menschen geschehen ist. Es wird berichtet und erzählt, was sich im Laufe der Menschheitsgeschichte verändert hat, aber auch, was bis heute geblieben ist und damit auch uns betrifft.

Bei der Arbeit mit den folgenden Seiten kannst du dich mit folgenden Fragen beschäftigen:

- Warum befassen wir uns mit Geschichte?
- Woher erfahren wir, was früher passiert ist?
- Wer kann mir etwas über früher erzählen?
- Was hat Geschichte mit mir zu tun?
- Wie kann ich Geschichte darstellen?

| 500 v. Chr. | | 500 n. Chr. | 1500 n. Chr. | 2000 n. Chr. |

Christi Geburt

Neuzeit

Altertum Mittelalter heute

[5] *Mumienmaske des ägyptischen Königs Tutanchamun (1336 – 1327 v. Chr.).* Foto.

[6] *Die Akropolis in Athen. Erbaut von 467 und 406 v. Chr.* Illustration.

[7] *Eine Münze mit dem Portrait des römischen Kaisers Julius Cäsar, 1. Jahrhundert n. Chr.* Foto.

[8] *„Festzug der Ritter" – ein Bild aus Italien aus dem Jahr 1450.* Foto.

Geschichte begegnet uns überall

Wo finden wir Geschichte in unserer Nähe?

1 Berichte, ob du die Bauwerke auf dieser Doppelseite schon einmal gesehen oder besucht hast. Erzähle, was du zu den Bauwerken und ihrer Entstehung weißt.

2 Bringe Gegenstände oder Bilder mit, die etwas über vergangene Zeiten erzählen und stelle sie in der Klasse vor.

Die Geschichte unseres Ortes

Einige Bilder auf dieser Seite erscheinen dir möglicherweise vertraut. Ähnliches gibt es vielleicht auch in deiner Stadt oder in deiner Gemeinde. Häufig geht man an derartigen Häusern, Kirchen, Stadtmauern einfach vorbei – man kennt sie ja. Stimmt das aber wirklich?

A

B

C

D

[1] *Die Bauwerke der Seite 12:*
A *Kurfürstliche Burg in Eltville am Rhein,* Foto 2020.
B *Windmühle in Neu-Anspach, Hochtaunuskreis,* Foto 2019.
C *Runkel an der Lahn,* Foto, 2018.
D *Steinau an der Straße, Main-Kinzig-Kreis,* Foto 2020.

E

F

G

H

[2] *Die Bauwerke der Seite 13:*
E Biebricher Schloss, Wiesbaden, Foto 2021
F Hercules-Monument im Bergpark Kassel, Foto 2021
G Römer-Kastell, Saalburg, Foto o. J.
H Paulskirche in Frankfurt am Main, Foto 2020

Wählt einen der Arbeitsaufträge aus:

☒ Erstellt in der Klasse eine Liste mit Gebäuden, Denkmälern, Brücken usw. aus eurem Heimatort, die aus früherer Zeit stammen. Besorgt euch dazu einen Prospekt vom Rathaus oder Verkehrsverein oder recherchiert im Internet.

☒ Gestaltet gemeinsam eine Wandzeitung zum Thema: „Die Geschichte unserer Stadt/unserer Gemeinde." Auf dieser Wandzeitung könnt ihr Bilder aus Prospekten oder eigene Fotos aufkleben. Schreibt zu den Bildern kurze Erklärungen.

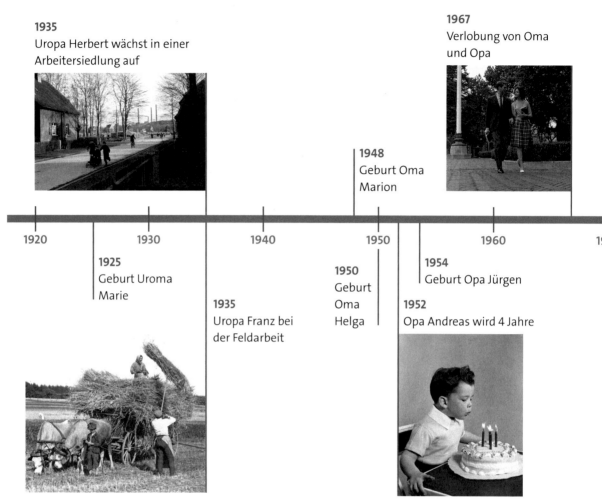

[1] *Eine Zeitleiste von Emma aus der Klasse 6b.*

Die Familiengeschichte wird sichtbar

Wenn du zu Hause in einem Fotoalbum blätterst oder dir Fotos am Computer anschaust, wirst du auf Bilder aus deiner Vergangenheit stoßen. Nicht an alles wirst du dich erinnern. Zu manchen der Bilder können dir nur deine Eltern oder Großeltern etwas erzählen.

Diese Fotografien sind wichtige Bildquellen deiner eigenen Geschichte. Wenn du sie zeitlich ordnest, kannst du mit ihnen deine Lebensgeschichte und die Geschichte deiner Familie darstellen.

Die folgenden vier Schritte helfen dir bei der Erarbeitung einer Zeitleiste zur Geschichte deiner Familie.

1 Schaue die Bilder auf dieser Doppelseite an. Erzähle, wovon die Fotos berichten.

2 Befrage deine Eltern oder Großeltern, welche Ereignisse in der Geschichte deiner Familien besonders wichtig waren.

3 Frage nach, wann diese Ereignisse stattgefunden haben. Trage die Angaben in die Zeitleiste ein.

4 Erstelle nach dem Beispiel deine bebilderte Zeitleiste.

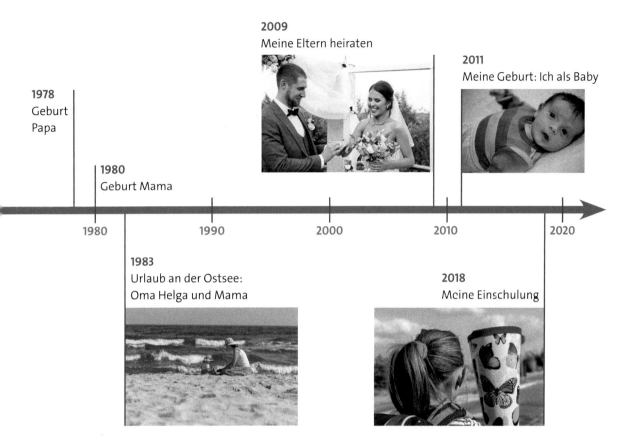

1978
Geburt
Papa

1980
Geburt Mama

2009
Meine Eltern heiraten

2011
Meine Geburt: Ich als Baby

1980   1990   2000   2010   2020

1983
Urlaub an der Ostsee:
Oma Helga und Mama

2018
Meine Einschulung

---

1. Schritt   **Bilder und Informationen sammeln**

- Suche zu Hause Bilder von eurer Familie.
- Befrage dazu deine Eltern und Großeltern.
- Lass dir von deinen Eltern und Großeltern aus deren Leben erzählen.

2. Schritt   **Das Material ordnen**

- Sortiere ähnliche Bilder aus und mache Fotokopien oder Ausdrucke von den ausgewählten Bildern.
- Schreibe zu jedem Bild auf, aus welchem Jahr es stammt.
- Berechne, wie viele Jahre seitdem bis heute vergangen sind.

3. Schritt   **Die Zeitleiste anlegen**

- Nimm eine Tapetenbahn und zeichne darauf einen Zeitstrahl (siehe oben).
- Unterteil den Zeitstrahl auf der Tapetenbahn in mindestens zehn gleiche Abschnitte.
- Schreibe von rechts nach links unter die Markierungen die Jahreszahlen 2020, 2010, 2000, 1990, 1980 ...
- Markiere dann die Jahreszahl des aktuellen Jahres.

4. Schritt   **Schritt Die Zeitleiste gestalten**

- Leg deine Bilder auf den richtigen Platz auf dem Zeitstrahl. Probiere aus, wie du die Bilder am besten platziert.
- Klebe die Bilder auf und beschriftet sie

Orientierung in der Zeit

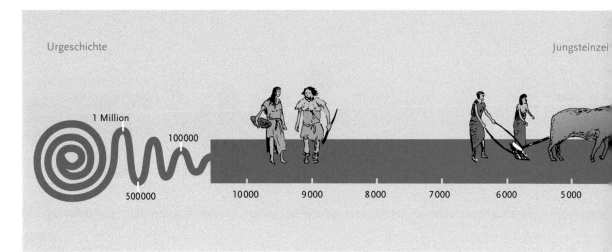

[1] *Zeitstrahl mit Illustrationen.*

Zeit kann man messen

Menschen haben schon immer versucht, die Zeit zu messen. In früheren Zeiten ordnete man die Zeit nach Naturerscheinungen. Man orientierte sich am Lauf der Sonne oder am Wechsel von Tag und Nacht. Die Länge eines Monats berechnete man durch die Zeit zwischen zwei Vollmonden. Die ersten Aufzeichnungen, nach denen die Zeit in Tage oder Monate eingeteilt wird, sind schon vor tausenden Jahren entstanden. Die Menschen im alten Ägypten schufen einen Kalender, der auf der Beobachtung des Sternenhimmels beruhte.

Wichtig war die Schaffung einer Zeiteinteilung, um über das Jahr hinweg eine Orientierung zu haben um Ackerbau zu betreiben oder religiöse Feste zu feiern.

1 Nenne verschiedene Möglichkeiten zur Zeitmessung. Welche Geräte zur Zeitmessung kennst du?

Verschiedene Zeitrechnungen und Kalender

Die Geburt Christi ist als Beginn der Zeitrechnung weit verbreitet. Wir orientieren uns am christlichen Kalender. In der jüdischen Kultur beginnt der Kalender mit der Schöpfung der Welt. Es entspricht nach christlicher Zeitrechnung dem Jahr 3761 v. Chr. Für die arabische Welt gilt das Jahr 622, in dem der Prophet Mohammed von Medina nach Mekka kam, als Beginn der Zeitrechnung.

Unsere Zeitrechnung

Unsere Zeitrechnung ist auf die Geburt von Jesus Christus bezogen. Die Jahre davor nennen wir „vor Christi Geburt": v. Chr., und die Jahre danach nennen wir „nach Christi Geburt": n. Chr.

Andere Kulturen haben andere feste Anhaltspunkte. Die Römer zählten die Jahre nach der Gründung Roms. Dies entspricht nach unserer Zeitrechnung dem Jahr 753 v. Chr.

Wie unterteilen Menschen die Zeit?

Um Zeiträume übersichtlich zu erfassen, unterteilen wir sie in Abschnitte. Das können Jahre, Jahrzehnte, Jahrhunderte oder Jahrtausende sein. Wenn wir die geschichtlichen Abläufe und Entwicklungen einordnen, geben wir die Zeit meistens in Jahrhunderten an.

Historiker gliedern den Verlauf der Geschichte in große Einheiten. Man spricht dabei von Zeitaltern oder Epochen.

Was ist eine Zeitleiste?

Auf einer Zeitleiste sind die Jahreszahlen von links nach rechts angeordnet. Für eure Klasse könnt ihr eine Zeitleiste mit Bildern erstellen.

2 Nenne verschiedene Zeitrechnungen und Kalender. Welche Arten von Kalendern kennst du?

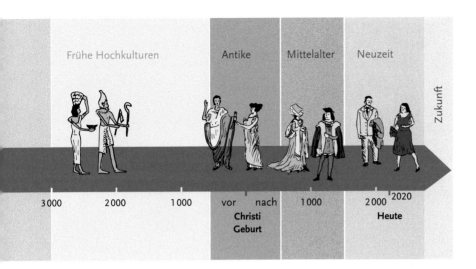

Frühe Hochkulturen   Antike   Mittelalter   Neuzeit

Zukunft

| 3 000 | 2 000 | 1 000 | vor | nach | 1 000 | 2 000 | 2020 |

Christi
Geburt

Heute

Die Klasse 5b hat eine Zeitleiste erstellt. Ihre Tipps haben sie aufgeschrieben.

Ihr braucht: eine Tapetenrolle, einen dicken Filzstift und ein Maßband

So könnt ihr gemeinsam eine Zeitleiste herstellen.
- Rollt die Tapetenrolle auf dem Boden aus. Messt 8 Meter ab. Schneidet die Tapete ab.
- Messt von der rechten Seite 1 Meter ab. Macht hier einen Strich. Messt weiter 1 Meter ab und macht einen Strich. Geht weiter so vor, bis ihr die ganze Tapete eingeteilt habt.
- Schreibt nun die Jahreszahlen über die Striche. Beginnt bei dem ersten Strich rechts. 2000, 1000 und 0. Nach der 0: 1000, 2000 usw.

So könnt ihr eure Zeitleiste gestalten.
- Schreibt über die Zeitleiste vor die Null: „vor Christi Geburt". Schreibt nach der Null: „nach Christi Geburt".
- Tragt die Zeitalter in der richtigen Reihenfolge ein.
- Sucht Bilder in Zeitschriften oder im Internet zu den Zeitaltern oder malt Bilder dazu. Schneidet die Bilder aus.
- Ordnet eure Bilder zu den passenden Zeitaltern. Klebt die Bilder auf.

Eure Zeitleiste könnt ihr im Klassenzimmer aufhängen. Zu neuen Themen könnt ihr sie mit neuen Bildern ergänzen.

Historische Epochen

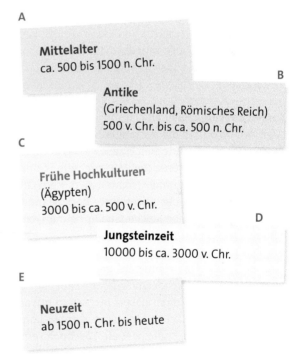

A

Mittelalter
ca. 500 bis 1500 n. Chr.

B

Antike
(Griechenland, Römisches Reich)
500 v. Chr. bis ca. 500 n. Chr.

C

Frühe Hochkulturen
(Ägypten)
3000 bis ca. 500 v. Chr.

D

Jungsteinzeit
10000 bis ca. 3000 v. Chr.

E

Neuzeit
ab 1500 n. Chr. bis heute

3 Ordne die Kärtchen A–E unten in die richtige Reihenfolge.

Üben

Woher wissen wir, was früher war?

2

3

4

1

[1] *1: Büste der ägyptischen Königin Kleopatra VII.; 2: Farbige Handzeichnung von mittelalterlichen Hochzeitsmusikanten; 3: Urkunde aus dem Mittelalter; 4: Tongefäße mit Verzierungen.*

1 Beschreibe die Gegenstände in der Collage [1]. Was könnten sie über die Vergangenheit erzählen?

Spuren der Vergangenheit

Alles, was wir über die Vergangenheit wissen, erfahren wir aus historischen Quellen*. Das können zum Beispiel alte römische Münzen sein. Dann wissen wir, dass römische Soldaten an diesem Ort waren oder römische Kaufleute dort Handel betrieben haben. Eine solche Quelle nennen wir Sachquelle.

Ein altes Bild (Foto, Gemälde oder Mosaik) ist für uns eine Bildquelle. Wir können sehen, wie die Menschen damals ausgesehen und wie sie gelebt haben. Auch in früheren Zeiten haben Menschen etwas über das damalige Leben aufgeschrieben. Es können alte Zeitungen, Briefe oder ein Tagebuch sein. Sie berichten uns etwas über die damalige Zeit. Diese sind Schriftquellen.

Wir können auch ältere Menschen nach der Vergangenheit befragen. Sie erzählen uns, was sie früher selbst erlebt haben. Solche Menschen nennen wir Zeitzeugen.

* *die* **Quelle,** die **Quellen:**
Quellen sind Zeugnisse aus der Vergangenheit. Wir können aus ihnen etwas über unsere Geschichte erfahren. Man unterscheidet zwischen Sachquellen, Bildquellen, Schriftquellen und mündlichen Überlieferungen.

2 Erkläre mit eigenen Worten, was Quellen sind.

Fundstücke aus Ausgrabungen

Immer wieder kommt es vor, dass bei Bauarbeiten Überreste aus der Vergangenheit zum Vorschein kommen. Man findet im Boden alte Mauersteine, Gegenstände, Knochen, Tonscherben und vieles mehr. Die Wissenschaftler, die diese Fundstücke herausholen und näher untersuchen, nennen wir Archäologinnen und Archäologen. Sie bringen mit verschiedenen Methoden die Funde „zum Sprechen". Über die Arbeit dieser Experten kannst du auf Seite 26 mehr lesen.

Sprachspeicher
über eine Zeit berichten • jemanden nach der Vergangenheit befragen • die Sach|quelle • die Bild|quelle • die Schrift|quelle • der Über|rest • das Fund|stück

Bildquellen und schriftliche Quellen

Historikerinnen und Historiker arbeiten in den Archiven, Bibliotheken und in verschiedenen Forschungseinrichtungen. Ihre Aufgabe ist, die verschiedenen Quellen zu untersuchen (Bildquellen, schriftliche Quellen, Dokumente, Tonaufnahmen). Sie ordnen die Quellen in historische Zusammenhänge ein. Bildquellen sind nicht nur alte Fotos, sondern auch Wandmalereien, Mosaiken, Gemälde oder Plakate. Wie wir eine Bildquelle „zum Sprechen" bringen können, darüber könnt ihr auf den Seiten 56/57 mehr erfahren.

Eine alte Urkunde, ein Brief, ein Tagebuch sind Beispiele für schriftliche Quellen. Für das Fach Geschichte sind Textquellen die wichtigste Quellenart. Wie man Textquellen untersuchen, deuten und vergleichen kann, darüber könnt ihr auf den Seiten 110/111 und 136/137 mehr erfahren. Heute kommt es oft vor, dass Historiker die alten Dokumente oder Bilder digital untersuchen. Viele Archive bieten oft digitalisierte Sammlungen an.

Darstellungen, Veröffentlichungen

Alles, was Historikerinnen und Historiker herausfinden, fassen sie in Forschungsberichten zusammen. Die Ergebnisse werden dann veröffentlicht. Eine Veröffentlichung kann in einem Buch erscheinen oder auch ein Teil einer Ausstellung im Museum sein. Oft werden Forschungsergebnisse auch in Filmen darstellt.

3 Fasse zusammen, was du über die Arbeit von Historikerinnen und Historikern erfahren hast.

4 Ordnet die Bilder aus [1] und [3] den verschiedenen Quellenarten zu. Fertigt dazu eine Tabelle an.

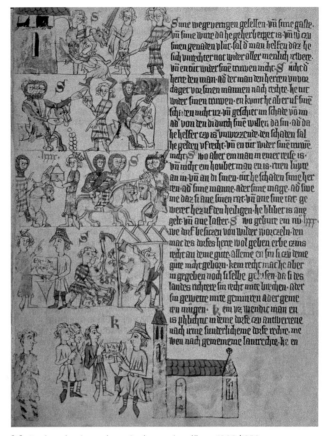

[3] *Buchmalerei aus dem „Sachsenspiegel" um 1300/1350. Universitätsbibliothek Heidelberg.*

[4] *Alte und neue Medien in einer Bibliothek. Foto.*

Wähle einen der Arbeitsaufträge aus:

☑ Wähle einen Gegenstand aus Bild [1] aus und bestimme die Quellenart.

☒ Beschreibe, wozu der Gegenstand aus Bild [1] verwendet wurde.

☒ Notiere Fragen, die du einem Historiker oder einer Historikerin stellen würdest.

[2] *Ein Archäologe notiert seine Ergebnisse. Foto.*

Sprachspeicher
eine Quelle untersuchen • eine Quelle deuten •
der Forschungs|bericht

Üben 📖

Methode Wir legen ein Portfolio an

Was ist ein Portfolio?

Ein Portfolio* ist eine Mappe, in der du deine gelungenen Arbeiten zusammenstellst.

Es ist wie eine Mischung aus Schatzkästchen und Lerntagebuch. Du kannst deine besten Arbeiten (Bilder, Zeichnungen, Geschichten, selbst gestaltete Arbeitsblätter) zu einem Thema hier sammeln und zusätzlich etwas über eure Erfahrungen beim Lernen und Arbeiten notieren.

*das **Portfolio:** ursprünglich italienisch: portare = (mit sich) tragen, fo(g)lio = Papier-Blatt, Buchseite

So kannst du dein Portfolio anlegen

1. Schritt **Sammeln und selbst bewerten**

- Sieh deine Arbeiten durch und lege die schönsten beiseite.
- Lege zu jeder Arbeit ein Blatt an und erkläre:
  - Wie bist du auf die Idee gekommen?
  - Gab es Schwierigkeiten bei der Durchführung?
  - Was findest du gut? Was könnte noch verbessert werden?
  - Begründe deine Aussagen.

2. Schritt **Lernerfahrungen beschreiben**

- Wenn ein Kapitel im Buch zu Ende geht, hast du ganz sicher eine Menge neuer Informationen erhalten. Auch bestimmte Arbeitsweisen (Methoden) hast du gelernt. Auf der Seite „Das kann ich!" hast du überprüft, wie sicher du mit den neuen Informationen umgehen kannst.

- Du kannst deine Erfahrungen festhalten und deine „Lerngeschichte" notieren. Die folgenden Fragen helfen dir dabei. Du kannst auf jede einzelne Frage kurz antworten oder auch einen zusammenhängenden Text schreiben:
  - Was hat mich am meisten interessiert?
  - Was hat mich weniger interessiert?
  - Was habe ich neu gelernt?
  - Wie hat das Lernen geklappt? Was war besonders schwierig, was war leicht?
  - Wie zufrieden bin ich mit: „Das kann ich!"
  - Welche Hilfen hätte ich noch benötigt?
  - Welche Frage(n) habe ich noch?
- Was werde ich demnächst anders machen?
- Schreibe die Ergebnisse sauber auf ein eigenes Blatt. Überschrift: „Wie meine Arbeit mit dem Kapitel (...) verlaufen ist".

3. Schritt **Sortieren**

- Sortiere jeweils am Ende eines Kapitels die neuen Seiten, trage sie ins Inhaltsverzeichnis ein und lege sie in dein Portfolio. Fertig!

1 Erstelle dein eigenes Portfolio.

Das sollte dein Portfolio „Geschichte betrifft uns" enthalten

- Deckblatt mit Thema, Namen und ansprechender Gestaltung.
- Fünf Fragen an die Geschichte zu Themen, die dich interessieren.
- Eine Übersicht oder Erzählung zur Geschichte ...
  a) deiner Familie
  b) deiner Schule
  c) deiner Ortes/Stadtteils
  (b und c sind auch in Partnerarbeit möglich).

- Eine Seite zu den verschiedenen Arten von Quellen.
- Eigene Aufgabenstellungen, die ihr euch überlegt habt.
- Ein Denkblatt über deine Lernwege und Erfahrungen:
  - Besonders interessiert hat mich ...
  - Das hat mir an der Arbeit gefallen/weniger gefallen ...
  - Probleme bereitet hat mir ...

[1] *Checkliste Portfolio.*

Inhaltsverzeichnis

1   Meine Zeichnung einer ägyptischen Prinzessin

2   Bild vom Totengericht

3   Warum ich Ägypten so toll fand.

Eine ägyptische Prinzessin

Das Totengericht

Das kann ich!

Versuche zunächst, die Aufgaben auf dieser Doppelseite zu lösen, ohne im Kapitel nachzusehen. Wenn du Hilfe brauchst, kannst du bei den Aufgaben nachschlagen. Dort sind in Klammern die Seiten angegeben.

[1] *Begriffe und ihre Bedeutung*

A Wenn deine Großeltern von ihrer Geschichte erzählen, dann sind das mittelalterliche Quellen.
B Tagebücher, Inschriften, Verträge, Briefe und Urkunden sind schriftliche Quellen.
C Es gibt auch heute noch verschiedene Ausgangspunkte für den Beginn der Zeitrechnung.
D Informationen über die Urgeschichte findet man meist im Urwald.
E Das Jahr 150 n. Chr. liegt weiter in der Vergangenheit zurück als das Jahr 50 v. Chr.
F Epochen sind große geschichtliche Zeitabschnitte.

[2] *Aussagen zur Geschichte: richtig oder falsch?*

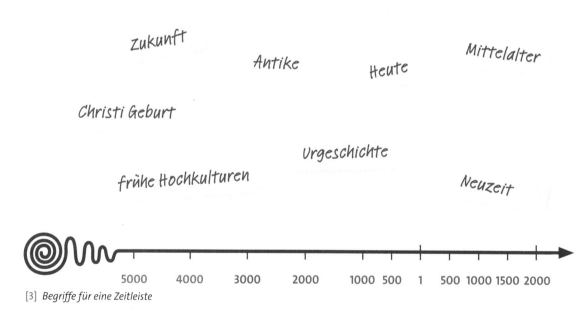

[3] *Begriffe für eine Zeitleiste*

[4] *Familie mit mehreren Generationen*, Foto: 2022

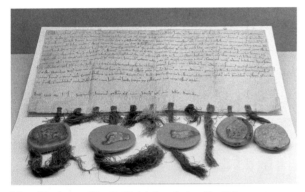

[5] *Urkunde von Otto IV., 12. Jahrhundert n. Chr.*, Foto.

[6] *Römische Glasvasen, Pompeji, 1. Jahrhundert. n. Chr.*, Foto.

Sachkompetenz

1 Ordne den Begriffen [1] die jeweils passende Bedeutung zu. Schreibe die Lösung in dein Heft:
- *alle Menschen, die in einem Zeitabschnitt leben,*
- *ein Überrest oder eine Überlieferung aus der Vergangenheit,*
- *eine Zeiteinteilung für die Orientierung,*
- *eine Darstellungsform für lange Zeitabschnitte,*
- *ein Abschnitt der Geschichte.*

2 Arbeite mit deinem Lernpartner oder deiner Lernpartnerin zusammen: Überprüft gemeinsam die Aussagen zur Geschichte [2] und besprecht, welche Aussagen richtig sind.

3 Ordne die Abbildungen [4–6] einer Epoche zu. (S. 10/11)

4 Übertrage die Zeitleiste [3] auf ein Blatt und setze die Begriffe an die richtige Stelle. (S. 10/11)

Methodenkompetenz

5 Erstelle eine Zeitleiste zu deiner Familiengeschichte. (S. 14/15)

6 Lege dein Portfolio zum Thema „Geschichte betrifft uns" an. (S. 20/21)

Handlungskompetenz

7 Erstelle eine Liste mit der Überschrift „Geschichte auf dem Schulweg". Trage hier alle alten Gebäude, Straßennamen, Inschriften u. s. w. ein, an denen du auf deinem Schulweg vorbeikommst. Notiere auch, welcher Epoche sie angehören. (S. 16/17)

Check

Auf den Spuren der frühen Menschen

Eine Ausgrabung

Die Wissenschaftler auf dem Bild sind auf der Suche nach Gegenständen, die Informationen über die Vergangenheit liefern können. Sie möchten wissen, wie unsere Vorfahren vor vielen tausend Jahren gelebt haben. Sie legen Fundstücke frei.

1 Beschreibe das Bild. Welche Gegenstände kannst du erkennen?

2 Was würde dich an dem Leben der frühen Menschen interessieren? Sammle Fragen dazu.

3 Gibt es in der Nahe deines Wohnortes auch Ausgrabungen? Berichte.

Schauplatz Eine Ausgrabung

Was findet man im Boden aus früheren Zeiten?

1 Beschreibe mit eigenen Worten, wie Archäologinnen und Archäologen arbeiten. Beachte auch das Foto auf S. 24/25.

[1] *Eine Scherbe wird ausgegraben.* Foto.

[2] *Ein Archäologe legt ein Skelett frei.* Foto.

* *das* **Atom:** kleinster Baustein, aus dem alles besteht

Wie arbeiten Archäologen und Archäologinnen?

Immer wieder kommt es vor, dass bei Bauarbeiten Überreste aus der Vergangenheit zum Vorschein kommen. Dann holt man Archäologen und Archäologinnen zur Hilfe. Diese Fachleute kennen sich mit der Entwicklung und den Lebensbedingungen der Menschen in früheren Zeiten aus.

Sie bringen mit verschiedenen Methoden die Funde „zum Sprechen". Sie untersuchen alles, was Menschen hinterlassen haben: Gebäude, Werkzeuge, Knochen oder Kunstwerke. Besonders aus den Zeitaltern, in denen es noch keine Schrift gab, liefern uns diese Gegenstände wichtige Informationen.

Funde in der Erde

Die meisten Funde werden in der Erde gemacht. Sie müssen ganz vorsichtig ausgegraben und gereinigt werden. Bei großen Ausgrabungen werden Luftbilder benutzt. Um die Funde in ihre Zeit einordnen zu können, verwenden Fachleute unterschiedliche Methoden. Wenn die Fundstücke aus Holz sind, können sie mithilfe der Jahresringe, die im Baum beim Wachsen entstehen, das Alter bestimmen. Bei der sogenannten C-14-Methode wird der Gehalt an C-14-Atomen* in den Fundstücken gemessen. Je älter die Fundstücke sind, desto weniger dieser Atome enthalten sie.

Fundstücke aus der ältesten Zeit der Menschheit

Die Fundstücke auf der Seite 25 wurden alle in Deutschland gefunden. Sie liefern uns Informationen darüber, wie die Menschen damals gelebt haben. Gegenstände, Knochenreste und Werkzeuge können uns viel über ihre Gewohnheiten (z.B. Nahrung, Wohnen, Freizeit, Glauben) verraten.

2 Sieh dir die Bilder [3–6] auf Seite 27 genau an. Lies die Texte dazu.

3 Erstelle zu einem Fundstück einen kleinen Steckbrief. Die Informationen in den Texten helfen dir dabei. Beachte auch die hervorgehobenen Schlüsselwörter.

Mein Fundstück:

Name des Gegenstandes: _____
Fundort: _____
Wann wurde es gefunden? _____
Wie alt ist es? _____
Aus welchem Material ist es? _____
Das habe ich noch herausgefunden: _____
_____
_____
_____
_____
_____
_____
_____

[3] *Schiebemühle.* Foto

[4] *Knochenflöte,* Foto.

[5] *Tongefäß, Linienbandkeramik,* Foto

Küchengeräte aus der Jungsteinzeit

Im Jahre 2011 wurde bei einer Ausgrabung in der Nähe von Köln in Zülpich eine Abfallgrube aus der Jungsteinzeit freigelegt. Hier haben Forscher die Teile einer Schiebemühle [3] entdeckt. Der Fund stammt aus der ältesten mitteleuropäischen Bauernkultur um 5000 v. Chr. Zu dieser Zeit haben die Menschen schon Getreide geerntet und verarbeitet. Getreide bildete den Hauptbestandteil der täglichen Nahrung. Dafür benötigte man geeignete Mühlen.

Der untere Stein aus Granit, auf den das Getreide gelegt wurde, wiegt 52 Kilogramm, also ungefähr so viel wie drei Fahrräder und ist fast so groß wie zwei große Zeichenblockblätter nebeneinander. Der obere Mahlstein wiegt 3,5 Kilogramm, also etwas mehr als drei Tüten Milch.

Damals wurden auch schon Gefäße aus Ton angefertigt. Diese Tongefäße [4] gehören zu der Bandkeramik-Kultur. Solche Tonwaren fand man in einem jungsteinzeitlichen Dorf bei Köln-Lindenthal. Das Tongefäß auf dem Bild ist ca. 7000 Jahre alt.

4 Schreibe eine Geschichte auf, in der ein Mensch aus der Altsteinzeit erzählt, warum er Flöte spielt.

Was du noch tun kannst:

→ Forme eine kleine Figur aus Speckstein oder Kernseife.

Kunst aus der Altsteinzeit

In den Höhlen der Schwäbischen Alb (Baden-Württemberg) wurden die weltweit ältesten, geschnitzten Figuren und Musikinstrumente gefunden. Knochenflöten [5] zählen zu den ältesten Musikinstrumenten. Die Flöten sind aus Vogelknochen geschnitzt und ca. 35 000 bis 40 000 Jahre alt. Die Flöte ist 21 Zentimeter lang und 8 Millimeter dick. Sie ist damit ungefähr so groß wie ein Bleistift.

Die Venus vom Hohle Fels [6] ist eine etwa 6 Zentimeter hohe, aus Mammut-Elfenbein geschnitzte Figur. Sie wiegt mit 33 Gramm so viel wie drei große Kirschen. Sie wurde im September 2008 bei Ausgrabungen in der Höhle Hohle Fels am Fuß der Schwäbischen Alb entdeckt. Forscher haben herausgefunden, dass die Figur etwa 35000 bis 40000 Jahre alt ist. Damit gehört sie zu den weltweit ältesten Darstellungen des menschlichen Körpers.

[6] *Venus vom Hohle Fels,* Foto.

▸ seit ca. 4 bis 7 Millionen
Jahren v. Chr.
Entwicklung des Menschen
auf der Erde

▸ begann vor ca. 65 Millionen
Jahren v. Chr. und dauert
noch an
Es gibt bereits:
Gletscher, Wüsten, Vögel, Mammuts,
Bisons, Säbelzahntiger, Insekten ...

▸ dauerte von ca. 230 bis
65 Millionen Jahren v. Chr.
Es gibt bereits:
Saurier, Amphibien, Farne,
Gräser, Bäume, Wälder ...

▸ dauerte von ca. 570 bis
230 Millionen Jahren v. Chr.
Es gibt bereits:
Korallen, Tintenfische, Farne,
Algen, Einzeller, Wasser, Glut,
Feuer, Vulkane ...

▸ Vor etwa 5 Milliarden Jahren ist
die Erde entstanden.

[1] *Die Entwicklung des Lebens auf der Erde als Spirale dargestellt,* Schaubild.

Die Entstehung der Erde

Unsere Erde entstand vor etwa fünf Milliarden Jahren. Die Erde war eine Kugel aus flüssiger Lava. Sie hatte noch keine Kontinente und Weltmeere. Vor etwa vier Milliarden Jahren begann sich die Erde abzukühlen. Meere entstanden, in denen erste Lebewesen lebten. Es dauerte noch lange, bis Pflanzen und Tiere das Land besiedelten. Die Erde wurde grün.

Stellt man sich die Entwicklung der Erde auf einer Uhr vor, erscheint der Mensch erst wenige Minuten vor zwölf (siehe Abb. 2).

1 Beschreibe mit eigenen Worten die Entstehung der Erde (Text; Abb. 1).

[2] *Das Leben auf der Erde als Uhr dargestellt,* Schaubild.

2 Recherchiere im Internet zum Begriff „Urgeschichte" mithilfe einer Suchmaschine für Kinder.

Informationen im Internet finden

Um geeignete Seiten im Internet zu finden, musst du den Begriff Urgeschichte in das Suchfeld einer Suchmaschine eingeben. Normale Suchmaschinen liefern dir Ergebnisse, die eher für Erwachsene geeignet sind. Aber es gibt auch Suchmaschinen für Kinder. Bei den Ergebnissen steht dann oft dabei, ab welchem Alter sie geeignet sind.

1   Rufe die Suchmaschine www.blindekuh.de auf. Dazu musst du blindekuh.de ins Browserfenster schreiben.
2   Wenn du auf blindekuh.de angekommen bist, gib Urgeschichte ins Suchfeld ein und klicke auf die Lupe.
3   Suche dir ein Ergebnis aus, das zu deinem Alter passt und klicke es an.
4   Lies dir den Artikel durch und notieren drei Sachen, die du neu gelernt hast. Notiere den Namen der Seite, auf der der Artikel steht.
5   Wenn du magst, kannst du dir weitere Artikel anschauen. Klicke dafür auf den Pfeil, der nach links zeigt. Er bringt dich zurück zur Übersicht mit den Suchergebnissen.

[3] *Suche nach den Spuren der Vergangenheit.* Foto 2022

Auf den Spuren der frühen Menschen

SCHAUPLATZ
Eine Ausgrabung
S. 26–27

ORIENTIERUNG
S. 28–29

Die Entwicklung des Menschen
S. 30–31

Die Alt- und Jungsteinzeit
S. 32–33

Leben in der Altsteinzeit
S. 34–35

Die Jungsteinzeit
S. 36

METHODE
Lese-Profi
S. 37

WAHLSEITEN
Steinzeitkunst
Werkzeuge und Jagdwaffen
Tongefäße für die Vorräte
Spinnen und Weben
S. 38–41

Die Metallzeit
S. 42–43

Warenproduktion und Handel
S. 44–45

DAS KANN ICH!
S. 46–47

Die Entwicklung des Menschen

Wer waren die Vorfahren des modernen Menschen?

Die Wiege der Menschheit

Vieles deutet darauf hin, dass die ersten Menschen* in Afrika lebten. Dort lernten sie erst langsam aufrecht zu gehen und einfache Werkzeuge zu benutzen. Das geschah etwa vor vier Millionen Jahren. Neueste wissenschaftliche Untersuchungen belegen, dass die verschiedenen frühen Menschen nicht nacheinander, sondern nebeneinander existierten und sich auch miteinander fortpflanzten. Vor etwa 100000 Jahren begann der Jetztmensch (Homo sapiens) von Afrika aus sich über die Welt zu verbreiten.

*der **Mensch:** In der Biologie zählt der moderne Mensch (Homo sapiens) zur Gattung Homo (Mensch), ebenso wie die ausgestorbenen Frühmenschen. Alle Arten der Gattung Homo gehören zur Familie der Menschenaffen. Alle Menschenaffen gehören zur Klasse der Säugetiere. Auch der moderne Mensch ist also ein Säugetier.

A Lucy aus Äthiopien

1974 fanden Forschende in Äthiopien die Knochen eines besonderen Menschenaffen-Weibchens, dem sie den Namen Lucy gaben. Lucy lebte vor ca. 3,2 Millionen Jahren. Sie war etwa ein Meter groß und wog 27 Kilogramm. Sie kletterte nicht nur auf Bäume, sondern ging auch hin und wieder auf zwei Beinen auf der Erde. Sie ernährte sich von Pflanzen. Das Gehirn hatte eine Größe von ca. 280 bis 550 Kubikzentimetern. Forschende zählen Lucy zu den Vormenschen.

B Homo rudolfensis aus Kenia

1972 wurden die Überreste eines Skeletts in der Nähe des Rudolfsees in Kenia entdeckt. Nach diesem See wurde der Fund bezeichnet. Dieser Urmensch lebte vor etwa 2,5 Millionen Jahren. Sein Gehirn war mit ca. 600 bis 800 Kubikzentimetern deutlich größer als das von Lucy. Vermutlich war er etwa 1,50 Meter groß, wog bis zu 50 Kilogramm. Wahrscheinlich nutzte er Steinwerkzeuge, vor allem den Faustkeil. Der See in Kenia heißt heute übrigens Turkana-See.

C Homo erectus aus Bilzingsleben

1969 wurde in Bilzingsleben in Thüringen ein Lagerplatz von 30 bis 40 Frühmenschen entdeckt. Sie waren Großwildjäger und nutzen das Feuer. Bis ins Jahr 2000 fanden Forschende dort weitere Steinwerkzeuge, Stoßzähne und Knochen von Nashörnern und Elefanten sowie den 375000 Jahre alten menschlichen Schädel eines Homo erectus. „Erectus" bedeutet, dass er wie wir laufen konnte. Sein Gehirn hatte eine Größe von 850 bis 1250 Kubikzentimetern. Er war etwa 1,7 Meter groß und wog 50 bis 60 Kilogramm.

D Neandertaler aus dem Neandertal

1856 entdeckten Arbeiter in einer Höhle im Neandertal bei Düsseldorf menschliche Knochen. Dieser Frühmensch war ca. 1,60 Meter groß, kräftig und ca. 75 Kilogramm schwer. Man nannte ihn Homo neanderthalensis. Er war ein Großwildjäger und Werkzeugmacher. Sein Gehirn war größer als das des Jetztmenschen. Vor 30000 Jahren ist er ausgestorben. Aber: Neandertaler und Jetztmenschen pflanzten sich miteinander fort. Wir stammen also auch vom Neandertaler ab.

[1–4] Rekonstruktionsfotos

Sprachspeicher
aufrecht gehen · Werkzeuge und Faustkeile benutzen · sich an das Klima anpassen · Werkzeuge herstellen

E Homo sapiens – der Jetztmensch

Im Jahr 2017 wurden in Djebel lrhoud (Marokko, Nordafrika) Skelettreste von einem Homo sapiens freigelegt. Diese Funde belegen, dass sich der moderne Mensch bereits vor etwa 300000 Jahren über ganz Afrika ausgebreitet hatte.

Der Jetztmensch unterschied sich vom Frühmenschen vor allem durch seine Schädelform und die noch geschickteren Hände. Aber der entscheidende Unterschied bestand in der höheren Leistungsfähigkeit seines Gehirns und seiner großen Anpassungsfähigkeit an wechselnde Bedingungen. Er war der erste Mensch, der die ganze Erde besiedelte.

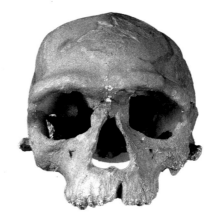

[5] *Nachbildung eines Schädels aus Djebel lrhoud, Marokko, Foto 2017*

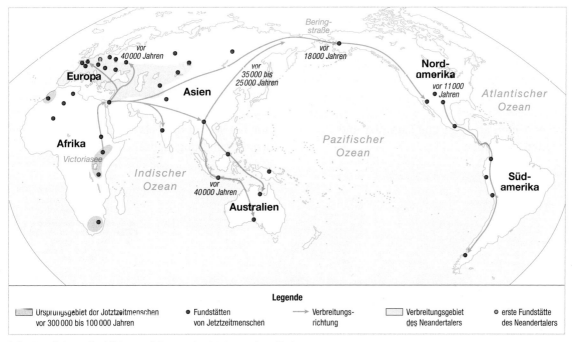

[6] *Räumliche und zeitliche Ausdehnung des Jetztmenschen*, Karte.

1 Arbeitet in Gruppen. Jede Gruppe wählt einen Vorfahren aus.
- Notiert die wesentlichen Informationen aus den Texten A bis D.
- Stellt euch eure Ergebnisse gegenseitig vor.

2 Fasse den Inhalt des Textes E in eigenen Worten zusammen.

3 Erkläre, warum dieser Fund [5] so bedeutsam ist.

4 Stelle mithilfe des Textes und der Karte [6] die Ausbreitung des Jetztmenschen dar.

Sprachspeicher
4: sich an wechselnde Bedingungen anpassen • Die Karte zeigt … • Das Ursprungsgebiet der Jetztmenschen liegt in … • Von hier aus wanderten sie nach …

Üben

Die Alt- und Jungsteinzeit

Was beeinflusste das Leben der ersten Menschen in Europa?

[1] *Leben in der Altsteinzeit*. Illustration.

[2] *Erfindungen in der Jungsteinzeit*. Illustration.

Die Altsteinzeit

Die Altsteinzeit begann in Europa mit der Ankunft der ersten Menschen vor etwa 2,5 Millionen Jahren und dauerte bis vor etwa 7000 Jahren. Kennzeichen der Altsteinzeit ist die Verwendung von Feuerstein für Werkzeuge und Waffen. Die Menschen lebten als Jäger und Sammler und folgten großen Tierherden.

Die Jungsteinzeit

Vor etwa 10000 Jahren begannen die Menschen Getreide anzubauen und Tiere zu zähmen. Sie änderten ihre Lebensweise und blieben dauerhaft an einem Ort. Sie bauten feste Häuser und die Bevölkerung wuchs rasant. Diese tiefgreifende Umwälzung bezeichnet man als neolithische Revolution (neolithisch = jungsteinzeitlich).

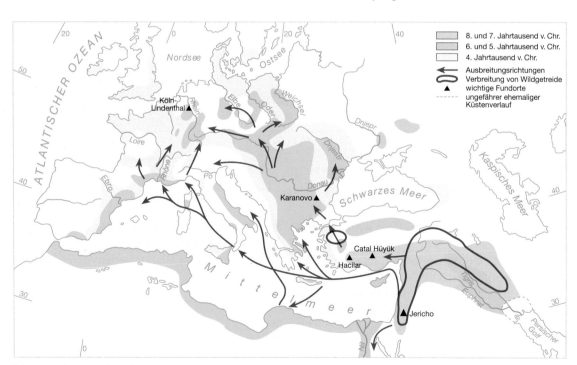

[3] *Die Ausbreitung des Ackerbaus*, Karte.

Legende:
- 8. und 7. Jahrtausend v. Chr.
- 6. und 5. Jahrtausend v. Chr.
- 4. Jahrtausend v. Chr.
- Ausbreitungsrichtungen
- Verbreitung von Wildgetreide
- ▲ wichtige Fundorte
- ungefährer ehemaliger Küstenverlauf

Sprachspeicher

Werkzeuge bauen/...anfertigen • als Jäger leben • ein Zelt errichten • Tierherden folgen

Getreide anbauen • Tiere zähmen • an einem Ort leben • ein Haus errichten

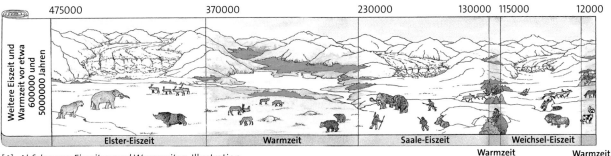

[4] *Abfolge von Eiszeiten und Warmzeiten.* Illustration.

1 Beschreibe das Leben in der Altsteinzeit und Jungsteinzeit.

2 Benenne die Unterschiede zwischen Eis- und Warmzeiten mithilfe von Abbildung [4].

Keine leichten Lebensbedingungen

Die Menschen mussten sich immer schon an die Bedingungen ihrer Umwelt anpassen. Während der Eiszeiten gab es in Nordeuropa nur kurze, kühle Sommer. Dort wuchsen keine Bäume und nur wenige Pflanzen wie Moose und Flechten. Regionen mit einem solchen Pflanzenwuchs nennt man Kältesteppe oder Tundra. Tiere wie das Mammut, Rentiere und Schneehasen kamen mit diesen Klimabedingungen zurecht. Sie zu jagen, sicherte den Menschen das Überleben.

3 Untersuche die Karte [5]: In welcher Zone lag der größte Teil deines Bundeslandes während der letzten Eiszeit?

[5] *Europa während der letzten Eiszeit*, Karte.

Sprachspeicher

1: In der Altsteinzeit waren die Menschen ... • Sie benutzen ... für ... • In der Jungsteinzeit bauten die Menschen ... • Die Menschen waren jetzt ...

Leben in der Altsteinzeit

Welche Aufgaben mussten die Menschen damals bewältigen?

[1] *Am Lagerplatz der Horde.* Illustration.

1 Untersuche die Abbildung [1]:
- Was sieht man alles?
- Wie viele Menschen sind auf der Abbildung zu sehen?
- Welche Tätigkeiten werden ausgeführt?
- Welche Bedingungen musste ein guter Lagerplatz für die Horde erfüllen?

2 Fasse zusammen, welche lebenswichtigen Aufgaben die Horde bewältigen musste.

Schwierige Lebensbedingungen

Das Leben der Frauen, Männer und Kinder vor mehreren zehntausend Jahren muss sehr hart gewesen sein. Sie mussten Lösungen für viele Probleme finden, die auch euch vor große Schwierigkeiten gestellt hätten. Wer dabei nicht klug, geschickt und gesund war, verlor schnell sein Leben.

Die Gruppe als Stütze

Weil Einzelne wenig Chancen hatten, war die Gruppe eine wichtige Stütze. Sie sorgte für ihre Mitglieder und bot Zusammenarbeit und Zusammenhalt, Hilfe und Schutz. Die Gruppen werden Horden genannt.

Anpassung nötig

Seit Menschen in Europa leben, änderte sich das Klima mehrfach. Essbare Pflanzen und die Lebensgebiete der Jagdtiere veränderten sich mit. Die Menschen mussten sich immer wieder ihrer Umwelt anpassen, wenn sie nicht zugrunde gehen wollten. Auch heute gibt es noch Naturvölker, die ähnlich leben wie die Menschen in den Steinzeiten. Durch Beobachtung ihres Alltagslebens versuchen Wissenschaftler, Rückschlüsse auf das Leben der Menschen in der Steinzeit zu ziehen.

Sprachspeicher
eine lebenswichtige Aufgabe bewältigen • sich zu einer Horde zusammenschließen • in einer Horde leben

sich an das Klima anpassen • sich an die Umwelt anpassen

3 Schau dir die Beispiele für die Aufgaben in einer Horde an. Was mussten die Menschen tun? Erkläre drei Beispiele mit eigenen Worten.

Zwei Erklärungsmodelle zur Arbeitsteilung

In Abbildung [2] ist nicht genau zu erkennen, wodurch Menschen zu Spezialistinnen und Spezialisten wurden. Das ist kein Zufall. Auch unter Forschenden ist umstritten, wie die notwendige Arbeit aufgeteilt wurde. Es gibt zwei Ansichten:

1. **Aufteilung nach Männer- und Frauenarbeit**
   Frauen waren demnach zuständig für Kinderbetreuung, Sammeln von Nahrungsmitteln, Zubereitung des Essens, Herstellung von Kleidung und Hüten des Feuers. Männer dagegen gingen auf die Jagd und zum Fischen. Ihre Aufgabe war auch der Bau von Hütten und Zelten.

2. **Teilung der Arbeit nach Leistungsvermögen**
   Die Arbeit wurde – bis auf die Betreuung der Säuglinge – nicht nach Geschlechtern aufgeteilt, sondern nach dem Leistungsvermögen: Kräftige und schnelle Mitglieder der Horde waren für schwere Arbeiten und die Jagd zuständig, ältere Menschen und Kinder für das Sammeln von Nahrung, Feuerholz, Wasserholen usw.

4 Nenne Vor- und Nachteile der Arbeitsteilung in der Altsteinzeit.

5 Besprecht in der Klasse, welches Modell der Arbeitsteilung ihr besser findet. Begründet eure Meinung.

Wähle einen der Arbeitsaufträge aus:

▼ Wie ist die Arbeit bei euch zu Hause aufgeteilt? Notiere in einer Tabelle alle Personen und welche Aufgaben sie übernehmen.

▶ Entscheide, welche der Aufgaben aus der Altsteinzeit [2] du gern übernommen hättest.

✖ Erläutere, welche Fähigkeiten du für die Erledigung der Aufgaben mitbringen solltest.

Kleidung aus Leder herstellen

Erfolgreich jagen

Götter und Geister beschwören

Wunden versorgen, heilen

Tiere abhäuten und Fleisch zerlegen

Steingeräte herstellen

Farben herstellen, Bilder malen

[2] *Arbeitsteilung in der Steinzeit.* Illustrationen.

Sprachspeicher
sich auf etwas spezialisieren • zum Spezialisten (für etwas) werden • für etwas zuständig sein • die Arbeit aufteilen

Die Jungsteinzeit

Wie veränderte sich damals das Leben?

[1] *Ein jungsteinzeitliches Langhaus wird errichtet.* Illustration.

1 Lies den folgenden Text und wende dabei die Schritte des Lese-Profis (Methode S. 37) an.

Eine neue Zeit beginnt ...

Vor etwa 12000 Jahren endete die letzte Eiszeit. Die Temperaturen stiegen, die Eismassen schmolzen ab und es kam zu starken Regenfällen. Diese Bedingungen waren günstig für den Pflanzenwuchs. Es entstanden große Graslandschaften, wo viele Getreidesorten wild wuchsen.

So gab es bald mehr Wildgetreide, als die Menschen während der Reifezeit verbrauchen konnten. Die Menschen begannen, die Getreidekörner in Erdgruben aufzubewahren. Mit diesen Vorräten konnten sie ihre Ernährung über Wochen und Monate sichern. Sie mussten also in dieser Zeit nicht mehr als Nomaden umherziehen, um Nahrung zu suchen.

Das geschah vor etwa 9000 Jahren im Vorderen Orient. Das Gebiet, wo diese Entwicklung begann, hat eine Form wie ein Halbmond und wird auch als Fruchtbarer Halbmond bezeichnet. Es dauerte aber noch einige tausend Jahre bis diese Entwicklung auch nach Europa kam (siehe: Karte auf Seite 32, Die Ausbreitung des Ackerbaus).

Ackerbau und Viehzucht

Bei der Aufbewahrung der Getreidekörner in den Erdgruben beobachteten die Menschen, dass das Korn auskeimt und sich daraus neue Pflanzen entwickeln. Von dieser Beobachtung bis zur planmäßigen Aussaat dauerte es aber noch lange. Die Menschen mussten noch viele Erfahrungen über den Getreideanbau sammeln. Etwa in der gleichen Zeit begannen die Menschen auch Tiere zu züchten und zu halten: Zuerst Schafe und Ziegen, später auch Schweine und Rinder. Diese lieferten den Menschen neben Fleisch und Fett auch Milch und Wolle. Die Menschen waren auf die Jagd nicht mehr angewiesen.

Menschen werden sesshaft

Da die Ernährung nun über das Jahr gesichert war, konnten die Menschen an einem Ort bleiben. Sie bauten zunächst Hütten, dann feste Häuser und gründeten mit der Zeit auch kleine Dörfer. Sie wurden sesshaft.

Weil sich das Leben der Menschen im Übergang von der Alt- zur Jungsteinzeit so stark veränderte spricht man heute von einer großen Umwälzung, der neolithischen Revolution.

Sprachspeicher
die Aufbewahrung (> etwas aufbewahren) • der Vorrat (> die Vorräte) • die Ernährung sichern • das Korn keimt

die Aus|saat (> säen) • Tiere züchten • auf etwas (nicht) angewiesen sein • an einem Ort bleiben, sesshaft werden

Üben

Methode Lese-Profi

Mit dem Lese-Profi kannst du einem Text Schritt für Schritt wichtige und interessante Informationen entnehmen.

1. Schritt   Vor dem Lesen

Ich sehe mir die Bilder an, ich lese die Überschrift.

- Welche Informationen geben mir die Bilder und die Überschrift?
- Was könnte der Inhalt des Textes sein?
- Was weiß ich schon über das Thema?

2. Schritt   Beim ersten Lesen

Ich lese den Text einmal durch.

- Was weiß ich nun über den Inhalt des Textes?
- Was habe ich über die Lebensweise der Menschen in der Jungsteinzeit erfahren?
- Ich schreibe drei interessante Informationen auf.

3. Schritt   Beim genauen Lesen

Ich lese den Text genau: Satz für Satz und Abschnitt für Abschnitt.

- Welche Informationen erhalte ich in den Abschnitten?
- Was sind wichtige Wörter/Schlüsselwörter?
- Kann ich W-Fragen zu dem Text stellen und beantworten?
- Welche Wörter verstehe ich nicht? Wo finde ich Erklärungen?

4. Schritt   Nach dem Lesen

Ich arbeite mit dem Inhalt des Textes.

- Welche Informationen sind für mich wichtig?
- Was ist meine Aufgabe?
- Was soll ich mit den Informationen aus dem Text tun?

Sprachliche Formulierungshilfen

Das Bild zeigt, wie die Menschen ...
Das Bild stellt ... dar
Die Überschrift lautet ...
Ich vermute, in dem Text geht es um ...
Wahrscheinlich enthält der Text Informationen über ...

In dem Text geht es um den Beginn einer neuen Zeit.
Ich habe diese Informationen gefunden:
- Es begann alles vor 9000 Jahren im Vorderen Orient,
- dieses Gebiet wird auch „Fruchtbarer Halbmond" genannt,
- die Menschen haben Getreidekörner in Erdgruben aufbewahrt.

Beispiele für W-Fragen:
Wann endete die letzte Eiszeit?
Was geschah danach?
Wo haben die Menschen das Wildgetreide aufbewahrt? Warum wurden die Menschen sesshaft? Was bedeutet der Begriff „neolithische Revolution"?
Das Wort „neolithisch" habe ich nachgeschlagen.
Das Wort bedeutet ...

Ich fasse die Informationen des Textes mit eigenen Worten zusammen.
In dem Text geht es um ...
Der Text beschäftigt sich mit ...
Der Text berichtet über ...
Die wichtigsten Begriffe sind ...

1 Informiere dich auf dieser Seite über die Kunst der Steinzeit.

2 Präsentiere deine Ergebnisse in geeigneter Form vor der Klasse.

Geheimnisvolle Höhlenmalerei

Höhlenmalereien und kleine Figuren sind die ältesten uns bekannten Kunstwerke. Sie stammen aus dem letzten Abschnitt der Altsteinzeit. Die ältesten erhaltenen Höhlenmalereien sind über 30000 Jahre alt, die ältesten Schnitzereien über 35000 Jahre.

Weil es in den Höhlen dunkel war, wurde Licht benötigt. Die Menschen benutzten ein mit Fett gefülltes Gefäß, in das ein Docht aus Tierdarm gehängt wurde. Viele solcher flachen Steingefäße mit einer Vertiefung hat man in den Höhlen gefunden.

Zum Malen benutzten die Menschen Holzkohle für Schwarz und Pflanzensaft, Blut oder Pulver aus Steinen für die Farben.

[2] *Löwenmensch, geschnitzt aus einem Mammut-Stoßzahn, 41.000–35.000 v. Chr.; Fundort: Höhle Hohlenstein-Stadel, Alb-Donaukreis.* Foto 2019.

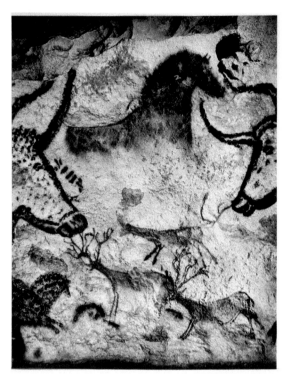

[1] *Höhlenmalerei von Lascaux, Frankreich, 36000 –15000 v. Chr..* Foto o.J.

Was war der Grund für die Kunstwerke?

Die Wissenschaftler rätseln noch:

- Wurden mit den Malereien und Schnitzereien Kultstätten (heilige Orte) verschönert?
- Wollten die Menschen ihr Jagdglück beschwören? Darauf deuten viele Tierdarstellungen hin: Denn die Höhlenbilder zeigen häufig Jagdtiere wie Pferde. Allerdings findet man auch Tiere, die nicht gejagt wurden.
- Wollten die Menschen mit den Geistern der getöteten Tiere in Verbindung treten?
- Oder: Malten die Steinzeitmenschen einfach gern?

Genau weiß das niemand. Aber vielleicht spielen alle vier Gründe eine Rolle. Die Höhlenmalerei und das Schnitzen erforderten jedenfalls eine große Kunstfertigkeit. Das Wissen um die Technik wurde wahrscheinlich von Künstler zu Künstler weitergegeben.

Tipps für die Erarbeitung
- Wende die Schritte des Lese-Profis an.
- Erzähle, was du über die Höhlenkunst der Steinzeit herausgefunden hast.

Tipps für die Präsentation
- Male selbst ein Höhlenbild.
- Schnitze aus Seife eine kleine Figur.

Wahlseite Werkzeuge und Jagdwaffen

1 Informiere dich auf dieser Seite über die Werkzeuge und Jagdwaffen in der Steinzeit.

2 Präsentiere deine Ergebnisse in geeigneter Form vor der Klasse.

Schlaue Erfindungen

Während der Steinzeiten waren viele Werkzeuge noch aus Holz, Knochen und Stein. Aber die Menschen nutzten ihre Erfahrung, um die Werkzeuge zu verbessern.

5 Ein besonderer Fortschritt war z.B. die Erfindung der Steinbohrmaschine, mit der Löcher in Steine gebohrt werden konnten.

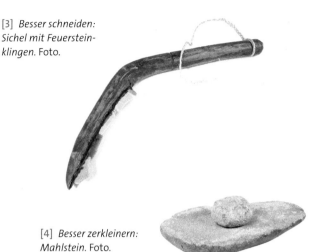

[3] *Besser schneiden: Sichel mit Feuersteinklingen.* Foto.

[4] *Besser zerkleinern: Mahlstein.* Foto.

[1] *Axtfertigung mit dem Steinbohrer.* Illustration.

[5] *Faustkeil.* Foto.

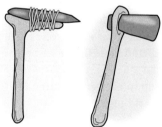

Stein am Holzstab gebunden

Stein ins Loch des Holzgriffs gesteckt, verkeilt und geklebt

Holzstab im durchbohrten Stein befestigt

[2] *Verschiedene Äxte.* Illustration.

[6] *Weiter werfen: Speer mit Schleuder.* Ilustration.

Tipps für die Erarbeitung
- Beschreibe die Funktion der Geräte auf dieser Seite.
- Erkläre: Worin liegt die Verbesserung gegenüber einem Faustkeil?

Tipps zur Präsentation
- Zeige der Klasse Bild [2] und lasse sie die Entwicklung der Axt beschreiben.

⊠ **Wahlseite Tongefäße für die Vorräte**

1 Informiere dich auf dieser Seite über die Töpferei in der Steinzeit.

2 Präsentiere deine Ergebnisse in geeigneter Form vor der Klasse.

[1] *Töpferwaren aus der Jungsteinzeit.* Foto.

Ton für Gefäße

Die Menschen der Altsteinzeit lebten als Nomaden. Als Jäger und Sammler mussten sie zudem häufig den Ort wechseln. Deshalb war das Lagern von Vorräten kaum möglich. Die gesammelten Mengen z.B. an Körnern, Nüssen oder Pilzen reichten gerade für die Verpflegung der nächsten Tage. Ihre Aufbewahrungsmittel (Körbe, Ledersäcke) konnten Schädlinge wie Mäuse, Käfer oder Würmer nicht fernhalten.

Ein großer Fortschritt in der Jungsteinzeit war deshalb die Verwendung von Ton für Gefäße aller Art. Ton war leicht zu finden und gut zu formen. Im offenen Feuer gebrannt wurde der Ton hart wie Stein.

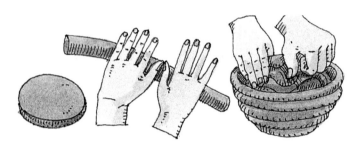
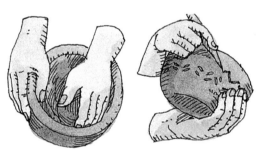

[2] *Formen und Brennen von Gefäßen.* Illustration.

[3] *Brennen von Tongefäßen wie in der Jungsteinzeit.* Foto.

Im Feuer brennen

Die Tongefäße wurden zunächst ausgiebig getrocknet und dann im offenen Feuer gebrannt (Feldbrand). Das Feuer muss eine große Hitze entwickeln (ca. 950°C) und diese über eine bestimmte Zeit halten.

Noch heute werden in einigen Kulturen die Gefäße auf die gleiche Art hergestellt.

Tipps zur Erarbeitung
- Nenne die Arbeitsschritte bei der Herstellung von Tongefäßen.
- Erkläre, welchen Nutzen Tongefäße bringen.

Tipps zur Präsentation
- Stelle zunächst der Klasse die Frage, wie in der Altsteinzeit Nahrung aufbewahrt wurde. Frage dann nach dem Nutzen der Tongefäße und erkläre deren Herstellung.

1 Informiere dich auf dieser Seite über die Techniken der Textilherstellung in der Steinzeit.
2 Präsentiere deine Ergebnisse in geeigneter Form vor der Klasse.

Die Erfindung der Stoffherstellung

Das Flechten von Körben mag die Menschen auf den Gedanken gebracht haben, diese Technik auch mit anderem Material zu erproben. So könnte das Weben von Stoffen, also die Textilherstellung, begonnen haben. Die hierfür benötigten Fäden mussten erst gesponnen werden. Dabei drehte man beispielsweise Wollfasern fest zusammen und wickelte sie auf ein Holzstäbchen.

[2] *Webgewichte.* Foto.

> *Die geschorene Wolle habe ich über den Arm gelegt. Meine Spindel hängt frei am Faden und dreht sich mit Schwung. Am unteren Ende habe ich nämlich ein Gewicht, den Spinnwirtel, befestigt.*

> *Die Wolle ist ordentlich gesponnen. Das haben wir im Winter gemacht. Aber leider sind die Webgewichte zu leicht. Die Fäden müssten straffer sein. Mein Bruder sollte eigentlich dickere Steine durchbohren, doch darauf werde ich wohl noch eine Weile warten müssen.*

[1] *Mit Wolle und Spindel.* Illustration.

[3] *Webstuhl.* Illustration.

Tipps zur Erarbeitung
- Recherchiere, wie das Spinnen und das Weben funktioniert. Ermittele, aus welchen Materialien außer Wolle Produkte gewebt werden konnten.

Tipps zur Präsentation
- Erkläre, wie zunächst ein Faden (Spinnen), dann ein Textilstück (Weben) hergestellt werden konnte.

Die Metallzeit

Welche neuen Möglichkeiten ergaben sich durch die Verwendung von Metall?

[1] *Abbau von Erz* in der Metallzeit.* Rekonstruktionszeichnung.

1 Beschreibe mithilfe von Bild [1] den Erzabbau.
2 Vermute, wer sich die Gegenstände in Abbildung [2] leisten konnte.

Vom Kupfer zum Eisen

Die ältesten von Menschen hergestellten Metallgegenstände bestehen aus Kupfer und sind etwa 4000 v. Chr. entstanden.

Meistens handelt es sich dabei um Schmuckstücke und um Klingen für Messer, Sicheln und Beile. Kupfer lässt sich gut verarbeiten. Allerdings ist Kupfer so weich, dass es sich leicht verbiegt. Für Werkzeuge und Waffen war Kupfer weniger geeignet.

Etwa um 2300 v. Chr. entdeckten die Menschen, dass eine Mischung von verschiedenen Metallen wesentlich härter ist. So wurde Bronze entdeckt, eine Mischung, die aus neun Teilen Kupfer und einem Teil Zinn besteht. In Mitteleuropa gab es die Bronze seit ca. 1700 v. Chr. Daher nennt man die Zeit von da an bis ca. 1200 v. Chr. Bronzezeit.

Ein noch härteres Metall ist das Eisen. Mit seiner Gewinnung und Verarbeitung begann ab 800 v. Chr. die Eisenzeit.

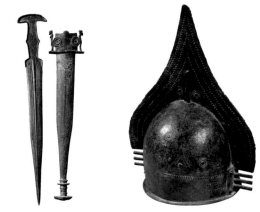

[2] *Bronzeschwert und Bronzehelm.* Fotos.

* *das* **Erz**: Gestein, das Spuren von Metall aufweist. Das Metall kann durch Erhitzen aus dem Gestein geschmolzen werden.

Sprachspeicher
1: Zuerst machte man das Gestein rissig, indem man ...
Danach sammelte man die Brocken und ...

Beim Transport halfen ...
Oben wurde dann das Erz ...

[3] *Schmelzen von Erz*, Rekonstruktionszeichnung.

Aus Metall entstehen Werkzeuge und Waffen

Zum Schmelzen von Erz* sind Temperaturen von 1100°C nötig. Diese große Hitze erreichte man durch das Verbrennen von Holzkohle und durch eine verstärkte Luftzufuhr. Deshalb errichtete man besondere Schmelzöfen, in die Luft eingeblasen werden konnte. Das flüssige Metall wurde in einer Kuhle aufgefangen.

3 Beschreibe die Abbildung [3] und notiere, welche Arbeitsschritte notwendig sind, um Eisen zu erhalten.

4 Erkläre mithilfe von Abbildung [4] und des Textes die unterschiedlichen Techniken beim Bronzeguss.

Drei Gusstechniken

A Der offene Herdguss: In eine offene Stein- oder Tonform wird die Bronze gegossen. Die gegossenen Geräte sind nur auf einer Seite geformt.

B Der Schalenguss: Zwei gleiche Formen werden aneinandergefügt, die Bronze wird oben eingegossen, Luft entweicht durch eine zweite Öffnung. Diese Technik ermöglicht eine Formung auf beiden Seiten des Gerätes.

C Gießen in der verlorenen Form: Aus Wachs wird ein Modell des Gegenstands geformt und mit Ton umkleidet. Dann wird die Form erhitzt, das Wachs ausgegossen und die Form gebrannt, damit sie fest wird. In diese Form wird die Bronze gegossen. Nach dem Abkühlen muss man die Form zerschlagen, um das Bronzestück zu erhalten.

Wähle einen der Arbeitsaufträge aus:

☑ Führt ein Rollenspiel durch: Ein Bauer möchte ein Werkzeug kaufen und sieht, dass die Bronzebeile viel teurer sind als die Steinbeile.

☒ Schreibe eine Geschichte: Die Bronzeaxt erzählt, wer alles mit ihrer Herstellung und ihrem Verkauf zu tun hatte.

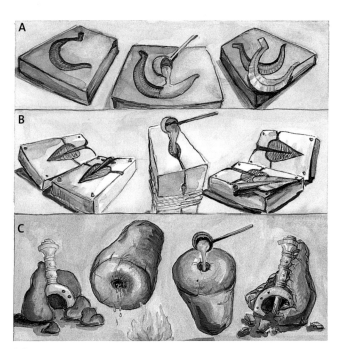

[4] *Techniken beim Bronzeguss.* Rekonstruktionszeichnung.

Sprachspeicher
3: Die Erzbrocken werden ...
In den Schmelzöfen wird ...
Das flüssige Metall wird ...

Erz schmelzen • Metall gewinnen • Metall in eine Form gießen • Metall weiter verarbeiten

Warenproduktion und Handel

Weshalb entwickelten sich neue Berufe?

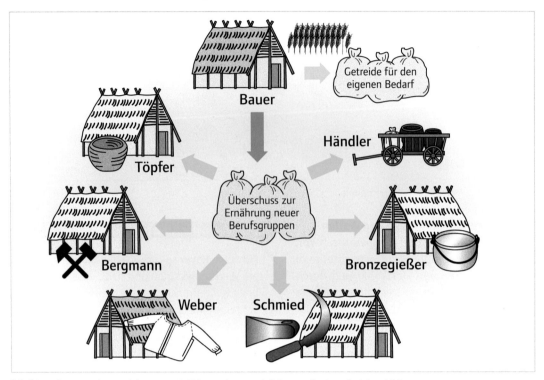

[1] *Überschüsse in der Produktion ermöglichten eine Spezialisierung der Berufe,* Schaubild.

Wie sich Spezialisierung entwickelte

In der Altsteinzeit mussten die Menschen viele Mühen auf sich nehmen, um ihre Ernährung zu sichern. Der Alltag war von der Beschaffung der notwendigen Nahrung (Jagen, Sammeln) bestimmt. In der Jungsteinzeit entwickelten sich Ackerbau und Viehzucht. Nun gab es viel mehr Getreide, Gemüse und Fleisch und tierische Produkte. In der Regel wurde nicht alles von den Erzeugern selbst verbraucht. Mit den Überschüssen konnte man Handel treiben. Für Nahrungsmittel bekam man z. B. Tontöpfe, Textilien oder Lederwaren. Oder man kaufte bei fahrenden Händlern Dinge aus Metall oder Schmuck.

Die Hersteller der Waren wurden zu Spezialisten, die ihr Handwerk besser beherrschten als die Bauern und Viehzüchter, die sich hauptsächlich um ihre Landwirtschaft kümmerten.

Als Waren aus Metall aufkamen und immer weiter verbessert wurden, waren diese Metall-Fachleute noch wichtiger. Sie hatten wiederum kaum Zeit, sich bei ihrer schweren und komplizierten Arbeit noch um die Beschaffung von Nahrungsmitteln zu kümmern. Die Lösung: Überschüssige Waren wurden gegen andere Produkte getauscht.

1 Beschreibe die Aussage des Schaubildes [1] mit eigenen Worten.

2 Erläutere, welche Ware zum Beispiel ein Schamane (Medizinmann) oder Häuptling zum Tausch anbieten konnte.

3 Stelle eine Liste von Aufgaben zusammen, die heute meistens Spezialisten übertragen werden.

Sprachspeicher

die Ernährung sichern • Nahrungsmittel beschaffen • die Erträge steigern • mit etwas Handel treiben • ein Handwerk beherrschen

2: Ein Schamane könnte die ... um Hilfe bitten • Ein Häuptling vertritt das gesamte Dorf. Er sorgt für ...

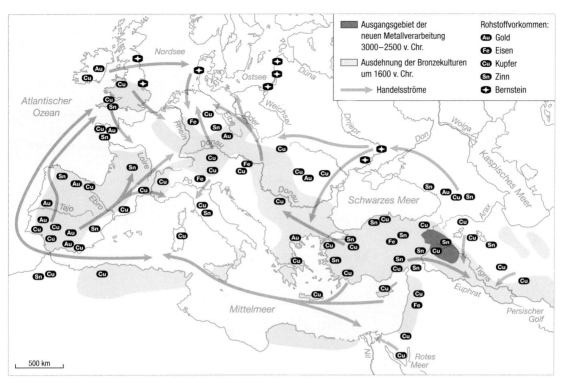

[2] *Bodenschätze und Handelswege in der Jungsteinzeit*, Karte.

Handel verbindet Kulturen

Seit die Menschen auch in Nord- und Mitteleuropa Metall verarbeiten konnten, brauchten sie die dafür notwendigen Materialien. Daher erlangte der Handel eine besondere Bedeutung. Kupfer und Zinn wurden gegen Bernstein, Salz, Felle und fertige Bronzegeräte eingetauscht. Die jungsteinzeitlichen Handelswege lassen sich durch Funde belegen: Händler vergruben wahrscheinlich einen Teil ihrer Waren, damit sie nicht immer alles mit sich herumtragen mussten. Bei Bad Homburg wurde ein solches Versteck, ein sogenannter Hort, gefunden. Der Fund enthielt Hunderte von Sicheln, Speerspitzen und Armbändern aus Bronze. Ein anderer Hortfund am Bodensee enthielt über 50 Kilogramm Bernstein. In Südengland fand man Perlen aus Nordafrika.

[3] *Goldbecher aus England*, um 1600. Sehr ähnliche Becher fand man in Deutschland, der Schweiz und Griechenland.

4 Erläutere mithilfe der Karte [2] und des Textes, wie Perlen aus Nordafrika nach Südengland gekommen sein könnten.

Wähle einen der Arbeitsaufträge aus:

▼ Erstelle eine Liste mit Waren, die in der Bronzezeit gehandelt wurden.

✕ Schreibe einige Ideen auf: Du bist als Händler oder Händlerin in der Jungsteinzeit unterwegs. Was hast du erlebt?

✕ Stelle in einer Liste zusammen, aus welchen Ländern heute Produkte kommen, die du im Alltag benutzt. Achte auf die Herkunftsbezeichnungen „Made in ...".

Sprachspeicher
etwas durch Funde belegen • ein Fund enthält etwas

Üben

Das kann ich!

Versuche zunächst, die Aufgaben auf dieser Doppelseite zu lösen, ohne im Kapitel nachzusehen. Wenn du Hilfe brauchst, kannst du bei den Aufgaben, auf den in Klammern angegebenen Seiten, nachschlagen.

der Archäologe, *die* Archäologin   *der* Faustkeil   *das* Höhlenbild, die Höhlenbilder

die neolithische Revolution   *die* Sesshaftigkeit (> sesshaft)

[1] *Begriffe und ihre Bedeutung.*

[2] *Lebensweisen in der Altsteinzeit (links) und in der Jungsteinzeit,* Illustrationen.

	Altsteinzeit	**Jungsteinzeit**
Nahrung		
Kleidung		
Wohnung		
Werkzeuge		

[3] *Tabelle*

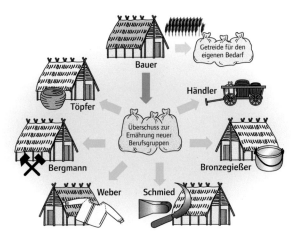

[4] *Überschüsse in der Produktion ermöglichen die Spezialisierung.* Schaubild.

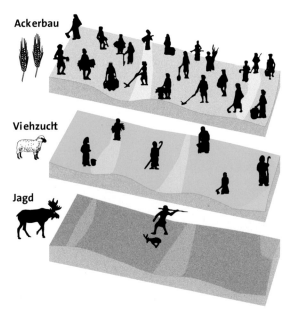

[5] *Der Mensch greift in die Umwelt ein. Naturverbrauch von Jägern und Sammlern sowie von Bauern und Vierzüchtern pro Quadratkilometer.* Schaubild.

Sachkompetenz

1 Ordne den Begriffen [1] die jeweils passende Bedeutung zu. Schreibe die Lösungen in dein Heft:
  – *Kunstwerke der Altsteinzeit,*
  – *Menschen bleiben an einem Ort und ziehen nicht weiter,*
  – *Wissenschaftler, der durch Ausgrabungen Funde freilegt und untersucht*
  – *ein wichtiges Werkzeug in der Altsteinzeit,*
  – *Übergang zwischen Alt- und Jungsteinzeit.*

2 Beschreibe, was das Ende der letzten Eiszeit für das Leben der Menschen bewirkte. (S. 36)

3 Vergleiche die Lebensweisen der Menschen in der Altsteinzeit und in der Jungsteinzeit. Fertige dazu eine Tabelle an wie in Abbildung [3]. Trage die entsprechenden Merkmale der Lebensweise in die Tabelle ein. (S. 32)

4 Erkläre, wie sich die Ernährungslage mit der Verbreitung des Ackerbaus veränderte. (S. 32)

5 Beschreibe die Arbeit der Archäologinnen und Archäologen. Wie gehen sie bei Ausgrabungen vor? (S. 26)

6 Erläutere, was man aus Funden über frühere Zeiten erfahren kann. (S. 26)

7 Erkläre mithilfe von [4], warum es in der Metallzeit zur Entstehung von verschiedenen Berufen kam (S. 44/45).

Methodenkompetenz

8 Vervollständige dein Portfolio zum Thema *Steinzeit*. Stelle deine Ergebnisse in der Klasse vor.

Urteilskompetenz

9 Untersuche die Grafik [5]: Musste der Mensch für seine Versorgung in die Natur eingreifen? Hatte das Folgen für die Umwelt? Begründe deine Meinung.

10 „Handwerk und Handel brachten nicht nur Fortschritt, sondern ermöglichten für einzelne Menschen Reichtum." Nimm Stellung zu dieser Aussage.

Ägypten – eine frühe Hochkultur

Die Pyramiden – ein Weltwunder?

Schon in der Antike gehörten die Pyramiden von Gizeh zu den sieben Weltwundern. Sie stehen schon seit über 4500 Jahren und berichten von der ägyptischen Geschichte. Viele Menschen möchten einmal im Leben vor einer Pyramide stehen und dieses Weltwunder mit eigenen Augen sehen.

1 Beschreibe das Bild.
2 Berichte, was du schon über die ägyptische Geschichte weißt.
3 Notiere Fragen, die dir zu dem Thema einfallen.
4 Vermute, warum Menschen einmal im Leben die Pyramiden mit eigenen Augen sehen wollen.

Schauplatz Der Nil

Ist Ägypten ein Geschenk des Nils?

[1] *Am Nil.* Foto 2016

1 Beschreibe die Landschaft am Nil. [1], [3], [6]

Sei gegrüßt Nil, der aus der Erde auskommt, um Ägypten am Leben zu erhalten! Der die Wüste tränkt, in der es kein Wasser gibt.
Der Gerste macht und Weizen erschafft. Der die Speicher füllt und die Scheunen vollmacht. [...] Der den Armen etwas gibt.
Wenn er faul ist, dann kann man nicht mehr leben und Millionen Menschen gehen zugrunde. Wenn er steigt, dann ist das Land im Jubel und jeder voller Freude.
Auf Nil, komm nach Ägypten!

[2] *Ein Text zum Nil, 1500 v. Chr.*

2 Erkläre die Bedeutung des Nils für die Ägypter.

Ägypten und der Nil – eine besondere Verbindung
Große Teile Ägyptens sind Wüsten. Durch das Land zieht sich ein Fluss – der Nil. Er fließt durch mehrere afrikanische Länder und hat eine Gesamtlänge von über 6500 Kilometern. Damit ist er der längste Fluss der Welt. Die letzten 1000 Kilometer führen durch Ägypten. Der Nil bringt den Ägyptern das lebensnotwendige Wasser.
An den weit entfernten Nilquellen regnet es im Sommer unaufhörlich. Die Wassermassen und der fruchtbare Nilschlamm überfluten in den Monaten Juni bis Oktober in Ägypten die Ufer. Von Oktober bis Dezember zieht sich das Wasser zurück und hinterlässt den fruchtbaren Schlamm. Die Bauern beginnen dann mit der Aussaat.
Um das Wasser des Nils nutzen zu können, schlossen sich die Bauern zusammen. Gemeinsam bauten sie Kanäle*, Wasserbecken und Dämme.

* *der* **Kanal**: ein künstlich angelegter Wasserlauf

3 Beschreibe, wie sich die Bauern die Nilhochwasser zu Nutze machten.

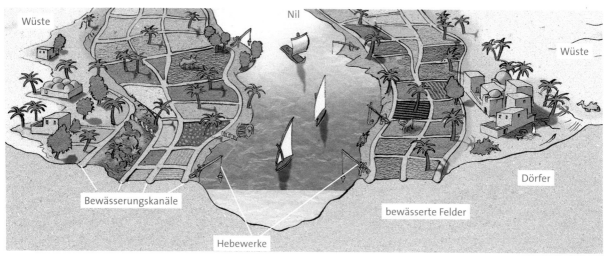

[3] *Querschnitt durch das Niltal.* Schaubild

Der Nil – Handels- und Versorgungsweg

Auf dem Nil beförderten Segelschiffe Menschen und Waren. Schwere Steine wurden auf Lastkähnen* für den Bau von Pyramiden, Tempeln und Gräbern transportiert.

*   *der* **Last|kahn:** Ein Schiff, das schwere Waren und Gegenstände transportieren kann.

4   Erkläre, warum Städte und Tempel am Nil erbaut wurden.

[5] *Nilpferd.* Foto 2022

Der griechische Geschichtsschreiber Herodot (490 – 430 v. Chr.) besuchte Ägypten und schilderte seine Eindrücke:

Heute gibt es freilich kein Volk auf der Erde [...], wo die Früchte des Bodens so mühelos gewonnen werden wir hier. Sie haben es nicht nötig mit dem Pflug Furchen in den Boden zu ziehen, ihn umzugraben und die anderen Feldarbeiten zu machen, mit denen sich andere Menschen abmühen. Sie warten einfach ab, bis der Fluss kommt, die Äcker bewässert und wieder abfließt. Dann besät jeder sein Feld und treibt die Schweine darauf, um die Saat einzustampfen, wartet ruhig die Erntezeit ab, drischt das Korn mithilfe der Schweine und speichert es auf [...] Ägypten ist ein Geschenk des Nils.

[4] *Herodot, Historien; Stuttgart,* 4. Aufl. 1971, S. 104 f

5   Ist Ägypten ein Geschenk des Nils? Bereite ein Gespräch zwischen dem Griechen Herodot [4] und einem Ägypter vor.

Wähle einen der Arbeitsaufträge aus:

▶   Was konnte man am Nil alles entdecken? Zeichne eine Skizze vom Nil und beschrifte sie.

✉   Lege einen Nil-Steckbrief an (Länge, Überschwemmung, Dämme, Kanäle).

Was du noch tun kannst

→   Ermittle, wie viele Kilometer die Pyramiden in Gizeh von deinem Wohnort entfernt sind.

Was hat das Nilpferd mit dem Fluss Nil zu tun?

Das Flusspferd, auch Nilpferd genannt, lebt heutzutage in der Natur eher im südlichen Teil Afrikas. Es bevorzugt Graslandschaften und Waldgebiete, die an Gewässern, Flüssen oder Seen liegen. Ursprünglich kam das Flusspferd entlang des gesamten Nils bis zum Mündungsdelta vor. Daher kommt auch der Name Nilpferd.

Wenn du heute nach Ägypten an den Nil fährst, würdest du dort ein Nilpferd in der Natur sehen? Nilpferde sehen zwar niedlich aus, sind aber sehr gefährlich. Wenn dir in freier Natur ein Nilpferd begegnet, dann solltest du dich schnell in Sicherheit bringen.

[6] *Landschaft am Nil.* Foto o. J.

Altes Reich

▶ **3000 v. Chr.**
Ober- und Unterägypten werden zu einem
Reich vereint. Hauptstadt: Memphis.
Erfindungen: Schrift, Kalender

▶ **2500 v. Chr.**
2600–2100: In Ägypten werden
Pyramiden gebaut.

Mittleres Reich

▶ **2000 v. Chr.**
Ägypten wird zur Großmacht.
Hauptstadt: Theben.
Blütezeit von Kunst und Kultur

Neues Reich

▶ **1500 v. Chr.**
1550–1070: In dieser Zeit regieren diese Pharaonen:
Hatschepsut – Tutanchamun – Ramses.
Ab 1070: Das große ägyptische Reich zerfällt in Teilreiche.

▶ **1000 v. Chr.**

▶ **500 v. Chr.**
332 v. Chr.: Alexander der Große erobert Teile Ägyptens.
30 v. Chr.: Ägypten wird Teil des Römischen Reiches.

▶ **Geburt Christi**
Um 200 n. Chr.: Ägypten wird christlich.

▶ **500 n. Chr.**
641 n. Chr.: Ägypten wird von Muslimen erobert.

▶ **1000 n. Chr.**

1 Beschreibe die Lage der Städte.
2 Vermute, warum die Menschen sich dort
ansiedelten.
Starthilfe: *Nutze dafür die Informationen
der vorherigen Seite.*
3 Erkläre, warum die Geschichte Ägyptens
in drei Phasen (Altes Reich, Mittleres Reich,
Neues Reich) eingeteilt wurde.

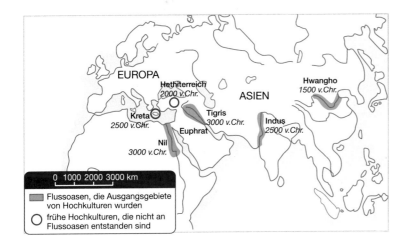

Flussoasen, die Ausgangsgebiete von Hochkulturen wurden

früh Hochkulturen, die nicht an Flussoasen entstanden sind

Frühe Hochkulturen: Wie kann eine Kultur hoch sein?

An verschiedenen Orten und Flüssen entwickelten sich zwischen 3000 und 1500 v.Chr. besondere Hochkulturen. Menschen schlossen sich in Gruppen zusammen und fingen an, ihr Leben gemeinsam zu organisieren und zu gestalten.

In der Landwirtschaft teilten sie die Arbeit untereinander auf, berieten sich, verbesserten ihr Anbaumethoden und konnten dadurch immer mehr ernten. Die wichtigsten Bedürfnisse wurden so gestillt und die Menschen fingen an, eine Schrift zu entwickeln. Sie machten sich Gedanken über Religion, Kunst und Architektur.

Vergleicht man dies mit dem Leben in anderen Regionen, dann fällt auf, dass sich diese Gruppen besonders schnell und für sich vorteilhaft entwickelten. Die Gruppen entwickelten eine eigene Kultur, d. h. sie leisteten als Gruppe auf den geistigen, künstlerischen und gestaltenden Gebieten gemeinsam viel. Dadurch, dass diese gemeinsamen Leistungen damals sehr hoch waren, bezeichnen wir sie heute als Hochkultur.

4 Schreibe auf, welche Länder heute auf den Gebieten der frühen Hochkulturen liegen.

5 Erstelle eine Mindmap zu dem Begriff „Hochkultur".

6 „Gemeinsam sind wir stark." Erkläre, warum sich damals schon die Arbeit im Team gelohnt hat.

Ägypten - eine frühe Hochkultur

SCHAUPLATZ
Der Nil
S. 50–51

ORIENTIERUNG
Frühe Hochkulturen
S. 52–53

Macht und Herrschaft
S. 54–55

METHODE
Bilder lesen
S. 56–57

Der Glaube im Alten Ägypten
S. 58–59

Pyramiden und Tempel
S. 60–61

WAHLSEITEN
Die Kunst der ägyptischen Schrift
Kleopatra VII.
Der Fluch des Pharaos
Der Osirismythos
S. 62–65

Fortschritt im Alten Ägypten
S. 66–67

Das moderne Ägypten und der Nil
S. 68–69

DAS KANN ICH!
S. 70–71

Macht und Herrschaft

War der Pharao ein König mit göttlicher Macht?

Der Pharao – Herrscher von Ober- und Unterägypten

Die beiden Landesteile Ober- und Unterägypten wurden um 3000 v.Chr. zu einem Land verbunden. König der beiden Länder war der Pharao*. Etwa 170 Pharaonen regierten das Alte Ägypten bis ins Jahr 30 v.Chr. Der Titel wurde an die eigenen Kinder weitergegeben.

1 Beschreibe die Totenmaske von Tutanchamun [1].

Einige Pharaonen waren Frauen

Einigen Frauen gelang es, in Ägypten als Königin zu regieren. Neben Kleopatra wurde Hatschepsut bekannt. Hatschepsut regierte von 1490 bis 1468 v.Chr. Sie schaffte es, dass in ihrer Regierungszeit Wohlstand und Frieden herrschten. Sie errichtete viele Tempel und ließ Schiffe auf Expeditionen kostbare Waren (Gold, Elfenbein, Holz, Felle, Weihrauchbäume) nach Ägypten bringen.

Schlange und Geier sind Symbole für Unter- und Oberägypten.

Götter trugen im Alten Ägypten einen Bart. Der Pharaonenbart zeigte seine Verbindung zu den Göttern.

Geißel und Krummstab zeigen, dass er der Hirte seines Volkes war. Er trägt die Verantwortung für alle.

[1] *Pharao Tutanchamun, König von Ägypten*, 1333 – 1323 v.Chr.

* der **Pharao:** Das ägyptische Wort bedeutet großes Haus oder Palast. Die Pharaonen waren ägyptische Könige.

Einige Aufgaben eines Pharaos:

- die Ordnung im Land aufrechterhalten
- Verteidigung des Landes vor Feinden
- Verbindung zu den Göttern herstellen und aufrechterhalten
- mit Opfern die Götter milde stimmen, damit es dem ägyptischen Volk gut ergeht
- Herrschaft über ganz Ägypten ausüben (alle Besitztümer gehörten ihm)
- Felder von den Bauern bewirtschaften lassen
- Amt des Vorsitzenden des großen Rates übernehmen, der ihn über die wichtigsten Ereignisse informierte

[2] *Statue der Königin Hatschepsut*, um 1465 v.Chr.

2 Begründe, warum sich die Pharaoin Hatschepsut mit Bart darstellen ließ [2].

3 Erkläre, welche Verbindung zwischen den Zeichen der Herrschaft [1], den Aufgaben eines Pharaos und der göttlichen Darstellung bestand.

Sprachspeicher

1: Große Teile der Maske sind Gold. • Ich sehe ein Gesicht des Pharaos Tutanchamun. • Er trägt ein Kopftuch, das ...

3: Die Zeichen der Herrschaft ... zeigen die Aufgaben des Pharaos. • Er musste nämlich ...

Wie ist die ägyptische Gesellschaft aufgebaut?

Ein Gespräch zwischen zwei Jungen

Paal (6 Jahre) und Cheti (11 Jahre) sind Brüder. Der jüngere Bruder Paal ist neugierig und fragt seinen älteren Bruder.

Paal: Warum müssen wir eigentlich alles machen, was der Pharao befiehlt?

Cheti: Der Pharao steht an der Spitze unserer Gesellschaft. Ihm gehört das Land. Er muss für uns sorgen und kann bei den Göttern ein gutes Wort einlegen. Was er sagt, muss umgesetzt werden.

Paal: Kann er uns nicht direkt sagen, was wir machen sollen und nicht über Beamte?

Cheti: Sein oberster Beamte* ist der Wesir*. Er ist der wichtigste Berater des Pharaos und kümmert sich um die Verwaltung des Landes. Die Befehle gibt er an die Beamten und Schreiber weiter. Sie sorgen dann für die zuverlässige Durchführung. Sie dürfen uns befehlen, was wir machen müssen. Wenn der Pharao jedem Ägypter seine Befehle selbst mitteilen würde, dann kämen sie erst spät oder gar nicht an.

Paal: Und was ist dabei unsere Aufgabe?

Cheti: Wir müssen an diejenigen, die uns die Befehle erteilt haben, von unseren Aufgaben und der Umsetzung der Befehle ehrlich und genau berichten.

Paal: Wir sind Bauern. Ich kenne aber kaum Wesire, Schreiber oder Beamte. Woran liegt das?

Cheti: Das ist ganz einfach 98 Prozent der Bevölkerung gehören der Gruppe der Bauern, Händler, Arbeiter, Soldaten und Handwerker an. Das sind fast alle Menschen, nur wenige unter uns haben besondere Rechte.

Paal: Unser Vater sagt immer, wir leben in einer Hierarchie. Weißt du, was er meint?

Cheti: Die Hierarchie stellt eine Rangfolge in einer Gesellschaft dar. Die Gruppen über uns haben mehr Macht. Was sie sagen oder befehlen, müssen wir umsetzen.

[3] *Verfassertext*

* *der* **Beamte:** Person, die Aufgaben des Staates ausführt
der **Wesir:** der ranghöchste Beamte im alten Ägypten

4 Beschreibe das Schaubild [4] in eigenen Worten. Das Gespräch [3] kann dir helfen.

5 War der Pharao ein König mit göttlicher Macht? Begründe deine Meinung aus damaliger und heutiger Perspektive.

Wähle einen der Arbeitsaufträge aus:

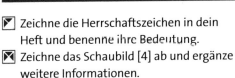

- Zeichne die Herrschaftszeichen in dein Heft und benenne ihre Bedeutung.
- Zeichne das Schaubild [4] ab und ergänze weitere Informationen.
- Paal würde gerne Wesir werden. Schreibe Paal einen Brief und begründe, warum das schwierig wird.

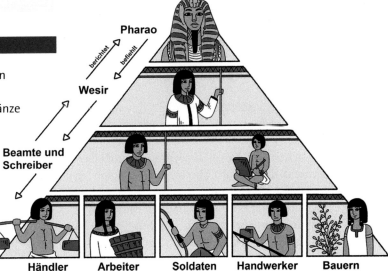

[4] *Der Aufbau der Gesellschaft* um 2200 v. Chr. Die Gruppe der Sklaven ist nicht abgebildet. Sie befindet sich noch unter der Gruppe der Händler, Arbeiter, Soldaten, Handwerker und Bauern.

Sprachspeicher
4: Tipp: Vergleiche die Informationen aus dem Schaubild mit den Fragen von Paal. • Cheti erklärt das Schaubild.

5: Damals haben die Menschen dem Pharao eine besondere Verbindung ... • Heute wissen wir ...

[1] *Königliche Familie: Aus einem Grabbild des Pharaos Amenemhet. Kalkstein mit Bemalung*, um 2000 v. Chr.

Historische Bilder sind Quellen

Die Ägypter haben viele Bilder, Gemälde und Wandmalereien hinterlassen, die uns von ihrem Leben berichten. Sie zeigen, wie die Menschen zusammengelebt haben, was ihnen wichtig war und sie sich wünschten.

Dabei ist es wichtig, ein Bild nicht nur im Ganzen zu sehen, sondern auch die Einzelheiten wahrzunehmen, damit kein wichtiges Detail übersehen wird.

Der Code zum Entschlüsseln von Bildern aus dem Alten Ägypten

Wenn man ein Bild aus dem Alten Ägypten entschlüsseln möchte, muss man einige Details beachten.

Die Gesichter und die Körper werden im Profil (Seitenansicht) dargestellt. Dabei sehen die Augen den Betrachter des Bildes an.

Die Männer sind in einer rotbraunen Farbe dargestellt, die Frauen in hellen gelblichen Tönen. Da Männer häufig auf den Feldern in der Sonne arbeiteten, war ihr Haut gebräunter als die der Frauen.

Beschreiben – Einordnen – Deuten

1. Schritt **Beschreiben**

- Wie wirkt das Bild als Ganzes auf dich?
- Welche Personen und Gegenstände sind zu sehen?
- Wie sind sie dargestellt? (Kleidung, Schmuck, Frisuren)
- Sind Personen unterschiedlich dargestellt?

2. Schritt **Einordnen**

- Was wissen wir über das Bild? (Name des Künstlers, Entstehungszeit, Titel des Bildes, Adressat, Fundort)
- Wie ist das Verhältnis der Personen zueinander?
- Gibt es Gegenstände oder Merkmale, die eine besondere Bedeutung haben?
- Wovon erzählt das Bild? (Thema)

3. Schritt **Deuten**

- Wer hat das Bild in Auftrag gegeben?
- Gibt es noch andere Bilder, die ähnliche Situationen darstellen?
- Was sollte auf dem Bild ausgedrückt werden?
- Gibt es unverständliche Bilddetails oder Hintergründe? Wo findet man weitere Informationen?

[2] *Frau und Mann bei der Feldarbeit. Aus einem Bild in der Grabkammer des Baumeisters Sennedjem,* um 1250 v. Chr.

Ein Beispiel – Bilder lesen

Jaron (5. Klasse) hat das Familienbild von Amenemhet [1] „gelesen" und dies aufgeschrieben:

zum Schritt 1 — Beschreiben: Was sehe ich auf dem Bild?

Das Bild wirkt freundlich. Die Farben sind warm und die Menschen sind ansprechend dargestellt. Man sieht auf der linken Seite sitzend zwei Männer und eine Frau. Auf der rechten Seite steht eine Frau. Die Männer tragen einen grünen Halskragen und Armreife. Sie tragen einen weißen Lendenschutz. Die Frauen tragen jeweils ein langes, weißes Kleid. Sie tragen ebenfalls grüne Halskragen, Arm- und Fußreifen. Zwischen den sitzenden Personen und der stehenden Frau befindet sich ein Tisch mit Speisen. Oben erkennt man verschiedene ägyptische Schriftzeichen.

Der Mann rechts trägt einen Bart und wirkt dadurch älter. In der Mitte zwischen dem älter wirkenden Mann und der Frau links, sitzt ein junger Mann. Die Frau und der ältere Mann haben ihre Hände auf die Schulter des jungen Mannes gelegt. Mit der anderen Hand umfassen sie die Hand bzw. den Oberarm an. Der junge Mann hat eine Hand auf die Schulter des älteren gelegt. Die beiden Männer sehen sich an. Die stehende Frau rechts beobachtet die Situation. Sie hat die rechte Hand auf ihr Herz gelegt.

zum Schritt 2 — Einordnen: Was kann ich über den Hintergrund des Bildes sagen?

Die Abbildung ist ein Grabbild des Amenemhet aus dem Jahr 2000 v. Chr. Es zeigt ein Familienbild. Amenemhet ist der ältere Mann, links sitzt seine Frau und in ihrer Mitte der gemeinsame Sohn. Sie wirken glücklich miteinander. Die stehende Frau rechts scheint, die (zukünftige) Schwiegertochter zu sein.

Der reich gedeckte Tisch zeigt, dass die Familie von Amenemhet nicht arm gewesen ist.

zum Schritt 3 — Deuten: Welche Erkenntnisse kann ich aus dem Bild lesen?

Die Darstellung zeigt eine typische ägyptische Malerei. Alle Personen sind im Profil abgebildet. Amenemhet wollte dieses Bild in seiner Grabkammer verewigen. Ihm war seine Familie sehr wichtig. Er nimmt diesen Moment als Erinnerung mit in das Leben nach dem Tod.

Ich frage mich, ob man solche Bilder häufiger als Grabbeilagen im Alten Ägypten findet. Wenn dies so wäre, dann könnte man daraus schließen, dass vielen Ägyptern ihre Familien wichtig waren.

1 Jetzt bist du dran. Wende die Methode *Bilder lesen* selbst an dem Bild [2] an.

Der Glaube im Alten Ägypten

Lag das eigene Schicksal in den Händen der Götter?

[1–3] *Darstellungen von Göttern: (von links) Isis, Horus und Anubis.* Grabmalereien aus dem Tal der Könige

1 Beschreibe das Aussehen der abgebildeten Götter.

das **Phänomen:** eine außergewöhnliche Erscheinung oder ein seltenes Ereignis

Tiergötter beeinflussen das Leben der Ägypter

Wie erklärt man sich Unerklärliches in einer Zeit, in der viele Phänomene* noch nicht erforscht waren? Die Menschen im Alten Ägypten suchten nach Antworten und fanden diese in den Vorstellungen über Götter.

Die Ägypter verehrten Tiere und beobachteten genau ihre Eigenschaften. Sie begannen diese Eigenschaften von Tieren auf Gottheiten zu übertragen. Die ersten Gottheiten wurden als Tiere dargestellt. Jeder von den vielen Göttern hatte seine eigene Aufgabe und Verantwortung, passend zu den Eigenschaften des zugehörigen Tieres.

Die tierischen Götter nahmen jedoch menschliche Gestalten an. Sie behielten aber tierische Körperteile. Götter wurden unterschiedlich dargestellt, denn niemand kannte ihre wahre Gestalt.

Die Götter entschieden über Leben und Tod, Licht und Dunkelheit, Ordnung und Chaos. Das Leben der Menschen im Alten Ägypten und ihr Wohlergehen hing von dem Willen der Gottheiten ab.

2 Erkläre, welche Verbindung die Götter mit der Tierwelt hatten.

Unzählige Götter im ägyptischen Glauben

Die Ägypter glaubten, dass die Götter in Familien (Vater, Mutter und Kind) zusammenlebten. Sie bekamen immer mehr Nachwuchs und die Anzahl der Götter stieg an. Götter konnten gleichzeitig gut und böse sein. Viele Geschichten berichteten von ihnen.

Unter den Göttern gab es eine klare Rangordnung. Einige der wichtigsten Götter waren Amun-Re (Sonnengott und höchster Gott), Anubis (Gott der Friedhöfe und Bestattungen), Seth (böser Wüstengott, Bruder und Mörder von Osiris), Osiris (König der Toten), Horus (Gott der Könige), Isis (Zauberin und Beschützerin der Toten), Thot (Schreiber der Götter) und Nut (Göttin des Himmels). Die Götter lebten im Himmel und in der Unterwelt.

3 Für Krankheiten und Wohlergehen, Unwetter, gute Ernten machten die Ägypter die Götter verantwortlich. Erkläre dies.

4 Vermute, warum die tierischen Götter immer menschlicher wurden.

Sprachspeicher

1: Beschreibe die Details des Bildes. • Kannst du menschliche und tierische Merkmale erkennen?

4: Die Menschen erkannten sich immer mehr in den Göttern. • Sie ließen die Götter menschliche Situationen erleben, allerdings mit übermenschlichen Kräften.

[4] *Das Totengericht*. Malerei aus dem Totenbuch des Hunefers, um 1300 v. Chr.

5 Beschreibe das Bild [4].

Die Reise in das Himmelsreich

Die Ägypter glaubten an ein Leben nach dem Tod. Wie dieses Leben im Jenseits sein würde, entschied das Totengericht. Dort musste der Verstorbene von seinem Leben berichten. Hat er alles richtig gemacht? War er ein guter Mensch?

Der Schreiber Hunefer hat seine Vorstellung von sich vor dem Totengericht überliefert [4].

Das Totengericht von Hunefer kann man wie einen Comic lesen. Jedes Bild zeigt einen Teil, zusammen erzählen alle Teile die ganze Geschichte.

(1) Hunefer, gerade verstorben, muss sich vor den Göttern rechtfertigen. Er sagt über sein Leben (2):

Ich habe kein Unrecht begangen.

Ich habe keinen hungern lassen.

Ich habe keinen zum Weinen gebracht.

Ich habe nicht getötet und auch nicht zu töten befohlen.

Ich habe nichts gestohlen.

Ich habe nicht die Unwahrheit gesagt.

Ich habe keinen Streit entfacht.

Ich habe getan, womit die Götter zufrieden sind:

Brot gab ich dem Hungrigen,

Wasser dem Dürstenden,

Kleider dem Nackten.

Ich bin rein, ich bin rein, ich bin rein.

Anubis führt Hunefer zur Waage (3) der Gerechtigkeit: Sein Herz (4) wird gegen die Feder der Göttin Maat (5) gewogen. Anubis kniet unter der Waage und überprüft die Schwere des Herzens. Nur wer ein leichtes Herz hat, kann diese Prüfung bestehen. Rechts neben der Waage steht der Gott Thot, er notiert das Ergebnis (6). Anschließend wird Hunefer zu dem falkenköpfigen Gott Horus (7) und vor Osiris (8) geführt, dem Herrscher des Totenreichs. Der Krummstab und die Geißel zeigen, dass die Ägypter Osiris königliche Macht zusprachen. Hinter Osiris stehen zwei weitere Göttinnen (9).

6 Erklärt, wie sich Hunefer seine Prüfung vor dem Totengericht vorstellte.

7 Das Gewicht des eigenen Herzens gab Ausschlag, ob es einem nach dem Tod gut oder nicht gut ging. Was bedeutete das für das Leben der Ägypter?

Wähle einen der Arbeitsaufträge aus:

- Zeichne eine Szene aus dem Totengericht [4].
- Erstelle eine Liste der Götter. Ergänze wenn möglich Informationen zu ihrem Aussehen und ihrer Zuständigkeit.
- Beschreibe das Totengericht in eigenen Worten für einen Reiseführer.

Sprachspeicher
5: Nutze die Checkliste auf der Methodenseite Bilder lesen.

7: Es geht hier nicht um das Gewicht in Gramm oder Kilogramm. • Ein Herz kann rein sein, dann ist es …

Pyramiden und Tempel

Gräber und Gotteshäuser – Bauten für die Ewigkeit?

Steckbrief Cheops-Pyramide
Ägyptischer Name: Achet Chufu
(Horizont des Cheops)
Erbauer: Pharao Cheops
Bauzeit: etwa 2620 – 2580 v. Chr.
Seitenlänge: 230,3 m, **Höhe:** 138,75 m
Anzahl Steinblöcke: 2,3 Millionen
Gewicht eines Steinblocks: 2,5 t

[1] *Die Cheops-Pyramide mit Sphinx in Gizeh.* Foto 2020

1 Stelle die Cheops-Pyramide [1] in einem kurzen Text für einen Reiseführer vor.

Die Pyramiden – Grabstellen der Pharaonen

Die ersten Pharaonen ließen sich in unterirdischen Grabstätten bestatten. Djoser (2650 v. Chr.) war der erste Pharao, der sich in der Totenstadt von Sakkara (südlich von Memphis) eine Stufenpyramide bauen ließ. Die späteren Pharaonen ließen sich auch in Pyramiden bestatten. Heute kennen wir etwa 80 Pyramiden. In den Pyramiden wurden ausgestattete Wohnungen für die Ewigkeit angelegt. Dort sollte der Pharao nach seinem Tod weiter leben.

2 Beschreibe, warum die Ägypter Pyramiden bauten.

Sphinx – der Bewacher der Gräber

Vor den Pyramiden wurde ein geheimnisvolles Wesen platziert. Es bewacht die Pyramide. Diese Figur wird als Sphinx bezeichnet. Der Sphinx hat einen Löwenkörper mit menschlichem Gesicht.

Der griechische Geschichtsschreiber Herodot (um 500 v. Chr.) schrieb über den Bau der Cheops-Pyramide:
Die einen mussten aus den Steinbrüchen im arabischen Gebirge Steinblöcke bis an den Nil schleifen. Über den Strom wurden sie auf Schiffe gesetzt und andere mussten die Steine weiterschleifen. [...] 100000 Menschen waren es, die jeweils daran arbeiteten, je drei Monate [...]. So wurde das Volk bedrückt und es dauerte zehn Jahre, ehe nur die Straße gebaut war, auf der die Steine daher geschleift wurden. [...] An der Pyramide selbst wurde 20 Jahre gearbeitet.

[2] *Zit. nach Herodot, Historien 11, in: Geschichte in Quellen, Band. 1,* München 1978, 5.15.

3 Der Grieche Herodot [2] berichtet von seinen Reisen. Er beschreibt auch den Bau der Cheops-Pyramide. Erläutere, wie er sich den Bau vorstellt.

4 Beschreibe die Bilder vom Tempel von Abu Simbel [3/4].

Ägypter verehrten ihre Götter

Ihren Göttern und Pharaonen bauten die Ägypter Gotteshäuser, in denen sie zu ihnen beteten. Sie brachten ihnen dort Opfergaben und verehrten die Götter.

Priester verrichteten den Tempeldienst. Götter- oder Pharaonenstatuen standen vor und in den Tempeln*.

* *der* **Tempel:** ein Bauwerk, in dem Götter verehrt werden

[4] *Der Eingang zum Tempel von Abu Simbel.* Foto 2020

Der Tempel von Abu Simbel

Der Pharao Ramses II. (1303 – 1213 v.Chr.) ließ diesen Tempel errichten. 22 Meter sind die Statuen am Eingang groß, die ihn selbst sitzend zeigen. Der Tempel drohte durch den Bau des Assuan-Staudamms im Stausee unterzugehen. Mit internationaler Unterstützung ließ die ägyptische Regierung im Jahr 1960 jeden Stein einzeln abtragen und 65 Meter höher wieder aufbauen.

5 Stelle Vermutungen an, warum die Ägypter 1960 den Tempel von Abu Simbel nicht im Stausee versinken lassen wollten.

6 Sind die Pyramiden und die Tempel Bauten für die Ewigkeit? Begründe deine Einschätzung.

[3] *Im Tempel von Abu Simbel.* Foto 2020

Wähle einen der Arbeitsaufträge aus:

☑ Verfasse Definitionen für diese Begriffe: Pyramide, Tempel, Sphinx.

☒ Wähle ein Bauwerk (Pyramide, Tempel) aus und stelle es auf einem Plakat vor.

☒ Der Sphinx bewacht die Pyramiden, mächtige Statuen von Ramses II. bewachen seinen Tempel. Schreibe einen Text für die Schulhomepage über diese Grabwächter.

Was du noch tun kannst:

→ Suche nach Modellen für die Rampe, mit der man die Steine an die Spitze der Pyramiden brachte.

Sprachspeicher
4: Nutze die Checkliste auf der Methodenseite Bilder lesen. **5:** Die Ägypter wollten den Tempel retten, weil ... • Aus dem Ausland kam Hilfe, denn der Tempel ...

Üben

1 Informiere dich auf dieser Seite über die Hieroglyphen.

2 Präsentiere deine Ergebnisse in geeigneter Form in der Klasse.

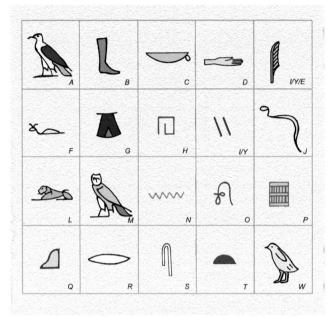

[1] *Hieroglyphen sind keine Buchstaben wie in unserer Schrift. Versucht trotzdem einmal euren Namen damit zu schreiben.* Illustration

✳ *die* **Hieroglyphe:** heiliges Schriftzeichen der altägyptischen Schrift; meist Mehrzahl *die* Hieroglyphen.

Der Beruf des Schreibers: Bildung und Fleiß lohnen sich

Da die meisten Ägypter nicht selbst schreiben und lesen konnten, war der Beruf des Schreibers sehr wichtig. Schreiber hielten die Vereinbarungen, Abgaben und Ernteerträge fest. Ohne sie hätte der ägyptische Staat nicht funktioniert. Erst bildeten die Schreiber ihre eigenen Kinder zu Schreibern aus, jedoch wurden immer mehr Schreiber benötigt. Die Ausbildung war sehr lang und dauerte viele Jahre. Die jungen Schreiber mussten schon während der Ausbildung sehr fleißig sein.

Ein Rätsel: Gelingt es euch, den Text zu lesen?

esistziemlichschwierigeinentextmitägyptischen hieroglypenzulesendieäygypterschriebenohne punktkommaleerzeichensieschriebnsogarvonr echtsnachlinksimajahre1822gelangeseinemfra nzosendiebilderschriftzuübersetzenauchheuter ätselnwissenschaftlernochüberdiebedeutungv onverschiedenenbildzeichen

Die geheimnisvolle ägyptische Schrift

Erst 1822 gelang es dem Franzosen Jean-Francois Champollion (1790–1832) die Hieroglyphen mithilfe des Steins von Rosetta zu entschlüsseln.

Auf dem Stein hatte ein ägyptischer Schreiber den gleichen Text in drei Sprachen festgehalten, in ägyptischen Hieroglyphen, auf Griechisch und Demotisch (Dialekt aus Unterägypten).

Was stand auf dem Stein von Rosetta? Es war eine Verordnung eines altägyptischen Priesters aus der Stadt Memphis aus dem Jahr 196 v.Chr. Im letzten Satz stand, dass diese Verordnung in drei Sprachen zu lesen ist.

[2] *Stein von Rosetta. Er ist heute im British Museum in London zu sehen.* Foto: o. J.

Tipps für die Erarbeitung

· Vergleiche die Hieroglyphen mit unserer Schrift.
· Erkläre: Warum war der letzte Satz auf dem Stein von Rosetta war der Schlüssel zur Entzifferung?

Tipps für die Präsentation

· Lass das Rätsel auch von der Klasse lösen.
· Stelle vor, warum es so schwierig war, die ägyptischen Hieroglyphen zu entziffern.

1 Informiere dich auf dieser Seite über die Darstellungen von Kleopatra.

2 Präsentiere deine Ergebnisse in geeigneter Form in der Klasse.

Ein Historiker berichtet

Kleopatra VII. lebte von 69 bis 30 v.Chr. Sie war der letzte weibliche Pharao Ägyptens und regierte von 51 bis 30 v.Chr.

In Kleopatras Regierungszeit waren die Römer bereits vorherrschende Macht. Die Macht der ägyptischen Pharaonen war auf die Zustimmung der Römer angewiesen. Kleopatra hatte immer einen männlichen König an ihrer Seite. Dies war zuerst ihr Bruder.

Kleopatra wollte ihr Reich festigen und ausbauen. Sie begann mit den mächtigsten Römern ihrer Zeit eine Affäre. Bis zur Ermordung Cäsars war sie seine Geliebte, anschließend begann sie eine Liebschaft mit Marcus Antonius, dem Nachfolger von Cäsar. Der Name ihres Sohnes Caesarion weist auf den Vater hin. In dieser Zeit konnte sie ihre Macht in Ägypten ausbauen.

Nach der Niederlage von Marcus Antonius gegen den späteren römischen Kaiser Augustus begingen Marcus Antonius und Kleopatra Selbstmord. Anschließend wurde Ägypten zur römischen Provinz.

[1] *Verfassertext*

[2] *Ein Bild von Kleopatra aus dem Film „Asterix und Kleopatra" von 1968. Der Film beruht auf dem gleichnamigen Comic von René Goscinny und Albert Uderzo.*

Eine Leserin des Comics „Asterix und Kleopatra" erzählt

Zwischen Cäsar und der schönen Kleopatra kommt es zu einem Streit. Cäsar behauptet, die Ägypter sind eingebildet geworden. Ihnen geht es zu gut. Kleopatra ist sehr ärgerlich über diese Behauptung. Sie wettet mit Cäsar, dass ihr Volk innerhalb von drei Monaten einen prächtigen Palast in Alexandria bauen kann.

Der Architekt Numerobis bekommt den Auftrag zum Palastbau. Schafft er dies innerhalb von drei Monaten, wird er mit Gold überschüttet. Versagt er allerdings, wird er den Krokodilen zum Fraß vorgeworfen. Leider ist diese Aufgabe so schwer, dass Numerobis nach Gallien (ins nördlichen Frankreich) reist und Asterix und Obelix um Unterstützung bittet.

Mithilfe des Zaubertranks der Gallier, der übermenschliche Kräfte verleiht, und der Klugheit der Gallier, wird der Palast gebaut. Kleopatra gewinnt die Wette gegen Cäsar.

[4] *Verfassertext*

[2] *Büste von Kleopatra VII., 40 – 30 v.Chr. Sie steht im Alten Museum in Berlin. Foto 2017*

Tipps für die Erarbeitung
- Vergleiche die beiden Bilder miteinander.
- Untersuche die beiden Texte und Bilder hinsichtlich verschiedener Kriterien (Charakter und Aussehen ...).

Tipps für die Präsentation
- Begründe: Welche Darstellung von Kleopatra ist glaubwürdiger?
- Erkläre: Warum ist Kleopatra als Persönlichkeit noch heute interessant?

☒ Wahlseite Der Fluch des Pharaos

1 Löse auf dieser Seite das historische Rätsel Fluch des Pharaos.

2 Präsentiere deine Ergebnisse in geeigneter Form in der Klasse.

Das Rätsel: Fluch des Pharaos

Am 4. November 1922 blickte die Welt nach Ägypten: Der Wissenschaftler Howard Carter (1874–1939) öffnete das bislang ungeöffnete Grab des Pharaos Tutanchamun. Eine Sensation, denn es war noch nie ein verschlossenes Pharaonengrab gefunden worden. Carter informierte umgehend seinen Geldgeber Lord Carnarvon. Die Zeitungen berichteten davon. Lord Carnarvon reiste sofort nach Ägypten. Am 24. November standen Carter und Carnarvon vor dem Sarkophag Tutanchamuns. Carnarvons Glücksbringer, ein Ziervogel, wurde an diesem Tag von einer Kobra zu Tode gebissen. Schlangen galten als Beschützer der Pharaonen. Unbeirrt machten sich die Gruppe aus Arbeitern und Wissenschaftlern an die Arbeit. Einige Monate später starb ein Mitglied der Gruppe nach dem anderen – unter ungeklärten Umständen. Sogar Lord Carnarvon war unter den Toten. Die ganze Welt fragte sich, was war passiert?

[1] *Howard Carter (vorne knieend), ein ägyptischer Arbeiter und Arthur Callender (rechts) öffnen Tutanchamuns Grabkammer.* Foto 1922

Ihr erhaltet hier fünf Indizien (Hinweise). Lest sie aufmerksam, kombiniert sie, dann könnt ihr das Rätsel lösen.

A Tutanchamun ist heute einer der berühmtesten Pharaonen. Das ist er allerdings nicht, weil er zu Lebzeiten ein mächtiger Herrscher war. Er verstarb sehr jung. Sein Todesalter war etwa 18 bis 20 Jahre. Er wurde nur so berühmt, da sein Grab 1922 ungeöffnet und vollständig war.

B Die Ägypter erzählen sich, dass jedes Pharaonengrab mit einem Fluch vor Grabräubern geschützt sei. Wer ein Grab öffnet, dem passiert Furchtbares.

C Viele ägyptische Pharaonengräber wurden von Räubern ausgeplündert und die Grabbeilagen verkauft. Aber: Einige Grabräuber verstarben früh.

D Die Zeitungsmeldungen über den „Fluch des Pharaos" überschlugen sich. Die Todesfälle waren nicht erklärbar. Kunstsammler wollten ihre ägyptischen Sammelstücke verkaufen. Sie hatten Angst, dass der Fluch des Pharaos sie auch ereilt. Jeder mysteriöse Todesfall wurde mit dem Fluch des Pharaos begründet.

E 1962 vermutete ein Wissenschaftler, dass ein Schimmelpilz die Ursache der Todesfälle war. Diese Theorie wurde zwanzig Jahre später bestätigt. Die alten Ägypter waren in Wissenschaft und Forschung weit fortgeschritten. Der Pilz wurde wegen seiner lebensgefährlichen Wirkung von den alten Ägyptern zum Schutz vor Grabräubern ins Grab gebracht. In anderen Gräbern wurde dieser Schimmelpilz auch nachgewiesen.

Tipps für die Erarbeitung
- Begründe: Welche Informationen sind wichtig, welche unwichtig?
- Kombiniere die Informationen.

Tipps für die Präsentation
- Lass die Klasse miträtseln.
- Stelle die Indizien vor und beschreibe, wie du bei der Lösung des Rätsels vorgegangen bist.

1 Informiere dich auf dieser Seite über den Osirismythos.

2 Präsentiere deine Ergebnisse in geeigneter Form in der Klasse.

[1] *Szene aus dem Osirismythos.*

Der Mythos des Osiris

Die ägyptischen Götter lebten nicht immer friedlich zusammen. Im Osirismythos* wird von der Feindschaft zwischen Osiris und seinem Bruder Seth erzählt.

Osiris war noch König von Ägypten, sein Bruder Seth wollte jedoch auch die Krone haben. Seth bastelte eine Truhe und sperrte Osiris hinein. Diese Truhe warf er in den Nil. Später zerteilte er den Leichnam von Osiris und verteilte ihn über ganz Ägypten.

Isis, die treue Gattin von Osiris, sammelte diese Teile wieder ein und setze sie zusammen. Dann flog ein Vogel über Osiris und hauchte ihm mit einem Flügelschlag wieder Leben ein. Isis und Osiris bekamen dann einen Sohn – Horus.

Osiris wechselte anschließend ins Totenreich und wurde dort Gott der Unterwelt. Horus setzte den Kampf um den Thron des Vaters fort. 80 Jahre kämpfte er verbissen gegen Seth. Beide verletzten sich heftig. Sie schummelten, waren gewalttätig. Es brach Chaos aus.

Irgendwann hatten die anderen Götter den Dauerkrieg satt. Sie begannen zu verhandeln. Diese Verhandlungen waren lang und drohten oft zu scheitern. Wem sollte die Krone von Ägypten gehören?

Am Ende wurde Horus König und einer der beliebtesten Götter. Seth blieb der ewige Bösewicht.

[2] *Verfassertext*

Was sagt uns der Osirismythos?

Die ägyptische Mythologie (Sagenwelt) berichtet uns über die Werte in einer Gesellschaft. Was ist richtig und wichtig im Leben? Was passiert, wenn man Regeln übertritt? Der Osirismythos berichtet über:

5

- den Streit zweier Brüder,
- eine Ehefrau, die um ihren Mann kämpft,
- einen Sohn, der die Familienehre retten möchte,
- einen bösen Bruder, der nicht König werden kann.

10

Er erzählt auch, dass Konflikte manchmal nicht mehr selbst geschlichtet werden können und andere als Streitschlichter helfen müssen.

* *der* **Mythos:** Eine Erzählung aus der Geschichte eines Volkes, die sich mit Göttern und der Entstehung der Welt befasst.

Tipps für die Erarbeitung
- Erkläre, worüber Osiris und Seth streiten.
- Gib wieder, wie die Geschichte ausgeht.

Tipps für die Präsentation
- Stelle auf einem Plakat die Szenen des Osirismythos dar.
- Erkläre, warum der Mythos uns viel über das Zusammenleben der Menschen berichtet.

Fünf altägyptische Ideen: Sind sie noch aktuell?

[1] *Wasserschöpfgerät Sakiya im heutigen Ägypten*, Foto 2002

[2] *„Nilometer", Wasserstandsanzeiger des Nils, am Tempel von Kom Ombo in Oberägypten.* Foto 1995

[3] *Ein ägyptischer Kalender im Tempel von Karnak.* Foto 2019

Idee 1: Die Natur genau beobachten und nutzen

Die regelmäßige Nilschwemme stellte die Menschen vor Herausforderungen. Der bleibende schwarze Schlamm verdreckte zwar die Felder, war aber sehr fruchtbar. Die Pflanzen wuchsen und gediehen.

Es mussten mehr Felder erschlossen werden, die nicht nur direkt am Nilufer lagen. Die Ägypter entwickelten ein Bewässerungssystem, damit das Wasser zu höher gelegenen Felder geleitet werden konnte. Mit Wasserschöpfgeräten („Sakiya") und zahnradbetriebene Anlagen wurde das Wasser transportiert [1].

Am „Nilometer" [2] konnte die nächste Nilschwemme vorhergesagt werden.

Idee 2: Die altägyptische Mathematik – ein Zehnersystem

Die Ägypter begannen, Flächen und Mengen zu berechnen. Ihre Ziffern und Zahlen waren Hieroglyphen. Ein Merkstrich stand für die Eins, ein Bügel für eine Zehn, die aufgerollte Messschnur für 100, eine Lotusblume für 1000, ein gekrümmter Zeigefinger für 10000, eine Kaulquappe/Frosch für 100 000, der Gott der Unendlichkeit für die Million. Für große Zahlen wurden diese Symbole entsprechend häufig hintereinander gesetzt.

Idee 3: 365 Tage – ein ägyptisches Kalenderjahr

Die Ägypter gehörten zu den ersten Völkern, die einen Kalender hatten [3]. Er hatte wie unser heutiger 365 Tage. Sie orientierten sich an der Nilschwemme und beobachten dazu den Stand der Sterne.

Der Jahresanfang war der erste Tag der Überschwemmung. Wir wissen heute, dass dies etwa der 22./23. Juni unseres Kalenders gewesen sein muss. Damit konnten sie ihre Arbeitszeiten auf den Feldern und die anderen Tätigkeiten (Handel, Pyramiden- und Tempelbau) planen.

Sprachspeicher

Wasser schöpfen · Wasser befördern · ein Gerät zum Schöpfen des Wassers benutzen

den Wasserstand messen · markieren, wie hoch das Wasser steht · die Höhe der Nilschwemme berechnen

Idee 4: Die Arbeitsteilung vereinfacht das Zusammenleben der Ägypter

Die Menschen im Alten Ägypten bemerkten schnell, dass das Zusammenleben besser funktioniert, wenn man sich Aufgaben aufteilt und sich spezialisiert* [4/5]. So entstanden viele Berufe und es entstand eine Rangordnung.

Bauern führten die Arbeiten auf den Feldern aus, Handwerker arbeiteten in Handwerksbetrieben oder auf Baustellen. Schreiber notierten die Abgaben und Vereinbarungen. Priester ehrten die Götter in den Tempeln. Die Ägypter wollten einen Vorrat erarbeiten, damit sie im Wohlstand leben konnten. Der Pharao beanspruchte die Ernteerträge, im Gegenzug erhielten Bauern, Handwerker und Beamte Lebensmittel vom Staat. Dies wurde strengstens kontrolliert.

> ✱ **spezialisieren > die Spezialisierung:** Man konzentriert sich auf ein Arbeits- oder Aufgabengebiet, das man dann gut beherrscht.

Idee 5: Papyrus zum Festhalten von Notizen

Die Papyrus-Pflanze wächst am Ufer des Nils. Sie gehört zu den Schilfgräsern und wächst auch heute gut in sumpfigen Gebieten. Die Stängel wurden auf die Größe der herzustellenden Blätter gekürzt und in dünne Streifen geschnitten. Eine Schicht wurde längs gelegt, die nächste darauf quer. Durch Klopfen und Wässern verklebten die Streifen miteinander. Das Blatt musste dann nur noch getrocknet werden und war zur Beschriftung bereit [6].

Wähle einen der Arbeitsaufträge aus:

- ▼ Stelle eine Idee als kurzen Klassenvortrag dar. Du willst die Klasse von dieser Idee überzeugen.
- ✕ Zu jeder Idee werden auch immer Zweifel und Einwände geäußert. Wähle dir eine Idee aus und suche Argumente, die gegen sie sprechen. Bereite dann einen kurzen Klassenvortrag vor.
- ✕ Recherchiere noch weitere Ideen der antiken Ägypter und stelle sie der Klasse vor.

1 Erstelle eine Tabelle zu den fortschrittlichen Entwicklungen im Alten Ägypten.

Idee	Umsetzung damals	Umsetzung heute
1. Die Natur beobachten und nutzen	...	...
2. ...	...	...

2 Sind die Ideen der Ägypter noch heute aktuell? Begründe deine Einschätzung.

[4] *Bauern führen verschiedene Arbeiten in der Landwirtschaft aus.* Malerei, Grab des Nacht, um 1425 v. Chr.

[5] *Handwerker stellen Ziegel her. Malerei,* Grab des Wesirs Rechmire in Theben, um 1450 v. Chr.

[6] *So wurde Papyrus hergestellt.* Illustration

Das moderne Ägypten und der Nil

Ist der Nil auch heute noch für die Ägypter wertvoll?

[1] *Alexandria: Der Blick vom Nil auf die Großstadt.* Foto 2018

1 Beschreibe das Bild [1].

Ägypten heute

Heute leben über 100 Millionen Einwohner in Ägypten. Das Land hat eine Fläche von einer Million Quadratkilometern. 96 Prozent der Landesfläche sind Wüste, nur 4 Prozent sind nutzbar.

Kairo ist die Hauptstadt Ägyptens. Sie ist eine Megastadt* und die größte Stadt Afrikas und Arabiens. Weitere Millionenstädte sind Gizeh und Alexandria.

2 Recherchiere die Lage der heutigen Großstädte Ägyptens. Nimm deinen Atlas zur Hilfe.

3 Beschreibe die Lage der Großstädte.

[2] *Der Suezkanal verbindet das Mittelmeer mit dem Roten Meer.* Foto 2019

Der Nil und der Assuan-Staudamm

Der Nil versorgt 90 Prozent der Landbevölkerung mit Wasser und seinem fruchtbaren Schlamm. Am Ufer wird Landwirtschaft betrieben. Etwa 20 Prozent der Ägypter sind Bauern. Ägypten gäbe es auch heute nicht ohne den Nil.

Der Assuan-Staudamm staut im südlichen Ägypten das Wasser des Nils zum Nassersee auf. Er wurde 1960 bis 1970 gebaut. Damit sollen zu niedrige Wasserstände des Nils ausgeglichen werden. Die Felder können während einer Dürre* mit zusätzlichem Wasser versorgt werden.

Der Suezkanal

Im November 1869 wurde der Suezkanal in Betrieb genommen. Er ist 193 Kilometer lang und einer der wichtigsten Transportwege. Dieser Kanal bildet die Grenze zwischen Afrika und Asien.

4 Ist auch heute der Nil für die Ägypter wertvoll? Begründe deine Antwort.

* *die* **Mega|stadt:** eine Stadt mit mehr als 10 Millionen Einwohnern
die **Dürre:** eine Zeit, in der Wasser fehlt und es viel zu trocken ist

---

Sprachspeicher
3: Beschreibe genau, wo sich die einzelnen Städte befinden. Du kannst dich am Nil orientieren.

4: Die Ägypter haben viel in den Ausbau und Erhalt von Wasserwegen investiert. Warum haben sie dies getan?

Ein ägyptischer Jugendlicher berichtet über das Leben in Ägypten

Heute leben die Menschen hauptsächlich in den Großstädten am Nil. Nur etwa 70000 Menschen leben als Beduinen in der Wüste. Sie ziehen umher. Im südlichen Ägypten leben etwa 140000 Nubier*, die etwas dunkelhäutiger sind als wir. Sie sprechen eine eigene Sprache. Wir sprechen arabisch, eigentlich sprechen wir einen ägyptisch-arabischen Dialekt. Wir schreiben aber hocharabisch.

In der Schule lernen wir als Fremdsprache Französisch oder Englisch. Viele von uns gehören dem Islam an, das sind etwa 90 von 100 Personen. Wir haben auch Christen unter uns, die Kopten. Das sind etwa neun von 100 Personen. Wenige Leute gehören dem jüdischen Glauben an.

Ägypten verdient hauptsächlich am Verkauf von Erdöl, an den Gebühren des Suezkanals und am Tourismus.

Hallo heißt bei uns *Merhaba*. Wir begrüßen uns mit *Salam aleikum* (Friede sei mit euch), darauf antwortet man mit *Wa Aleikum Salam*. Danke heißt *Schukram*, Bitte *Afuan*.

[3] *Verfassertext*

*   die **Nubier:** Bewohner des südlichen Ägyptens und des Sudans

[4]   *Touristen besichtigen die Pyramiden von Gizeh.* Foto 2008

[5]   *Kinder spielen in der Altstadt von Kairo Fußball.* Foto 2019

5   Für die Ägypter ist der Tourismus wichtig. Erkläre dies.

Die Geschichte der Pharaonen heute

Bis heute begeistert die Geschichte Ägyptens die Menschen. Touristen reisen aus der ganzen Welt an, um sich auf die Spuren von Tutenchamun, Ramses, Hatschepsut und Kleopatra zu machen. Auf Nilkreuzfahrten fahren sie an den Tempel und den Pyramiden vorbei und besuchen sie. Im Süden Ägyptens, am Roten Meer, sind wunderbare Tauch- und Schnorchelgebiete. Die Unterwasserwelt Ägyptens begeistert die Besucher.

Wähle einen der Arbeitsaufträge aus:

▼ Lege einen Steckbrief zum Suezkanal oder zum Assuan-Staudamm an.

☒ Wie leben die Menschen heute in Ägypten? Stelle dies in einem Zeitungsbericht vor.

☒ Stelle ein Programm für eine Nilkreuzfahrt zusammen. Es sollen die wichtigsten historischen und heutigen Orte besichtigt werden.

Das kann ich!

Versuche zunächst, die Aufgaben auf dieser Doppelseite zu lösen, ohne im Kapitel nachzusehen. Wenn du Hilfe brauchst, kannst du bei den Aufgaben auf den in Klammern angegebenen Seiten nachschlagen.

der Nil   *der* Beamte   *die* Hieroglyphe   *die* Hierarchie

der Pharao   *das* Papyrus   *die* Pyramide

[1] *Begriffe und ihre Bedeutung*

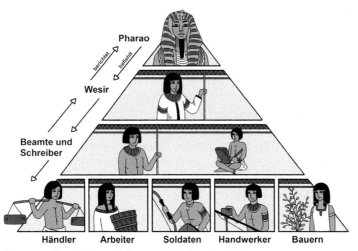

[2] *Der Aufbau der ägyptischen Gesellschaft.* Schaubild

[3] *Pharao Tutanchamun (Teil des Eingeweidesarges)* Tal der Könige. Um 1330 v. Chr.

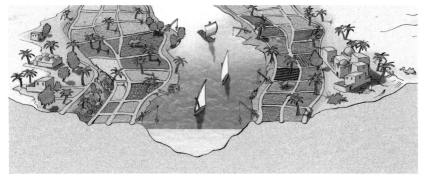

[4] *Querschnitt durch das Niltal.* Rekonstruktionszeichnung

Die Geschichtsexperten berichten: Ägypten – früher und heute

Folgende Wörter müssen in deinem Text auftauchen:

Früher: fruchtbares Land am Nil – Landwirtschaft – Bewässerung der Felder – Arbeitsteilung – Vorrat – Unter- und Oberägypten – Pharao – Pyramiden – Götter – Tempel

Heute: Leben in Großstädten – Bedeutung des Nils heute – Assuan-Staudamm – Leben in Ägypten heute – Tourismus

[5] *Einen Bericht über Ägypten früher und heute schreiben.*

[6] *Jagd auf Wasservögel. Wandmalerei aus dem Grab des Nacht,* um 1425 v. Chr.

Sachkompetenz

1 Schreibe zu den Begriffen aus [1] jeweils eine passende Erklärung in dein Heft.

2 Erkläre den Aufbau der ägyptischen Gesellschaft mithilfe des Schaubilds [2]. (S. 55)

3 Beschreibe in Stichworten, welche Herrschaftszeichen ein ägyptischer König trug und welche Aufgaben er zu erfüllen hatte [3]. (S. 54)

4 Erläutere den Querschnitt des Niltals [4]. (S. 50)

5 Schreibe einen interessanten Bericht über Ägypten für eure Schulhomepage. Nutze dabei die vorgegebenen Wörter [5]. Schreibe am Ende, was dich selbst am meisten an Ägypten interessiert hat.

6 Begründe, warum den Ägyptern der Bau von Tempeln und die Verehrung der Götter so wichtig war. (S. 60–61)

7 Beschreibe technische und wissenschaftliche Fortschritte, die wir den Ägyptern zu verdanken haben. (S. 66–67)

8 Erläutere, warum die Schrift für die Ägypter so wichtig war. (S. 62)

Methodenkompetenz

9 Beschreibe das Bild [6] mithilfe der Methode *Bilder lesen.* (S. 56–57)

Urteilskompetenz

10 Nimm Stellung zu dieser Aussage: „Ohne den Nil wäre kein Leben in Ägypten möglich." Begründe dabei die Bedeutung des Nils für die Entstehung einer Hochkultur in Ägypten. (S. 50–51, 68)

11 Am Anfang des Kapitels hast du Fragen an die Geschichte der Ägypter notiert. Sind alle Fragen beantwortet worden? Recherchiere nicht beantwortete Fragen selbst.

12 Warum möchten viele Menschen die Pyramiden einmal im Leben mit eigenen Augen sehen? Überprüfe deine Einschätzung, die du anfangs aufgestellt hast.

Das antike Griechenland

Volksversammlung in Athen

Athen war die größte Stadt im alten Griechenland und zugleich ein Staat. Die Bürger von Athen trafen sich regelmäßig zur Volksversammlung. Sie stimmten über Gesetze und Pläne ab. Und sie wählten Männer, die sich um die Aufgaben im Staat kümmerten.

1 Beschreibe das Bild.
2 Berichte, was du schon über die griechische Geschichte weißt.
3 Sammelt in der Klasse Fragen an die griechische Geschichte, die ihr am Ende des Kapitels beantworten wollt.

War das eine echte Demokratie?

1 Lies alle Aussagen und notiere, was du über die politischen Rechte der Athener erfährst.

2 Wer darf an der Vollversammlung teilnehmen? Notiere die Buchstaben.

„Wir entscheiden miteinander und nicht gegeneinander!"

Die Bürger verschiedener Stadtstaaten merkten, dass sich ihr Staat viel besser entwickelte, wenn man gemeinsam Entscheidungen traf. In Athen und anderen Stadtstaaten entstanden die ersten Demokratien. Demos steht für das Volk. Eine Demokratie ist eine Herrschaft des Volkes.

Die Volksversammlungen im antiken Athen

Mehrmals im Monat trafen sich alle vollwertigen Bürger auf der Agora, einem großen Platz auf der Akropolis, und besprachen die wichtigsten Angelegenheiten ihrer Stadt. Gemeinsame Regeln (Gesetze) wurden beschlossen. Ebenfalls wurden Entscheidungen über Krieg und Frieden getroffen.

Jeder Bürger hatte nicht nur einen Anspruch dabei zu sein, er hatte auch ein Rederecht. Allerdings durfte man sich immer nur einmal zu einem Gesprächspunkt melden. Für die Volksversammlung gab es eine verbindliche Tagesordnung, die eingehalten wurde.

A *Heute entscheiden wir, ob neue Mauern zum Schutz unserer Stadt gebaut werden sollen. Wir brauchen Schutz! Ich bin dafür.*

B *Es wird zuviel Geld für Bauten ausgegeben. Jetzt schon wieder eine neue Stadtmauer errichten? Ich halte gleich eine gepfefferte Gegenrede.*

C *Ich bin mit 18 Jahren noch zu jung für die Volksversammlung. Erst muss ich noch meinen Militärdienst ableisten. Für das Kämpfen bin ich alt genug, aber habe trotzdem kein Mitspracherecht?! Das finde ich ungerecht.*

D Ich bin ein reicher Kaufmann und lebe schon fast zehn Jahre in der Stadt. Doch weil ich nicht hier geboren bin, habe ich kein Bürger- und Stimmrecht!

E Wir Frauen führen den Haushalt und erziehen die Kinder. Aber Politik ist bei uns reine Männersache. Wir Frauen dürfen bei der Volksversammlung nicht mitreden. Das finde ich nicht in Ordnung!

F Als freier Mann, der in Athen geboren ist, darf ich in der Politik mitreden. Ich bin stolz darauf ein Vollbürger zu sein. Zum Glück haben unsere Frauen hier nichts zu melden!

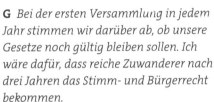

G Bei der ersten Versammlung in jedem Jahr stimmen wir darüber ab, ob unsere Gesetze noch gültig bleiben sollen. Ich wäre dafür, dass reiche Zuwanderer nach drei Jahren das Stimm- und Bürgerrecht bekommen.

H Wir Sklaven haben kein Stimmrecht in der Politik. Schade eigentlich. Ich habe als Arzt eine gute Ausbildung.

3 War damals in Athen das ganze Volk an Entscheidungen beteiligt? Begründe deine Einschätzung.

4 Für die Athener war es nicht selbstverständlich, dass Frauen, Fremde und Sklaven mitbestimmen. Können wir trotzdem von einer echten Demokratie sprechen? Diskutiert in der Klasse.

Wähle einen der Arbeitsaufträge aus:

- ▼ Nenne Themen, über die man in der Volksversammlung diskutierte.
- ☒ Erstelle einen Steckbrief zu den Volksversammlungen in Athen (Teilnehmer, Ort, Regeln, Themen, …).
- ☒ „Athen ist die Wiege der Demokratie." Verfasse einen kurzen Text und begründe darin diese Aussage.

1 Nenne anhand der Karte [1] Merkmale des griechischen Siedlungsgebiets.

2 Beschreibe die Lage der Stadtstaaten.

Ein Land mit vielen Inseln und Gebirgen

Neben dem Festland gehören etwa 3050 Inseln zu Griechenland. Gewaltige Gebirge prägen die Landschaft. Dort war das Überleben schwer. Deshalb siedelten sich die Menschen am Meer an. Alle mussten ihre Wege über das Meer zurücklegen. Sie eigneten sich besondere Kenntnisse im Schiffbau und in der Seefahrt an.

[1] *Siedlungsraum der Griechen um 750 v. Chr.*, Karte.

[2] *Die Akropolis in Athen.* Foto, 2013

Geburtsort der Demokratie

In Athen steht die berühmte Akropolis. Sie bot den Menschen Schutz, war aber auch eine Kultstätte. Dort wurden die wichtigsten Heiligtümer verwahrt. In Athen ist die Idee einer Volksherrschaft* geboren worden – die Demokratie. Griechische Denker der Antike begegnen uns heute in vielen Wissenschaften.

Viele Städte, eine Sprache

Die Griechen nennen sich selbst „Hellenen", ihr Land heißt „Hellas". Die ersten Stadtstaaten entstanden um 700 v. Chr. auf dem Gebiet des heutigen Griechenlands. Jede Stadt war ein eigener Staat. Doch die Griechen haben schnell erkannt, dass sie zusammengehörten und ein Volk waren. Sie entwickelten eine gemeinsame Schrift und Sprache. So konnten sie sich mit den Nachbarn in den anderen Städten verständigen.

✱ die **Volks|herrschaft:** Es gibt keinen alleinigen Herrscher. Das Volk regiert sich selbst.

3 Schätze, wie viele Kilometer du reisen musst, um zur Akropolis in Athen zu gelangen. Überprüfe dies anschließend mithilfe einer Internetrecherche.

▶ **Ab 2500 v. Chr.:**
Entstehung griechischer Hochkulturen
776: Erste Olympische Spiele
Ab 750: Griechen gründen Kolonien.

▶ **600 v. Chr.**
594: Demokratie in Athen

▶ **500 v. Chr.**
490: Sieg der Griechen über die Perser bei Marathon
Um 430: Athen auf dem Höhepunkt der Macht

▶ **400 v. Chr.**
333: Alexander besiegt die Perser bei Issos.
Ausbreitung der griechischen Kultur

▶ **200 v. Chr.**
148: Griechenland wird Teil des Römerreichs.

▶ **Geburt Christi**

▶ **300 n. Chr.**
393: Verbot der Olympischen Spiele

Zeit vor Christi Geburt

Zeit nach Christi Geburt

[3] *Zeittafel Griechenland*

Eine beeindruckende griechische Geschichte

Griechen können auf eine der frühsten Hochkulturen zurückblicken. Sie ist über 4000 Jahre alt. Ihre damaligen Erkenntnisse sind heute noch in vielen Wissenschaften aktuell. Dichter haben Theaterstücke geschrieben, die heute noch aufgeführt werden. Die ersten Olympischen Spiele wurden 776 v. Chr. im Ort Olympia durchgeführt.

4 Beantworte folgende Fragen zum Text.
- Was ist an den vielen Inseln und Gebirge herausfordernd?
- Sind die Griechen ein besonderes Volk?
- Was ist beeindruckend an der griechischen Geschichte?

Das antike Griechenland

SCHAUPLATZ
Die Volksversammlung in Athen
S. 74–75

ORIENTIERUNG
Die Welt der Griechen
S. 76–77

Athener oder Griechen?
S. 78–79

Leben in der Polis: Athen und Sparta
S. 80–81

Auf dem Weg zur Demokratie?
S. 82–83

METHODE
Ein Schaubild auswerten
S. 84–85

WAHLSEITEN
Göttersagen – Olympische Spiele – Sklaverei – Baukunst
S. 86–89

Das Erbe des antiken Griechenlands
S. 90–91

DAS KANN ICH!
S. 92–93

Athener oder Griechen?

Warum gründeten die Griechen unabhängige Stadtstaaten und keinen gemeinsamen Staat?

[1] *Eine Akropolis* stand oft auf einem Berg und musste vor Angreifern geschützt werden.* Illustration.

1 Beschreibe mithilfe des Bildes [1] die Merkmale einer Akropolis.

Stadtstaaten entstehen

Griechische Siedler gründeten um das Mittelmeer Städte. Sie ließen sich an Flusstälern, an Küsten und auf Inseln nieder. Athen, Korinth, Sparta, Rhodos oder Milet sind dafür Beispiele. Jede Stadt war selbstständig. Die Griechen nannten sie Polis*. Jede Polis hatte einen Versammlungsplatz (Agora), ein Rathaus, einen Tempel und ein Theater. Stadtmauern schützten die Polis. Außerhalb der eigentlichen Stadt lebten die Bauern, die in der Landwirtschaft arbeiteten. Sie gehörten wie die Stadtbewohner als Bürger der Polis an.

Die Bewohner einer Polis verwalteten und regierten sich selbst. Jede Polis hatte ein eigenes Heer und eine Seeflotte. Die Menschen in den griechischen Poleis verband nicht nur eine gemeinsame Schrift und Sprache. Sie glaubten auch an die gleichen Götter. Diese Götter glichen den Menschen, sie hatten aber übernatürliche Fähigkeiten. Die Götter lebten auf dem Berg Olymp.

Viel Stadtstaaten, aber kein Staat

Ungefähr 1500 Poleis gründeten die Griechen. Teilweise war eine andere Polis durch einen Tagesfußmarsch erreichbar, oft musste man länger reisen. Obwohl jeder Bewohner sich mit seiner Polis identifizierte, fühlten sich die Griechen verbunden. Allerdings wuchs Griechenland in der Antike nie zu einem Staat zusammen.

2 Begründe, warum die Bewohner einer Polis ihre Akropolis verteidigen wollten.

3 Diskutiert, welche Vor- und Nachteile das Leben als Bürger oder Bürgerin in einer Polis hatte.

* *die* **Akropolis:** ein mit Mauern geschützter Hügel über einer Stadt. In dem Begriff steckt die Silbe polis.

die **Polis** (Mehrzahl = Poleis): selbstständiger griechischer Stadtstaat der Antike. Jede Polis hatte eine eigene Regierung und eigene Gesetze.

Sprachspeicher
1: eine Akropolis liegt auf einem … • mächtige … schützen sie • in den … werden die … verehrt

3: mitbestimmen • mitentscheiden • Schutz vor Feinden • Regeln und Gesetze beachten • keine Gleichheit der Bürgerinnen und Bürger

[2] *Die Welt der Griechen um 500 v. Chr.* Karte.

Griechische Siedlungen entstehen

Die Bevölkerung in den Poleis wuchs, die Nahrungsmittel wurden knapp und die Menschen hungerten. Im 8. Jahrhundert v. Chr. begannen die ersten Griechen auszuwandern. Sie gründeten fern der Heimat Tochterstädte. Ihre eigentliche Polis blieb die Mutterstadt.

4 „Sind wir Athener oder Griechen?" Erkläre, wie sich die Bewohner der Polis Athen damals gesehen haben.

5 Benenne die Gründe der Siedler, warum sie nach Syrakus (Sizilien) ausgewandert sind [2].

Wähle einen der Arbeitsaufträge aus:

☑ Gestalte ein Werbeplakat: Es werden noch Mitfahrer für das Auswandererschiff nach Sizilien gesucht.

☒ Entwerft Rollenkarten und spielt kleine Diskussionen, die die Siedler [4] vor Verlassen der Heimat geführt haben könnten.

Ich hatte Ärger wegen meiner politischen Ansichten, hier will ich ganz neu anfangen.

Meine Familie wäre fast verhungert. Auf den steinigen kleinen Äckern wächst nicht genug, und mehr Land konnte ich mir nicht leisten.

Als Handwerker kann ich hier bestimmt gut verdienen!

Ich bin unverheiratet und daher in unserer Heimat durch das Los zum Auswandern bestimmt worden.

[4] *Siedler auf dem Markt in Syrakus (Sizilien).*

Sprachspeicher
sich selbst verwalten · sich mit etwas identifizieren · sich verbunden fühlen · Städte gründen

Üben

Gab es unterschiedliche Vorstellungen, wie man leben soll?

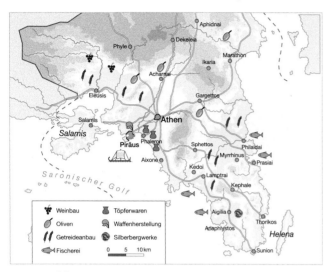

[1] *Das Herrschaftsgebiet der Polis Athen.* Karte.

[2] *Ein Athener Handelsschiff.* Foto.

2 Erkläre, wie Athen sich zur größten und reichsten Polis entwickeln konnte.

3 Beschreibe die Arbeitsteilung in der antiken griechischen Familie.

1 Untersuche die Karte [1]:
- Welche landwirtschaftlichen Produkte wurden angebaut?
- Wo lag ein großer Hafen?
- Welche wichtigen Handelsprodukte gab es?

Polis Athen – eine Handels- und Seemacht

Athen war im 5. Jahrhundert v.Chr. die führende Seefahrer- und Handelsmacht am Mittelmeer. Durch den Abbau von Silber und den Handel mit wichtigen Produkten wurde Athen sehr reich und zur größten griechischen Polis. Die Athener gewannen 470 v.Chr. die Seeschlacht bei der Insel Salamis gegen die Perser. So sicherten sie ihre Macht auf der Halbinsel Attika. Das ist die Region rund um Athen [1].

Die Menschen in Athen regierten ihre Stadt gemeinsam. In Athen lebten und arbeiteten viele noch heute bekannte Künstler und Denker. Auf vielen Gebieten wie der Literatur, Wissenschaft, Kunst und Architektur sind noch heute viele Athener der Antike bekannt. Für die Athener war Bildung ein wichtiger Wert.

So lebten die Menschen in Athen

Wir Handwerker sind zwar nicht besonders angesehen, doch die vornehmsten Familien bestellen mich für Arbeiten. Als Familienvater darf ich über alles in meinem Haus bestimmen. Über meine Frau, meine Kinder und über die Hausklaven.

Ich führe den Haushalt und erziehe unsere Kinder. Das muss ich alles ordentlich machen, denn ein Mann kann sich jederzeit von seiner Frau trennen und dann würde ich unversorgt dastehen! Als wir heirateten, bekam mein Mann als Mitgift ein kleines Grundstück. Darauf steht jetzt die Werkstatt.

[3] *Menschen aus Athen könnten berichten.* Illustration.

Sprachspeicher
1: In der Gegend um Athen baute man ... an. An den Küsten ... Man handelte mit ...

[4] *Die Polis Sparta auf dem Peloponnes.* Karte

Der Kriegerstaat Sparta

Sparta liegt auf der Halbinsel Peloponnes, etwa 200 Kilometer von Athen entfernt. In Sparta lebten 9000 Spartaner und mehr als 200000 Sklaven, die Heloten. Auf einen Spartaner kamen etwa 22 Heloten.

Die Spartaner hatten Angst, dass sie von den Heloten überwältigt wurden. Sie mussten immer wieder ihre Macht in Sparta festigen und bewahren. Die Spartaner waren hauptsächlich Krieger. Feldarbeit und andere Arbeiten wurden von den Heloten ausgeführt. Die Hälfte der Ernte mussten die Heloten abgeben. Die Spartaner gründeten keine Tochterstädte (Kolonien), sondern eroberten die umliegenden Gebiete auf der Peloponnes.

Der griechische Schriftsteller Plutarch schrieb über Sparta:

... Niemand durfte leben, wie er wollte; in der Stadt hatten die Spartaner wie in einem Feldlager eine genau festgelegte Lebensweise und eine Beschäftigung, die auf das öffentliche Wohl ausgerichtet war, [...] da sie dachten, sie gehörten ganz dem Vaterland und nicht sich selbst.

[5] *Plutarch: Lykurgos 5ff. (übers. von Jochen Martin),* zit. nach Geschichtsbuch I. Berlin (Cornelsen), 1992.

So lebten die Menschen in Sparta

Sobald unsere Jungen sieben Jahre alt sind, nimmt der Staat sie an sich und teilt sie in einzelne Rudel ein. Sie wachsen ohne ihre Familie auf. Lesen und Schreiben lernen sie nur so viel, wie sie brauchen. Sobald sie 12 Jahre alt sind, müssen sie Schilf für ihr Nachtlager selbst am Fluss holen. Ihr Essen ist knapp. Sie sollen gezwungen werden, selber dafür zu sorgen.

Die Frauen in Athen kann ich nur bedauern. Die wagen sich doch kaum aus dem Haus. Und über unsere Kleidung mit den kurzen Röcken zerreißen sie sich die Mäuler. Unsere Mädchen bekommen Gesangs- und Tanzunterricht. Und sie lernen wie die Jungen Laufen, Springen und Kämpfen, sogar Diskus- und Speerwerfen. Bei uns entscheiden die Ältesten über die Aufzucht der Kinder und nicht die Ehemänner!

[6] *Menschen aus Sparta könnten berichten.* Illustration/Foto

4 Beschreibe die Erziehung der Kinder in Sparta [6].
5 Untersuche die Quelle [5] und erläutere die Aussagen von Plutarch.

Wähle einen der Arbeitsaufträge aus:

☐ Nenne Bereiche, in denen sich Athen und Sparta unterschieden.
☒ Vergleiche das Leben (Politik, Wirtschaft, Kultur) in Athen und Sparta. Lege dazu eine Tabelle an.
☒ Verfasse eine friedliche Unterhaltung zwischen einem Athener und einem Spartaner über das Leben in ihrer Polis (Politik, Wirtschaft, Kultur).

Sprachspeicher
seine Macht festigen • Arbeiten ausführen •
Gebiete erobern

Auf dem Weg zur Demokratie

Wie entwickelte sich die Volksherrschaft in Athen?

Die Demokratie entsteht

Anfangs regierten in Athen Könige als Alleinherrscher. Um 700 v.Chr. übernahmen Adlige die höchsten Ämter. Sie verfolgten ihre eigenen Interessen und herrschten rücksichtslos. Die Athener nannten sie Tyrannen*. Zunehmend kam die Forderung auf, dass das Volk an der Herrschaft beteiligt werden sollte. Einige führende Politiker setzen diese Idee immer mehr um.

Perikles war ab 443 v.Chr. der führende Politiker in Athen. Er selbst richtete die Volksversammlung ein. Jeder männliche Bürger von Athen durfte teilnehmen und mitbestimmen. Allerdings waren Frauen, Sklaven und in Athen lebende Fremde (Metöken) ausgeschlossen.

> ✳ der **Tyrann:** ein Herrscher, der andere unterdrückt und seine Macht mit Gewalt durchsetzt.

Das Scherbengericht gegen Perikles

Im Jahre 443 v.Chr. wurde Perikles selbst vor einem Scherbengericht von Gegnern angeklagt.

Argumente für Perikles (pro)
- Perikles hat viel Gutes für Athen gebracht.
- Demokratie, Künste und Kultur sind von Perikles gefördert worden.
- Die Prachtbauten zeigen allen die Schönheit und Macht Athens.
- Athens Stärke hat Griechenland vor äußeren Feinden geschützt.

Argumente gegen Perikles (kontra)
- Perikles herrscht schon über zwanzig Jahre in Athen und hat zu viel Macht und Einfluss.
- Perikles gibt zu viel Geld für Prachtbauten, Kultur und Künste aus der Stadtkasse aus.
- Er verschwendete auch das Geld der verbündeten Städte. Sie sind deshalb verärgert.
- Damit ist Athen kein zuverlässiger Partner mehr für die anderen griechischen Städte.

> *Unsere Athener Volksversammlung berät einmal im Jahr darüber, ob ein Scherbengericht stattfinden soll. Wenn wir einen Politiker absetzen wollen, ritzen wir seinen Namen in eine Tonscherbe. Der meistgenannte muss die Stadt für zehn Jahre verlassen.*

[1] *Scherbe mit dem Namen eines Politikers.*

1 Erkläre, was das Scherbengericht war.

2 Begründe, warum die Athener ein Scherbengericht zur Sicherung ihrer Demokratie durchführten.

3 Gewichtet die Argumente für und gegen Perikles. Entscheidet gemeinsam, ob er verbannt werden oder weiter regieren soll.

Sprachspeicher
als Alleinherrscher regieren • seine Interessen durchsetzen • eine Volksversammlung einrichten.

3: Bring die Argumente in eine Reihenfolge von wichtig bis unwichtig. Welche Argumente sind entscheidend?

4 Notiert gemeinsam, was es für euch bedeutet, demokratisch zu sein.

Demokratie – was bedeutet uns das heute?

Die Klasse 5d hat ihre Vorstellungen zur Demokratie in einem Mesostichon zusammengestellt:

jeDer stimmt mit ab
allE sind wichtig
geMeinsam entscheiden
VOlk
Klare Regeln für alle
Rücksicht
KlAssensprecherwahlen
absTimmen
Interessen berücksichtigen
MEinungen diskutieren

[3] *Klassensprecherwahl.* Illustration

Demokratie leben wir in der Schule [3], in einer Stadt oder in einem Staat [2]. Die Macht darf nicht bei einer Person liegen, sondern soll auf möglichst viele verteilt sein.

Die Bürgerinnen und Bürger wählen ihre Abgeordneten in die Gemeinde- oder Stadträte, in die Landtage der Bundesländer, den Bundestag oder das Europa-Parlament. Die Abgeordneten vertreten dort die Interessen der Bürgerinnen und Bürger.

[2] *Bei einer Stimmabgabe: Freie Wahlen sind typisch für eine Demokratie.* Foto 2013

✳ *das* **Misstrauen:** ein Mangel an Vertrauen. Man glaubt einer Person nicht.

das **Votum:** eine Abstimmung

Das Scherbengericht – ein Misstrauensvotum?

Unsere Demokratie heute hat auch ein Kontrollinstrument – das Misstrauensvotum*. Die gewählten Abgeordneten eines Parlaments entscheiden bei strittigen Angelegenheiten, ob sie noch hinter einer Regierung stehen. Jeder Abgeordnete und jede Abgeordnete stimmt ab, ob er oder sie der Regierung das Vertrauen gibt oder entzieht. Wenn mehr als die Hälfte der Abgeordneten gegen die Regierung stimmt, muss eine Regierung abtreten und eine Regierung muss neu gewählt werden.

5 Begründe, warum es wichtig ist, dass die Macht immer auf viele Menschen und Gruppen aufgeteilt sein muss.

Wähle einen der Arbeitsaufträge aus:

☒ Erstelle ein Mesostichon (siehe oben) zum Begriff DEMOKRATIE im antiken Athen.

☒ Liste Gemeinsamkeiten und Unterschiede der Demokratie im antiken Athen und heute in einer Tabelle auf.

Sprachspeicher
über (etwas) abstimmen · die Interessen von jemandem vertreten · das Vertrauen geben/entziehen

5: Meiner Meinung nach ... · Ich bin der Meinung, dass ...

Üben 👆

Methode Ein Schaubild auswerten

mit politischen Rechten

40 000 Bürger

ohne politische Rechte

130 000 Frauen und Kinder

30 000 Mitbewohner (Metöken)

100 000 Sklaven und Sklavinnen

[1] *Verteilung der politischen Rechte in der Bevölkerung von Athen um 430 v. Chr. Jede Figur steht für 10 000 Einwohner. Schaubild.*

Schaubilder

Schaubilder erklären schwierige Zusammenhänge. Bei der Auswertung helfen dir die Schritte, die du unten siehst. Dabei ist zu beachten, dass nicht alle Schritte auf jedes Schaubild angewendet werden müssen.

1. Schritt Thema

- Titel lesen: Thema und Zeit feststellen
- klären, um was genau es inhaltlich geht
- herausfinden, ob eine „Momentaufnahme" einer Sache oder eine Entwicklung dargestellt ist

2. Schritt Darstellungsform

- Werden Textfelder, Stichworte, Zahlen oder Bildsymbole verwendet?
- Gibt es eine Reihenfolge (Ausgangspunkt, weitere Schritte, Endpunkt)?
- Zusammenhänge finden (z. B. Pfeile als Hilfe)
- Größen- und Mengenverhältnisse beachten (z. B. Bedeutung der Größe von Feldern oder Symbolen)
- Wozu dienen ergänzende Zeichnungen?

3. Schritt Interpretation

- Ablauf und Aussage des Schaubilds mit eigenen Worten wiedergeben
- Zusammenhang mit zugehörigem Text/Buchseite herstellen

4. Schritt Bewertung

- War die Darstellung verständlich a) für dich, b) für die Klasse?
- Wie ist die inhaltliche Aussage zu bewerten?
- Waren Zusatzinformationen nötig?

Auswertungsbeispiel:

1. Thema ist die politische Situation in der Stadt Athen um das Jahr 430 vor Christus. Es geht um die politischen Rechte verschiedener Bevölkerungsgruppen.
2. Die Felder sind beschriftet, ihre Länge entspricht den Zahlenangaben. Sie werden durch Bilder ergänzt, jede Figur steht für 10 000 Menschen.
3. In Athen lebten um 430 v. Chr. etwa 300 000 Menschen (= Summe der Angaben in den Feldern). Davon hatten 40 000 politische Rechte. Ohne politische Rechte waren 130 000 Frauen und Kinder, 30 000 Fremde (Metöken) und 100 000 Sklavinnen und Sklaven. Das Schaubild zeigt, dass es in Athen damals noch keine „richtige" Demokratie gab.
4. Das Wort „Metöken" musste erst geklärt werden, sonst war alles verständlich.

[2] *Lösungsbeispiel zum Schaubild [1].*

Stadtrat
67 gewählte Vertreter

Wer ist wahlberechtigt?
249 000 Bürgerinnen und Bürger wählen den Stadtrat
(darunter ca. 30 000 EU-Bürger über 16 Jahren, die ihren Wohnsitz
in Bonn haben).

Nicht wahlberechtigt
81 000 Bürgerinnen und Bürger
(Jugendliche unter 16 Jahren, ca. 50 000 Ausländer aus Nicht-EU-
Ländern, Bürger ohne Wahlrecht)

[2] *Wahl zum Stadtrat von Bonn 2020,* Schaubild.

Mitbestimmung heute

Die Stadt Bonn hat heute ungefähr die gleiche Einwohnerzahl wie Athen um 430 v. Chr. (etwa 330 000).

Die wahlberechtigten Bürger wählen alle fünf Jahre ihre Vertreter für den Stadtrat und den Bürgermeister.

Nicht wahlberechtigt sind

- Personen unter 16 Jahren,
- Personen, denen wegen eines schweren Verbrechens das Wahlrecht entzogen wurde.

Wenn du alle Schritte der Methode und das Lösungsbeispiel auf der linken Seite gelesen hast, wird es dir nicht schwerfallen, auch dieses Schaubild zu „lesen".

1 Wertet das Schaubild oben [2] zu Bonn mithilfe der vier Schritte von S. 84 aus.
 Starthilfe: *„Das Schaubild gibt einen Überblick über ..."*

2 Stellt Ähnlichkeiten und Unterschiede zur Demokratie in Athen um 430 v. Chr. und heute fest.

[3] *Abstimmung im Stadtrat.* Foto 2018

▼ Wahlseite Die Göttersagen der Griechen

1 Informiere dich auf dieser Seite über die Götterwelt der Griechen.
2 Präsentiere deine Ergebnisse in geeigneter Form.

[1] *Einige wichtige Götter der griechischen Sagenwelt*

Die olympischen Götter und Göttinnen

Nach den Vorstellungen der Griechen herrschte
Zeus als Göttervater auf dem heiligen Berg Olymp.
Alle übrigen Gottheiten gehörten zu seiner Familie und waren ihm untergeordnet. Die Götter hat-
5 ten übermenschliche Kräfte und waren unsterb-
lich. Sie verfügten jedoch auch über alle guten
und schlechten menschlichen Eigenschaften. Die
Gottheiten hatten ihre Spezialgebiete. So galt
Hera, die Frau von Zeus als Beschützerin der Ehe.
10 Athena war die Göttin der Weisheit, Ares der
Kriegsgott, Apollo der Gott des Lichtes, der Dicht-
kunst und Musik. Aphrodite war die Göttin der
Schönheit und Liebe.

Griechische Sagenwelt

Vom Leben und Handeln der Götter berichten
griechische Sagen. Diese Sagen nennen wir auch
Mythen.
Die griechische Mythologie umfasst die Geschichten der Götter und Helden des antiken Griechen- 5
lands. Hier treten die Götter wie Menschen auf: sie
lieben oder hassen sich, sie zanken und versöhnen
sich wieder. Sie essen Ambrosia und trinken Nek-
tar, das verleiht ihnen Unsterblichkeit. Die griechischen Heldensagen haben bis heute nichts von 10
ihrer Spannung verloren. Und uns begegnen auch
heute noch griechische Heldenfiguren in Filmen,
in Literatur oder in Kunst und Musik.

Tipps für die Erarbeitung
- Wende die Schritte des Lese-Profis an.
- Gib wieder: Was hast du über die griechischen Götter erfahren?

Tipps für die Präsentation
- Stelle ein Buch oder einen Film über griechische Helden vor.
- Male gemeinsam mit der Klasse Bilder der Götter.

1 Informiere dich auf dieser Seite über die Olympischen Spiele.

2 Präsentiere deine Ergebnisse in geeigneter Form.

Der athenische Gelehrte Isokrates schrieb über die Spiele:

Wir versammelten uns alle an einem Ort, nachdem wir alle Feindseligkeiten eingestellt haben. Während des Festes bringen wir gemeinsam unsere Opfer dar, verrichten gemeinsam Gebete und werden dabei unseres gemeinsamen Ursprungs bewusst. Alte Freundschaften werden erneuert, neue Freundschaften werden geschlossen. So lernen wir uns gegenseitig besser zu verstehen.

[1] *Drees, L.: Olympia, Stuttgart 1967, S. 68.*

Die Olympischen Spiele zu Ehren von Zeus

Forscher vermuten, dass die ersten Olympischen Spiele im antiken Griechenland bereits im 2. Jahrtausend v. Chr. ausgetragen wurden. Die Siegerlisten gehen bis ins Jahr 776 v. Chr. zurück. Die Sportler der griechischen Poleis trafen sich im Ort Olympia. In dieser Zeit wurden alle Streitigkeiten unterbrochen, es herrschte Frieden. Es sollte ein friedlicher Wettstreit ohne kriegerische Auseinandersetzungen sein.

Die Sportler aus den verschiedenen Poleis trafen 30 Tage vor dem Beginn der Spiele ein. Das Training und die Wettkämpfe fanden unter Aufsicht der unparteiischen Kampfrichter statt.

[2] *Allkampf.* Vasenmalerei, 5. Jahrhundert v. Chr.

[3] *Die olympischen Ringe symbolisieren die fünf Erdteile. Olympia-Park München. Hier fanden die Spiele 1972 statt.* Foto, 2022

Ablauf der Olympischen Spiele im antiken Griechenland	
1. Tag	• gemeinsamer Einzug der Sportler zum Heiligtum, Schwur über Fairness und Einhalten von Regeln • erste Wettkämpfe: Wettlauf, Ring- und Faustkampf der Jugendlichen
2. Tag	Wagenrennen, Reiten, Fünfkampf
3. Tag	• Zeremonie zu Ehren Zeus, Festessen • Langlauf
4. Tag	• Ring-, Faust- und Allkämpfe (ringen und boxen erlaubt), Waffenlauf
5. Tag	• Siegerehrung, Opferfest, gemeinsames großes Festessen

[4] *Ablaufplan*

Die Olympischen Spiele der Neuzeit

Im Jahre 339 n. Chr. zog das Christentum in Griechenland ein. Den Christen gefiel nicht, dass die Griechen mehrere Götter verehrten. Die Olympischen Spiele wurden verboten. Die Idee eines friedlichen, völkerverbindenden Wettkampfs wurde 1894 wiederentdeckt: In dem Jahr fanden die ersten modernen Olympischen Spiele in Athen statt. Seitdem werden alle vier Jahre olympische Wettkämpfe ausgetragen. Die Spiele finden immer an einem anderen Ort statt.

Tipps für die Erarbeitung
- Nenne die Regeln, die damals in Olympia galten.
- Erkläre, warum es bei den Spielen Gebete und Opfer gab.

Tipps für die Präsentation
- Lies einen Teil der Quelle [1] vor und frage deine Klasse, aus welchem Jahr dieser Text stammt.

1 Informiere dich auf dieser Seite über Sklaverei und ihre Bedeutung.

2 Präsentiere deine Ergebnisse in geeigneter Form.

> *Ich bin Dimitrios, der Sklavenhändler. Bei uns in Athen ist Sklaverei allgemein üblich. Sie bildet die Grundlage unserer gesamten Wirtschaft, denn körperliche Arbeit ist bei uns wenig angesehen. Sklaven sind unfrei und werden wie Gegenstände behandelt. Sie haben ihren Preis und können beliebig verkauft oder vermietet werden.*
>
> *Die meisten Sklaven sind Kriegsgefangene und kommen aus allen gesellschaftlichen Schichten. Sie werden nach Bildung und Fähigkeiten eingesetzt. Auch Sträflingen droht der Einsatz als Sklave, dann aber als Ruderer oder im Bergwerk. Haussklaven gelten als Teil der Familie und werden in der Regel etwas besser behandelt. Auch in vielen Handwerksbetrieben arbeiten Sklaven, sie erhalten oft einen kleinen Lohn. So ist es möglich, dass sich Sklaven ihre Freiheit erkaufen. Reiche Familien schenken ihren Sklaven oftmals die Freiheit.*

[1] *Rudersklaven auf einem Kriegsschiff. Seeschlacht von Salamis, 480 v. Chr., Illustration.*

Rechtfertigung der Sklaverei

Sklaven wurden wie Vieh auf Sklavenmärkten gehandelt. Sie waren rechtlos und mussten machen, was ihre Besitzer von ihnen verlangte. Auch Kinder wurden versklavt und mussten schwer arbeiten. Der griechische Philosoph Aristoteles (384 – 322 v. Chr.) rechtfertigte die Sklaverei. Er schrieb, dass manche Lebewesen gleich bei ihrer Entstehung so große Unterschiede zeigten, dass die einen zum Dienen und die anderen zum Herrschen bestimmt seien. Zu den dienenden Wesen zählte er Tiere und Sklaven. Aristoteles meinte, es sei vorteilhafter über einen Menschen zu herrschen als über ein Tier. Ein Mensch bringe bessere Leistungen.

[2] *Ein Sklave, der Amphoren trägt. 6. Jahrhundert v. Chr..* Kopie nach dem Innenbild einer griechischen Trinkschale

Tipps für die Erarbeitung
- Nenne die Aufgaben der Sklaven.
- Beschreibe die Stellung von Bürgern gegenüber den Sklaven.

Tipps für die Präsentation
- Erkläre, wie man die Sklaverei rechtfertigte.
- Begründe, warum die Sklaverei heute verboten ist.

Üben

1 Informiere dich auf dieser Seite über die Baukunst der Griechen.

2 Präsentiere deine Ergebnisse in geeigneter Form.

Beeindruckende Bauten

Überall dort, wo die Griechen eine Siedlung (Polis) gründeten, entstanden über Jahrhunderte Tempelanlagen. Besonders auf Sizilien gibt es heute noch sehr gut erhaltene Tempel [1]. Sie waren ursprünglich bemalt. Die verschiedenen Richtungen (Stile) der griechischen Baukunst kannst du an den Formen der Säulen unterscheiden. Das Säulenoberteil (Kapitell) sieht unterschiedlich aus [2-4].
Der Aufbau der Tempel gliederte sich immer in:

- dreigliedriger Stufenbau mit Treppen
- die Säulen
- das Gebälk mit dem Giebeldreieck (Dach)

[1] *Griechischer Concordia-Tempel aus dem 5. Jahrhundert v. Chr., Agrigent, Sizilien.* Foto 2018

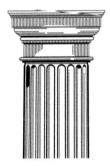

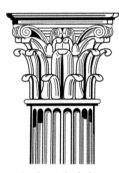

[2] *Dorischer Stil: ab dem 7. Jhdt. v. Chr., vor allem auf dem griechischen Festland und in Süditalien vorkommend*

[3] *Ionischer Stil: ab dem 6. Jhdt. v. Chr., vor allem im östlichen Griechenland und auf den Inseln vorkommend*

[4] *Korinthischer Stil: ab dem 3. Jhdt. v. Chr., vor allem an römischen Tempeln und in Kleinasien vorkommend*

[5] *Das Fridericianum in Kassel wurde 1779 fertig gestellt. Es war eines der ersten Museen in Europa.* Foto 2018

Vorbilder bis heute

Die Bauwerke der Griechen gelten bis in unsere Zeit als vorbildlich wegen ihrer Schönheit und ihrer harmonischen Form. Noch im 19. und 20. Jahrhundert wurden zahlreiche Gebäude in diesem Baustil errichtet. Die Kriterien klassischer griechischer Baukunst kannst du auf der Abbildung [5] erkennen. In vielen Städten gibt es Bauwerke, die nach dem griechischen Vorbild errichtet wurden. Oft sind es Schlösser, Museen oder Opernhäuser.

Tipps für die Erarbeitung
- Untersuche das Foto des Fridericianum [5] auf Kriterien klassischer griechischer Baukunst.
- Lege für die Gebäude [1] und [5] Steckbriefe an.

Tipps für die Präsentation
- Finde weitere Fotos von Gebäuden im griechischen Stil. Suche im Internet nach: „klassizistisches Bauwerk".

Das Erbe des antiken Griechenlands

Welche Erfindungen gab es im antiken Griechenland?

1 Nenne Bereiche, in denen Griechenland Vorbild war und ist.

2 Wähle ein Beispiel (A – F) aus und begründe, was dir daran besonders gefällt.

A Die Baukunst

[1] *Das Brandburger Tor in Berlin.* Foto, 2020

Eine Reise nach Berlin bedeutet auch, mindestens ein Mal vor dem Brandenburger Tor zu stehen. Es wurde 1789 – 1793 erbaut. Der Baumeister erhielt die Vorgabe, sich am Vorbild des Eingangs zur Akropolis in Athen zu orientieren.

Im antiken Griechenland wurden wichtige Grundsteine für unsere heutige Kultur gelegt. Wir verdanken den Griechen nicht nur die Idee der Demokratie, sondern auch die Grundlagen vieler Wissenschaften und Künste.

B Erkenntnisse von Wissenschaftlern

[2] *Mathematikunterricht*, Foto

Pythagoras, Thales, Euklid, Archimedes, ... die Liste bedeutender antiker griechischer Wissenschaftler ist lang. Ihre Ideen und Erkenntnisse beeindrucken uns bis heute.

In der Mathematik und vielen Naturwissenschaften sind wichtige Erkenntnisse nach den griechischen Denkern benannt.

C Politik gestaltet unsere Gemeinschaft

[3] *Abgeordnete des Deutschen Bundestags stimmen über eine Entscheidung mit Handzeichen ab.* Foto 2022

Viele demokratische Grundideen gehen auf die Polis Athen zurück. Sie verankerten die Teilnahme des Volkes an politischen Entscheidungen 594 v. Chr. in ihrer Verfassung.

Wie kann man ein Zusammenleben gemeinsam gestalten? Sollte die Macht untereinander aufgeteilt sein? Die Griechen haben damals schon bemerkt, dass möglichst jeder Verantwortung in und für die Gemeinschaft übernehmen sollte.

Sprachspeicher
den Grundstein für (etwas) legen • sich an einem Vorbild orientieren • ein Vorbild für (etwas oder jemanden) sein

D Versuchen, die Welt zu verstehen

[4] *Eine Marmorstatue des griechischen Philosophen Sokrates in Athen.* Foto, 2017

Unser Zusammenleben besteht aus vielen Fragen und Rätseln. Die Philosophie ist die Liebe der Weisheit. Was können Menschen wissen? Was ist gerecht? Warum existiert die Welt? Die griechischen Philosophen stellten sich diesen Fragen und versuchten sie zu beantworten. Und sie begannen damit schon vor 2600 Jahren.

E Das Theater

[6] *Theater von Epidauros, 4. Jahrhundert v. Chr., Griechenland.* Foto 2017

Die Griechen erfanden große Freilufttheater. Jede größere Polis hatte so ein Theater. Sie wurden meist in einen Hang hinein gebaut. Ab dem 5. Jahrhundert v.Chr. fanden dort regelmäßig Aufführungen statt. Große Theater hatten Platz für bis zu 17000 Besucher.

F Die Olympischen Spiele

Der Franzose Pierre de Coubertin regte 1880 an, die Olympischen Spiele der griechischen Antike wieder durchzuführen. Menschen aus verschiedenen Ländern sollten zu friedlichen Spielen zusammenkommen. Seine Idee hatte Erfolg.

Jeder Sportler und jede Sportlerin verspricht noch heute zu Beginn der Olympischen Spiele, Fairness einzuhalten. Noch immer wird das olympische Feuer vor Beginn der modernen Spiele im Ort Olympia entzündet und dann von Läufern mit Fackeln zum jeweiligen Austragungsort getragen. Wenn der Weg zu weit ist, benutzen die Läufer ausnahmsweise auch ein Flugzeug.

[5] *Das olympische Feuer.* Foto 2021

Wähle einen der Arbeitsaufträge aus:

- ☑ Gestalte eine Wortwolke zum Thema „Das Erbe der Griechen". Schreibe wichtige Begriffe und Namen hinein.
- ☒ Ergänze ein weiteres Beispiel für griechische Erfindungen, z. B. Sportarten, Dichtung und lege dazu einen Steckbrief an.
- ☒ Die Griechen und ihre Geschichte – eine spannende Materie! Schreibe dazu einen kurzen Text.

Was du noch tun kannst:

→ Zeichne ein Bauwerk in dein Heft, das nach griechischer Baukunst errichtet wurde.

Sprachspeicher
sich Fragen stellen · über etwas nachdenken · etwas wissen wollen · ein Theater besuchen · in eine Vorstellung gehen

Das kann ich!

Versuche zunächst, die Aufgaben auf dieser Doppelseite zu lösen, ohne im Kapitel nachzusehen. Wenn du Hilfe brauchst, kannst du bei den Aufgaben auf den in Klammern angegebenen Seiten nachschlagen.

die Olympischen Spiele   die Demokratie   die Hellenen, Hellas   die Polis, die Poleis

der Sklave, die Sklaven   der Metöke, die Metöken

[1] *Begriffe und ihre Bedeutung*

das Erbe Griechenlands

Athener oder Griechen?

die Volksversamm- lung in Athen

Sparta gegen Athen

die Sklaverei

das Scherbengericht

Das antike Griechenland

griechische Mythologie

griechische Baukunst

die Entstehung der Demokratie

Olympia und der olympische Gedanke

[2] *Mindmap (Gedankenkarte)*

Ich gehe jetzt zur Volksversamm- lung. Dort treffen sich ...
Sie beraten über ...
Nicht dabei sein dürfen ...

[3] *Ein Bürger aus Athen erklärt*

[4] *Tonscherbe aus Athen, um 470 v. Chr.*

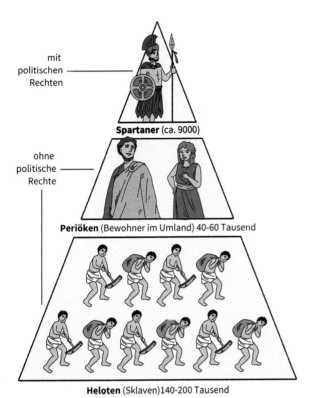

mit politischen Rechten

Spartaner (ca. 9000)

ohne politische Rechte

Periöken (Bewohner im Umland) 40-60 Tausend

Heloten (Sklaven)140-200 Tausend

[5] *Gesellschaftsmodell von Sparta um 490 v. Chr.*

Der griechische Schriftsteller Plutarch (um 45–120 n. Chr.) schrieb über die Erziehung der Kinder:
Mein Standpunkt ist, dass man Kinder nur durch Ermahnung und Vernunft zum Fleiß bringen kann und nie durch Schläge und Schimpfen. So etwas schickt sich eher für Sklaven als für frei Geborene. Schmerzen und Schimpfen lähmen und schrecken von der Arbeit ab. Die Väter müssen den Kindern ein Vorbild im Leben sein. Wer ein schlechtes Leben führt, verscherzt sich dadurch das Recht die Sklaven zu tadeln und erst recht die Söhne.

[6] *(Plutarch, Über Kindererziehung. Zit. nach Rolf Rilinger (Hg.), Lust an der Geschichte – Leben im alten Griechenland. Ein Lesebuch, München (Piper) 1990, S. 83 f.)*

Sachkompetenz

1 Verfasse zu den Begriffen aus [1] jeweils eine passende Erklärung in dein Heft.

2 Erkläre, was eine Polis ist und nenne ihre wichtigsten Merkmale (S. 78).

3 Schreibe den Text aus der Sprechblase [3] in dein Heft ab und vervollständige die Sätze (S. 74).

4 Beschreibe den Gegenstand aus Bild [4] und erkläre, wozu er genutzt wurde (S. 82).

5 Übertrage die Mindmap [2] in dein Heft und schreibe alle Informationen dazu, die dir einfallen.

6 Nenne fünf alte olympische Sportarten. Welche davon gibt es noch heute? (S. 87)

Methodenkompetenz

7 Erkläre, worauf man beim Auswerten eines Schaubildes achten soll (S. 84).

8 Werte das Schaubild [5] aus und erkläre, wie die Gesellschaft in Sparta aufgebaut war (S. 81).

Urteilskompetenz

9 Vergleiche das Leben in Athen und Sparta (S. 80). Nimm Stellung zu den Aussagen von Plutarch in Quelle [6].

10 Nenne Unterschiede zwischen der griechischen Demokratie und unserer heutigen Demokratie (Wer darf wählen? Wer hat welche Möglichkeiten der Mitbestimmung?).

11 Nimm Stellung zu einer der folgenden Aussagen:
„Das antike Athen gilt als die Wiege der modernen Demokratie".
„Das antike Griechenland war aus heutiger Sicht eine Hochkultur."

12 Am Anfang des Themas hast du Fragen an die griechische Geschichte gesammelt. Konntet du alle beantworten? Falls Fragen offengeblieben sind, recherchiere selbst.

Handlungskompetenz

13 Gestaltet gemeinsam ein Lernplakat zum Thema antikes Griechenland.

Check

Das Römische Reich

Die Stadt Rom

Im Jahr 330 n. Chr. war Rom eine Stadt mit einer Million Einwohnern. Dort lebten Menschen unterschiedlicher Herkunft und Kultur. Sie kamen aus allen Teilen des Reiches. Die Stadt war ein politisches Machtzentrum und besaß zahlreiche prächtige Bauwerke.

1 Suche die Gebäude aus der Legende im Stadtmodell.
2 Notiere, was du bereits über Rom weißt.
3 Notiere Fragen, die du zu den Römern hast.

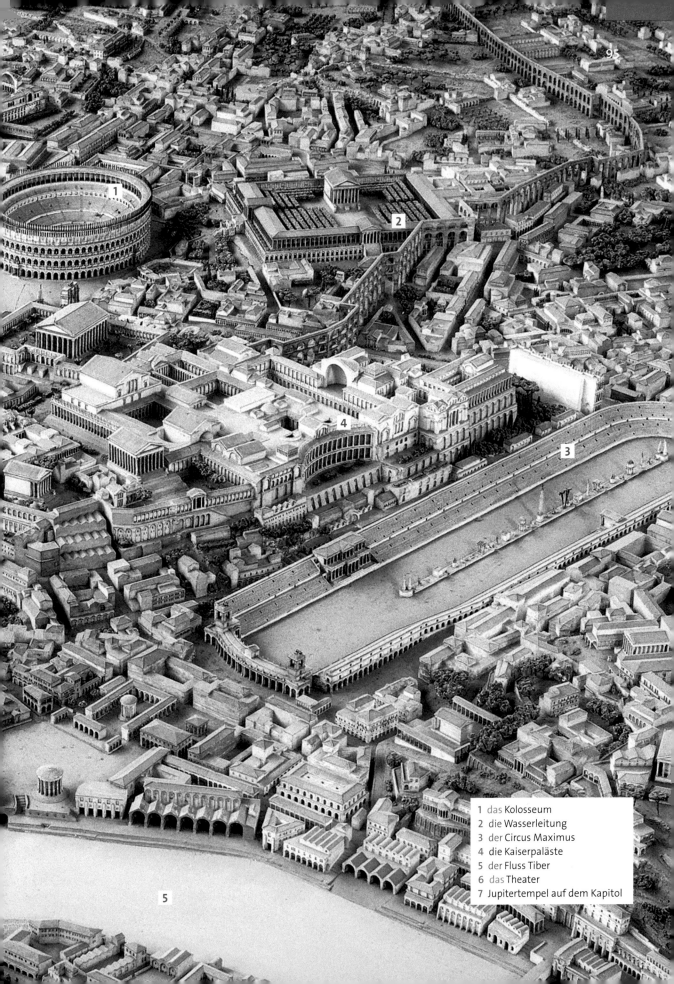

1 das Kolosseum
2 die Wasserleitung
3 der Circus Maximus
4 die Kaiserpaläste
5 der Fluss Tiber
6 das Theater
7 Jupitertempel auf dem Kapitol

[1] *Das Forum Romanum*, Rekonstruktionszeichnung.

1 Beschreibe, wie das Forum auf dich wirkt.
2 Vermute, was dort alles passiert sein könnte.

Antike Großstadt

Rom bildete den Mittelpunkt des Römischen Reiches. Vor allem Kaiser Augustus ließ die Stadt prächtig ausbauen: Er errichtete Tempel, Markthallen, Triumphbögen und Bäder. Zu dieser Zeit lebte bereits über eine Million Menschen in Rom.

Das Forum war der bedeutendste Ort der Stadt. Hier wurden politische Reden gehalten und es fanden Gerichtsprozesse statt. Menschen diskutierten miteinander und feierten religiöse Feste.

Ablenkung fanden die Bürger in den öffentlichen Bädern, den Thermen: Hier entspannten sie sich, besprachen Geschäfte und tauschten Neuigkeiten aus.

Der Grieche Strabo (63 v. bis 20 n. Chr.) schrieb nach seinem Besuch in Rom:

In Rom gibt es gepflasterte Straßen, Wasserleitungen und unterirdische Gräben, durch welche der Unrat (= Schmutz) aus der Stadt in den Tiber geleitet wird. Die Wasserleitungen führen so viel Wasser herbei, dass ganze Flüsse durch die Stadt und die unterirdischen Kanäle strömen und fast jedes Haus einen Wasserbehälter [...] hat. [...]

Ferner gibt es viele Theater, breite Straßen, prächtige Tempel, herrliche Wohngebäude und Paläste. Kommt man auf den alten Markt und sieht die prächtigen Bauten, die Tempel, Säulengänge und Wohngebäude, dann kann man leicht alles vergessen, was es sonst gibt. So schön ist Rom.

[3] *Zit. nach Arend, Walter (Bearb.) Geschichte in Quellen Bd. 1: Altertum. München 1965. S. 667*

[2] *Antike Wasserleitungen in Rom*, Foto.

[4] *Das Kolosseum in Rom*, Foto.

[5] *Römisches Mietshaus, Rekonstruktionszeichnung.*

3 Beschreibe das Mietshaus. Vergleiche es mit den Wohnverhältnissen einer heutigen Stadt.

Paläste und Mietwohnungen

Reiche Römer bauten sich prachtvolle Stadthäuser in den besten Lagen. Sie besaßen Gärten und einen eigenen Wasseranschluss. In aufwendig bemalten Räumen empfingen sie ihre Gäste zu Festessen.
Der Großteil der Römer gehörte dagegen ärmeren Schichten an. Sie waren einfache Handwerker oder Händler und wohnten in mehrstöckigen Mietshäusern. Im Erdgeschoss befanden sich Läden und laute Werkstätten. Eine Familie musste sich ein Zimmer teilen. Oft waren die Häuser einsturzgefährdet, weil sie schnell und billig errichtet wurden. Immer wieder kam es zu verheerenden Bränden.

Spektakuläre Unterhaltung

Das Kolosseum war das größte Amphitheater der Welt. 50.000 Besucher fanden darin Platz. Im Kolosseum fanden blutige Gladiatorenkämpfe statt.
Wer lieber Wagenrennen sehen wollte, ging in den Circus Maximus. Das war eine 600 Meter lange Rennbahn. Bis zu 250.000 Besucher feuerten dort ihre Lieblinge an. Der Eintritt zu den Veranstaltungen war kostenlos: Politiker und Herrscher bezahlten sie, um sich beim Volk beliebt zu machen.

Der Dichter Juvenal (60 – 140 n. Chr.) schrieb über den Alltag in Rom:
Bin ich in Eile, komme ich wegen der vielen Menschen kaum voran. Hinter mir drückt das Volk in Scharen nach.
Der eine stößt mir den Arm in die Seite, ein anderer ein hartes Brett. Bald trifft mich ein Balken am Schädel, bald ein Ölfass. Kot bespritzt meine Waden, von allen Seiten bekomme ich Tritte von mächtigen Soldaten [...]
Nun, mein Freund, weißt du etwa, warum ich die Hauptstadt verlasse.

[6] *Zit. nach Arend, Walter (Bearb.) Geschichte in Quellen Bd. 1: Altertum. München 1980, S. 599.*

Wähle einen der Arbeitsaufträge aus:

☑ Erstelle eine Liste wichtiger Orte in Rom mit einer kurzen Erklärung (z. B. „Forum = ...“).
☒ Ein Händler kommt das erste Mal nach Rom. Verfasse aus seiner Sicht einen Brief an die Familie, in dem du deine Eindrücke beschreibst.
☒ Vergleiche die Beschreibung Strabos [3] mit der von Juvenal [6].
  – Was heben sie in ihrem Text jeweils hervor?
  – Wie finden sie Rom als Ort zum Leben?

Üben

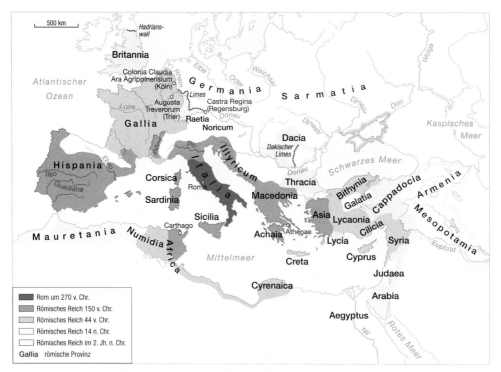

[1] *Die Ausdehnung des Römischen Reiches um 117 n. Chr.,* Karte.

1 Vergleiche die Karte mit einer Europakarte von heute. Nenne heutige Staaten, die damals im Römischen Reich lagen.

Das Römische Reich

Das Römische Reich (lateinisch: imperium Romanum) besitzt seinen Ursprungsort im heutigen Italien. Es breitete sich innerhalb von 300 Jahren so weit aus, dass es von Nordafrika bis Britannien und vom Kaspischen Meer bis zum Atlantik reichte.

Noch heute finden sich überall römische Spuren: Viele Sprachen entwickelten sich aus dem Lateinischen. Städte in ganz Europa entstanden aus römischen Siedlungen.

Die Römer erfanden auch eine Staatsform, die wir heute noch kennen: die Republik. Eine Republik ist ein Staat ohne König. Politiker werden für eine bestimmte Zeit gewählt und treffen Entscheidungen gemeinsam.

Der Legionsadler

Der Adler begleitete die römische Armee bei ihren Feldzügen. Er galt als wichtigstes Zeichen jeder Legion und durfte in der Schlacht nicht verloren gehen.

[2] *Römischer Legionsadler,* heutige Illustration. SPQR bedeutet: senatus populusque Romanus (der Senat und das römische Volk).

2 Vermute, warum die Römer einen Adler als Zeichen ihrer Armee wählten.

- ▸ 753 v. Chr.:
  Gründung Roms laut einer Sage

- ▸ ca. 510 v. Chr:
  Rom wird Republik

- ▸ 264–241 v. Chr.:
  Erster Punischer Krieg gegen die Karthager

- ▸ um 150 v. Chr.:
  Das Römische Reich erstreckt sich über weite Teile des Mittelmeerraums.

- ▸ 218–201 v. Chr.:
  Zweiter Punischer Krieg
  Hannibal zieht über die Alpen nach Italien.

- ▸ um 50 v. Chr.:
  Die Römer erobern das Rheinland.

- ▸ 35 v. Chr – 14 n. Chr.:
  Kaiserzeit des Augustus

- ▸ 9. n. Chr.:
  Varusschlacht

- ▸ um 117 n. Chr.:
  größte Ausdehnung des Römischen Reiches

- ▸ 325–337 n. Chr.:
  Kaiser Konstantin wird erster christlicher Kaiser.

- ▸ 391 n. Chr.:
  Das Christentum wird Staatsreligion.

- ▸ 395 n. Chr.:
  Teilung des Römischen Reiches in ein west- und ein oströmisches Reich

- ▸ 467 n. Chr.:
  Absetzung des letzten weströmischen Kaiser Romulus Augustulus

- ▸ 1453 n. Chr.:
  Die Osmanen erobern Konstantinopel, das oströmische Reich endet.

Das Römische Reich

SCHAUPLATZ
Die Stadt Rom
S. 96–97

ORIENTIERUNG
S. 98–99

Die Entstehung Roms
S. 100–101

Unterwegs im Römischen Reich
S. 102–103

Sklaven in Rom
S. 104–105

Von der Republik zum Kaiserreich
S. 106–107

Leben am Limes
S. 108–109

METHODE
Textquellen untersuchen
S. 110–111

Das Christentum wird Staatsreligion
S. 112–113

WAHLSEITEN
Gladiatoren – Familie – Tacitus – Legionäre
S. 114–117

METHODE
Außerschulische Lernorte
S. 118–119

Das Ende des Römischen Reichs
S. 120–121

DAS KANN ICH!
S. 122–123

Die Entstehung Roms

Wie verlief die Entwicklung zum Römischen Reich?

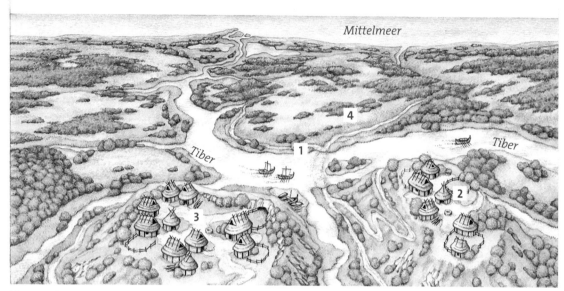

[1] *Die Anfänge Roms*, Rekonstruktionszeichnung.

1 Furt; 2 Kapitol; 3 Palatin; 4 Handelsstraße

1 Betrachte Bild [1]. Vermute, warum sich genau dort Rom entwickelt hat. Begründe.

Die Sage von der Entstehung Roms

Einer Sage nach waren die Zwillingsbrüder Romulus und Remus die Söhne des Kriegsgottes Mars und einer Priesterin. Der herrschende König fürchtete, dass die Zwillinge ihm seine Macht streitig machen könnten und ließ sie auf dem Fluss Tiber aussetzen. Eine Wölfin entdeckte das Brüderpaar am Ufer und zog es mit seiner eigenen Milch auf. Später nahm sie ein Hirte mit zu sich nach Hause. Als sie älter waren, wollten sie an der Stelle, wo man sie gefunden hatte, eine Stadt gründen. Romulus zog dort mit dem Pflug einen Kreis. Er warnte alle davor, das Innere des Kreises zu betreten. Sein Bruder Remus jedoch lachte und sprang hinein. Daraufhin erschlug ihn Romulus mit den Worten: „So soll es jedem ergehen, der versucht, meine Stadt zu erobern." Die Stadt sollte seinen Namen tragen: Rom. Die Gründung soll 753 v.Chr. stattgefunden haben.

2 Erzähle die Sage in eigenen Worten nach.

[2] *Das Wappen des italienischen Fußballvereins AS Rom.*

3 Beschreibe das Wappen. Stelle Vermutungen an, warum es so gestaltet wurde.

> Sprachspeicher

✱ *die* **Furt:** eine flache Stelle im Wasser

die **Sage:** Erzählung, die nicht beweisbar ist

der **Pflug:** ein Gerät, das den Boden auflockert

Sprachspeicher
jemandem die Macht streitig machen • eine Stadt gründen

3: Das Wappen zeigt .... • Das Bild stellt .... dar ... • Der Verein hat das Motiv gewählt, weil ...

[3] *Archäologen bei Ausgrabungen in Rom*, Foto.

Erkenntnisse der Archäologen

Archäologen haben durch Grabungen herausgefunden, dass der Hügel Palatin schon im 10. Jahrhundert v.Chr. besiedelt war. Menschen lebten dort in einfachen Hütten. Die Siedlung war von einem Wall umgeben.

Die günstige Lage direkt am Tiber sorgte schon bald dafür, dass die Ansiedlung wuchs und zu einem bedeutenden Handelsstandort wurde. Dort wurden Märkte abgehalten und Waren aus der Gegend gehandelt. Mehrere Dörfer schlossen sich später zur Stadt Rom zusammen.

4 Vergleiche die Forschungsergebnisse mit der Sage. Kannst du dir Gründe für die Entstehung der Sage vorstellen?

Von der Stadt zum Weltreich

Schriftsteller aus römischer Zeit berichten, dass die Stadt anfangs von Königen regiert wurde. Erst um 500 v.Chr. vertrieben die Römer die Könige. Rom wurde zur Republik.

Zu ihrem Schutz gingen die Römer Bündnisse mit den Nachbarn ein. Sie vergrößerten ihr Einflussgebiet und beherrschten um 270 v.Chr. bereits ganz Italien. Bald unterwarfen sie auch weitere Gebiete. Ein Grund für ihren Erfolg war das Militär: Sie besaßen die erste Berufsarmee der Antike.

Einige Gegner schlossen Verträge mit den Römern, um sich Kriege zu ersparen. Die Römer nannten die eroberten Gebiete Provinzen*.

5 Beschreibe, wie das Römische Reich zu einem Weltreich werden konnte.

Wir Legionäre nehmen es mit jedem Feind auf und sorgen für Ordnung. Wir greifen sofort ein, wenn Unruhen drohen. In Friedenszeiten bauen wir Wasserleitungen, Straßen und Militärlager. Straßen sind nicht nur praktisch, um darauf schnell zu marschieren. Auch Händler und Verwalter können sie nützen.
So machen wir uns für alle nützlich.*

* *der* **Legionär:** römischer Soldat, der Teil einer Legion ist (Truppe von 6000 Mann)

die **Provinz:** ein erobertes Gebiet, das unter römischer Verwaltung steht

6 Erläutere, welche Bedeutung die Legionäre für das Römische Reich hatten.

Wähle einen der Arbeitsaufträge aus:

☐ Stelle die Gründungssage Roms in einer Bildergeschichte dar.
☒ Schreibe den Brief eines Legionärs an seine Familie. Berichte über deine Aufgaben.
☒ Gestalte ein Lernplakat zur Entstehung Roms.

Sprachspeicher
einen Markt abhalten • ein Bündnis eingehen • ein Gebiet unterwerfen

Unterwegs im Römischen Reich

Wie wurde das Römische Reich erschlossen und verwaltet?

[1] *Bau einer römischen Straße*, Rekonstruktionszeichnung.

1 Beschreibe anhand von Bild [1], wie römische Straßen gebaut wurden. > Sprachspeicher

Römische Straßen

Schon vor den Römern gab es ein Netz aus Handelswegen durch Europa. Das Reisen darauf war jedoch beschwerlich und unsicher: Bei Regen und Schnee kam man nur mühsam voran. Straßenräuber konnten jederzeit Händler überfallen. Die Römer legten ein riesiges Straßennetz an, das eine Länge von knapp 85.000 Kilometern besaß. Sie konstruierten die Straßen leicht gewölbt, sodass Regenwasser abfließen konnte. Für Reisende gab es in regelmäßigen Abständen Rasthäuser mit Schlafzimmern, Bädern und Ställen. Meilensteine gaben die Entfernung nach Rom an. Straßenkarten erlaubten es, Reisen genau zu planen. Truppen konnten auf den Straßen schnell verlegt werden, wenn Feinde die Grenzen bedrohten. Berittene Boten brachten Nachrichten nach Rom und kehrten mit Befehlen zurück.

Von Süddeutschland nach Rom brauchte ein Bote damals etwa zehn Tage, ein Fußsoldat etwa einen Monat. Noch heute verlaufen viele unserer Verkehrswege auf alten Römerstraßen.

2 Nenne die Funktionen römischer Straßen.

[2] *Die Via Appia in Italien*, Foto. Sie führt 550 Kilometer von Rom an die Südspitze Italiens und ist nach dem Konsul Appius Claudius benannt.

Handelswege

Im Römischen Reich konnte sich der Handel fast ungestört entwickeln. Zwischen den Provinzen wurden keine Zölle erhoben und Grenzkontrollen gab es kaum. Händler konnten durch das Reich ziehen, ohne überfallen zu werden.

Sprachspeicher
ein Straßennetz anlegen · Truppen verlegen · Zölle erheben

1: Zunächst wurde der Untergrund mit ... · Als nächstes wurde eine Schicht ... · Darauf verlegte man...

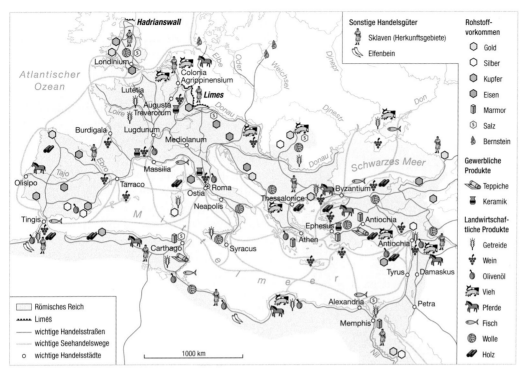

[3] *Wirtschaft und Handel im Römischen Reich*, Karte.

3 Beschreibe mit Hilfe der Karte [3] die kürzesten Wege, um Elfenbein und Kupfer nach Rom zu transportieren.

4 Erläutere den Ausspruch: „Viele Wege führen nach Rom." Kann man ihn auf verschiedene Arten interpretieren?

Verwaltung der Provinzen

In jeder Provinz wurde ein römischer Statthalter eingesetzt. Er war oberster Richter und Befehlshaber der Truppen in einer Person.

Die Bewohner der Provinzen durften ihre Religionen und Gebräuche weiter ausleben. Durch die römischen Gesetze waren sie sogar besser geschützt als zuvor. Viele ahmten die römische Lebensweise nach und lernten Latein. Allerdings mussten sie hohe Steuern zahlen.

Manche Statthalter nutzten ihre kurze Amtszeit, um sich persönlich zu bereichern. Sie behielten die Einnahmen aus den Provinzen für sich und plünderten sie aus.

Der Grieche Aelius Aristides schrieb im 2. Jh. n. Chr.:

Wie sehr ihr Römer durch die Ausdehnung eurer gesamten Herrschaft, durch eure Macht und durch die Klugheit in der staatlichen Verwaltung allen Völkern überlegen seid [...] Daher verdienen allein diejenigen Mitleid, die außerhalb eures Reiches wohnen, wenn es irgendwo noch welche gibt, weil sie von solchen Wohltaten ausgeschlossen sind.

[4] *Arend, W (Hg.): Geschichte in Quellen Bd. l, München 1965, S. 678 ff.*

5 Lies die Aussage des Aelius Aristides und nimm Stellung.

Wähle einen der Arbeitsaufträge aus:

☒ Entwirf ein Werbeplakat für einen Besuch der Via Appia in der Gegenwart.

☒ Verfasse aus Sicht eines Provinzbewohners einen Beschwerdebrief über einen Statthalter.

Sprachspeicher
einen Statthalter einsetzen • Gebräuche ausleben • eine Lebensweise nachahmen

Menschen wie du und ich?

Ich, Ambrosius, Sklave des Beamten Marcellus, habe mich aus dem Bereich innerhalb der Mauern entfernt.
Halte mich fest, wenn ich entflohen bin. Führe mich zurück zu meinem Besitzer.

[1] *Nachbildung eines römischen Halsbands mit Anhänger.*

1 Betrachte Bild [1]. Stelle Vermutungen an:
- Wer ist der Verfasser der Inschrift?
- Wer ist der Träger der Inschrift?
- An wen könnte die Inschrift gerichtet sein?

2 Wie könnte das Leben des Trägers der Plakette ausgesehen haben? Notiere deine Überlegungen.
> Sprachspeicher

Wie wurde man Sklave?

Aus den eroberten Gebieten brachten die Römer häufig Gefangene mit, die als Sklaven dienen mussten. Sie waren also freie Menschen, die zu Sklaven gemacht wurden.

Die Kinder von Sklaven waren automatisch Sklaven – sie wurden also unfrei geboren.

Sklaven im römischen Alltag

Sklaven besaßen keine Rechte und waren das Eigentum ihres Herrn. Somit wurden sie im Römischen Reich kaum mehr als Menschen wahrgenommen, sondern als Sache und Besitz. Dementsprechend konnte der Besitzer mit ihnen machen, was er wollte. Er durfte sie ungestraft schlagen und sogar töten, falls sie entflohen waren.

Trotzdem waren viele Sklaven Teil ihrer römischen Familie – manche wurden sogar von ihren Herren freigelassen oder konnten sich freikaufen. Einige Freigelassene kamen als Händler oder Kaufleute zu Reichtum.

Der Besitzer eines Sklaven konnte wechseln: Auf Sklavenmärkten wurden Sklaven wie Vieh gehandelt und verkauft. Das Leben der Sklaven unterschied sich je nach ihrer Aufgabe stark voneinander.

3 Erläutere Bild [2] mithilfe des Textes.

[2] *Sklavenmarkt in Rom,* heutige Illustration.

Sprachspeicher
1: Der Träger der Plakette durfte wohl nicht ... • Er musste sich ... Rechte besitzen • Eigentum von jemandem sein • auf einem Sklavenmarkt gehandelt werden

4 Lest in Vierergruppen die Texte a) bis d). Jedes Gruppenmitglied ist für eine Art von Sklaven zuständig.
Arbeite die Aufgaben und Lebensbedingungen der Sklaven heraus und stelle sie deiner Gruppe vor.

a) Haussklaven

In reichen Familien waren Sklaven ein Zeichen des Wohlstands. Alle Arbeiten im Haus ließen reiche Römer durch Sklaven erledigen. So arbeiteten die Haussklaven als Köche, Bäcker, Gärtner, Verwalter, Einkäufer, Masseure, Sänftenträger und Kuchenhilfen. Sklavinnen kümmerten sich um die Kindererziehung. Besonders angesehen waren Schreiber. Haussklaven wurden in der Regel gut von ihren Herren behandelt.

b) Arbeitssklaven

Die Arbeitssklaven in der Landwirtschaft und im Bergbau wurden am schlechtesten behandelt – sie waren lediglich Hilfsmittel, die sprechen konnten. Auch in Münzprägereien und beim Straßenbau mussten sie arbeiten.
Unterdrückung, Schläge, Essensentzug und schlechte Kleidung kennzeichneten ihr tägliches Leben. Vor allem die Sklaven im Bergbau hatten eine Lebenserwartung von lediglich ein paar Monaten.
Sie hatten fast keine Chance, freigelassen zu werden oder sich freizukaufen.

c) Lehrsklaven

Sklaven mit guten Umfangsformen und Bildung konnten als Sekretäre oder Lehrer von Kindern ihrer Besitzer dienen. Sie kamen häufig aus Griechenland und kannten sich mit Philosophie und Literatur aus.
Im Vergleich zu anderen Sklaven war ihr Leben einigermaßen erträglich. Je nach ihrer Stellung im Haus und der Beziehung zu ihren Eigentümern hatten diese Sklaven sogar eigene Wohnbereiche und eigene Sklaven als Diener.
Aufgrund ihrer Kleidung waren sie meist nicht von freien Römern zu unterscheiden. Man konnte sie sogar für wohlhabende Bürger halten.

d) Gladiatoren

Sklaven dienten auch als Kämpfer in der Arena. Sie trainierten unter strengster Aufsicht. Um sich nicht vor einem Kampf zu verletzen, übten sie nur mit Holzwaffen.
Die Gladiatorenschulen, die bis zu 2000 Mann stark sein konnten, wurden streng bewacht. Viele Gladiatoren waren außerhalb der Übungszeit gefesselt und inhaftiert. Nur die Verpflegung und die Gesundheitsfürsorge waren optimal.
Sie waren Eigentum der Besitzer der Gladiatorenschulen und konnten viel Geld einbringen, wenn sie siegten.

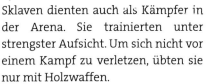

Wähle einen der Arbeitsaufträge aus:

☑ Verfasse aus Sicht des Sklaven, der das Halsband [1] tragen musste, einen Bericht über deine Gefühle und Gedanken.

☒ Erstelle einen Lexikonartikel, indem du erklärst, was „Sklaverei" bedeutet.

☒ Erkläre, warum es heute keine Sklaverei mehr geben darf. › Sprachspeicher

---

Sprachspeicher
Arbeiten erledigen lassen • eine Lebenserwartung haben • inhaftiert sein

☒ : Ich denke, dass jeder Mensch ... • Niemand sollte ...
• Ich halte Sklaverei für falsch, weil ...

Üben

Von der Republik zum Kaiserreich

Wer hat die Macht im Römischen Reich?

Senat	Regierung (Magistrat)		Volkstribunen
300 Senatoren *Mitglieder auf Lebenszeit*	**2 Konsuln** *für 1 Jahr gewählt*	**32 Beamte** *für 1 Jahr gewählt*	**10 Tribunen** *für 1 Jahr gewählt*
• beraten die Regierung • bereiten Gesetze vor • erklären den Krieg • schließen Friedensverträge ab	• leiten die Volks- versammlung • sind die obersten Heerführer	• verwalten die Staatskasse • stellen die Richter • haben die Polizei- gewalt	• haben „Veto-Recht" (veto: „ich verbiete") können die Beschlüsse der Regierung verhindern und Gesetze ablehnen

↑ *wählen*   ↑ *wählen*   ↑ *wählen*

Volksversammlung	Plebejer
(römische Männer mit Bürgerrecht, Patrizier und wohlhabende Plebejer (z. B. Händler)	**Ohne Bürgerrecht:** Frauen, Sklaven, Fremde dürfen nicht wählen.

[1] *Wie die römische Republik um 300 v. Chr. regiert wurde,* Schaubild.

Patrizier und Plebejer

In der römischen Republik waren Besitz und Macht sehr unterschiedlich verteilt.

Die Patrizier waren eine Gruppe alter und wohlhabender Familien. Sie besaßen große Ländereien und ließen viele Sklaven für sich arbeiten. Im Krieg stellten die Patrizier die Offiziere und in der Politik übernahmen sie die wichtigsten Ämter. Sie besaßen die größte wirtschaftliche und politische Macht. Viele von ihnen saßen im Senat. Dort trafen sie wichtige Entscheidungen für Rom.

Die Plebejer dagegen waren Handwerker, Händler und freie Bauern. Im Krieg wurden sie meistens als Fußsoldaten eingesetzt. Ursprünglich hatten sie keine Mitsprache in der Politik. Zwischen 450 und 250 v. Chr. erkämpften sie sich jedoch immer mehr Rechte: Nun wählten sie Volkstribune, die in der Regierung mitbestimmten.

1 Erstelle eine Tabelle. Notiere alle Informationen, die du über Patrizier und Plebejer erfahren hast.

2 Erkläre mit Hilfe des Schaubildes, welche Aufgabe der Senat hatte. Nutze dafür auch die Methode auf S. 82.

Unzufriedene Bauern

Zu Beginn bestand das römische Heer aus Bauern, die für den Kriegsdienst ihre Höfe verlassen mussten. Während der Kriegszeit konnten sie ihre Felder nicht pflügen und kein Getreide ernten. Das führte dazu, dass viele Bauernfamilien verarmten und ihren Besitz verkaufen mussten. Die Bauern ohne Land zogen in die Städte und suchten Arbeit. Armut und Unzufriedenheit wuchsen. Die Menschen forderten Veränderungen.

3 Erkläre die Auswirkungen der Kriegszeit auf die Bauern.

Reformen

104 v. Chr. brachte eine Heeresreform die Lösung: Jeder Römer konnte sich nun als Berufssoldat verpflichten. Für seine Dienstzeit erhielt er eine Bezahlung. Für die Zeit danach versprach man den Soldaten eine Altersversorgung in Form von Geld oder Landbesitz. Durch diese Reform entspannte sich die politische Lage. Viele Männer ohne Besitz wurden nun Berufssoldaten.

4 Erkläre, welche Veränderung die Heeresreform brachte.

Sprachspeicher
Ländereien besitzen · Ämter übernehmen · Mitsprache haben · sich Rechte erkämpfen

[2] *Die Ermordung Caesars*, Gemälde aus dem 19. Jahrhundert.

[4] *Statue des Augustus, um 20 v.Chr.*

Aufstieg und Fall des Julius Caesar

Gaius Julius Caesar wurde 59 v.Chr. zum Konsul gewählt. Anschließend wurde er Statthalter in Gallien. Durch Eroberungen vergrößerte sich die Provinz beträchtlich. Die Einnahmen daraus machten ihn zu einem reichen Mann und sein Heer folgte ihm bedingungslos. Als der Senat ihm den Befehl entziehen wollte, marschierte er in Italien ein. Es kam zu einem Bürgerkrieg, aus dem Caesar siegreich hervorging. Nach kurzer Alleinherrschaft wurde Caesar 44 v.Chr. im Senat erstochen.

Der römische Schriftsteller Sueton schrieb im 1. Jh. n. Chr. über Caesar:

Caesar nahm nicht nur übertriebene Ehren an, wie die ständige Wiederwahl zum Konsul, die Diktatur [...] auf Lebenszeit [...] Er duldete auch Ehrungen, die über das menschliche Maß hinausgingen: einen goldenen Thron im Rathaus und im Gericht, die Benennung eines Monats nach seinem Namen. Auch vergab er nach [...] Belieben Ämter. [...] Die Leute mussten jetzt vorsichtiger mit ihm sprechen und seine Worte als Gesetze betrachten.

[3] *Sueton, Caesar 76–79, übs. d. Red.*

5 Arbeite aus Quelle [3] heraus, was Sueton Caesar vorwirft.

Das Ende der Republik

Nach der Ermordung Caesars übernahm sein Adoptivsohn Octavian gewaltsam die Macht (Bild rechts).

Um 30 v.Chr. erhielt er vom Senat die Titel Princeps und Augustus („der erste" und „der Erhabene").

Die nächsten 200 Jahre herrschte innerhalb des römischen Reichs meistens Frieden. Der Preis dafür war jedoch das Ende der Republik. Die politischen Ämter und der Senat existierten zwar weiter, hatten jedoch kaum noch Einfluss. Augustus und seine Nachfolger regierten als Alleinherrscher.

Daher spricht man seit der Regierungszeit des Augustus von der römischen Kaiserzeit.

6 Beurteile, ob das Ende der Republik eine positive oder eine negative Entwicklung für die Menschen Roms darstellte.

Wähle einen der Arbeitsaufträge aus:

▼ Gestalte eine Bildergeschichte zu Caesar.

✖ Beschreibe, wie die Statue Augustus' auf dich wirkt. Begründe deine Meinung.

✖ Entwirf die Wahlkampfrede eines Plebejers, der Volkstribun werden möchte.

> Sprachspeicher

Sprachspeicher
jemandem den Befehl entziehen • einen Titel erhalten • als Alleinherrscher regieren

✖ : Liebe Plebejer!
Es darf nicht sein, dass die Patrizier allein ... • Wählt mich und ich sorge dafür, dass ...

Üben 🎮 📺 🔊

Leben am Limes

Wie begegneten sich Römer und Germanen?

[1] *Grenzbefestigungen der Römer in Germanien,* Rekonstruktionszeichnungen.

1 Vergleiche die beiden Bauwerke. Notiere Unterschiede und Gemeinsamkeiten.
> **Sprachspeicher**

2 Vermute, welchen Zweck sie hatten.

Eroberungsversuche der Römer

Die Römer drangen im 1. Jh. v. Chr. bis an den Rhein vor. Unter Kaiser Augustus versuchten sie, weiter nach Germanien vorzustoßen. Das Gebiet war jedoch schwer zu kontrollieren: Es gab keine Städte und Straßen. Die Landschaft war geprägt von Wäldern und Sümpfen. Zudem reagierten viele Bewohner feindselig: 9 n. Chr. vernichteten sie in der Schlacht am Teutoburger Wald drei römische Legionen.

Sicherung der Grenzen

Die Römer zogen sich wieder an die Flüsse zurück. Das Land dazwischen sicherten sie durch den Bau eines Grenzwalls. Er war 548 Kilometer lang und besaß 900 Wachtürme. Sie standen in Sichtweite zueinander, um Warnsignale schnell weiterzugeben. In regelmäßigen Abständen errichteten die Römer Kastelle*, in denen Truppen stationiert waren. Bei Gefahr konnten sie schnell eingreifen. Den Grenzwall nennen wir Limes, nach dem lateinischen Wort für „Grenze".

3 Beschreibe, was genau der Limes war.

Der Limes – ein unüberwindbares Hindernis?

Der Limes teilte sich in zwei Abschnitte: In der Provinz Obergermanien bestand er aus einem Holzzaun mit Graben und Erdwall. In der Provinz Rätien war er durch eine drei Meter hohe Steinmauer stärker gesichert.

Der Limes war jedoch keine uneinnehmbare Festung. Händler und Reisende konnten ihn durchqueren. Er sollte die Zuwanderung von Menschengruppen überwachen und zeigte die Grenze des Reichs nach außen.

4 Nenne die Funktionen des Limes.

Wer lebte hinter dem Limes?

Die Römer nannten das Land hinter dem Limes „Germanien". Ein zusammengehöriges Volk der Germanen gab es jedoch nicht, auch wenn die Sprache und Kultur der Menschen sich ähnelte.

Die Römer beschrieben sie häufig als furchteinflößende Wilde. Heute wissen wir, dass die meisten von ihnen einfache Bauern waren, die in kleinen Dörfern zusammen lebten. Da sie keine Schrift besaßen, haben sie uns keine Berichte hinterlassen.

*❋ das **Kastell:** ein befestigtes Lager römischer Soldaten, ähnlich einer kleinen Burg

Sprachspeicher
1: Die Befestigung links umfasst... • Sie besteht aus ... • Im Bild rechts besteht sie aus ...Der Turm ist ...

in ein Gebiet vordringen • feindselig reagieren • ein Gebiet absichern • Truppen stationieren

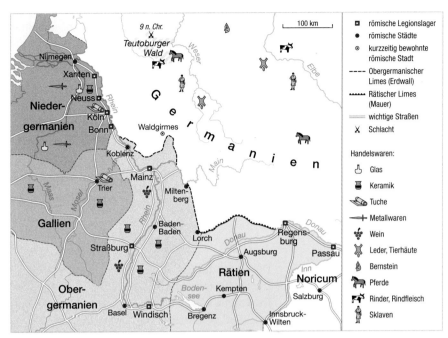

[2] *Römische Provinzen und Germanien im 2. Jahrhundert n. Chr.,* Karte.

5 Beschreibe den Verlauf des Limes. Nenne mithilfe einer Deutschlandkarte die Bundesländer, durch die er verlief.

Begegnung und Austausch

Entlang des Limes entwickelte sich ein reger Handel: Römer brachten Waren wie Wein und Olivenöl nach Germanien. Sie schenkten germanischen Gruppen Gold, um sie zu Verbündeten zu machen und von Angriffen auf die Grenzen abzuhalten. Dadurch veränderte sich die Gesellschaft der Germanen: Einzelne Männer wurden immer mächtiger und begannen, wie Adlige zu herrschen.

Auch germanische Händler verdienten gut am Austausch. Begehrt war das blonde Haar der Germanen, aus dem Römerinnen Perücken herstellen ließen. Die Germanen verkauften auch Felle, Honig, Bernstein und Sklaven.

6 Liste jeweils die Waren auf, die Römer und Germanen verkauften.

7 Beschreibe die Folgen des Kontakts mit den Römern für die Germanen.

Spuren in der Sprache

Die Römer brachten neue Waren und Techniken mit, die die Germanen zuvor nicht kannten. Die Wörter dafür übernahmen sie häufig in ihre Sprache, aus denen sich später unser Hochdeutsch entwickelte.

corbis	fenestra	strata
	vinum	
ancora		cista

[3] *Lateinische Wörter*

8 Erstelle eine Vokabelliste: Schreibe die Wörter aus [3] und ihre Übersetzung auf.

Wähle einen der Arbeitsaufträge aus:

▼ Erstelle mithilfe der Karte [2] eine Liste der römischen Legionslager.

☒ Verfasse aus Sicht eines römischen Soldaten am Limes einen Brief an deine Familie. Berichte von deinem Alltag. **> Sprachspeicher**

☒ Zwei Germanen unterhalten sich darüber, wie sie sich gegenüber den Römern verhalten sollen. Verfasse ein Gespräch.

Sprachspeicher
jemanden zum Verbündeten machen · an einer Sache verdienen

☒: Liebe Familie! Hier am Limes ist es …
Wir Soldaten müssen immer …
Die Germanen kommen und bringen …

Methode Textquellen untersuchen

Für die Geschichtswissenschaft sind Texte eine der wichtigsten Quellenarten. Schriftliche Quellen können verschiedene Formen haben: etwa Inschriften, Briefe oder Reden.

Eine schriftliche Quelle kann immer nur mit Blick auf eine Leitfrage analysiert werden – also eine Frage, die man durch den Text beantwortet haben möchte.

1. Schritt   Die Leitfrage formulieren

Finde eine Leitfrage, die du an den Text hast.

Sprachliche Formulierungshilfen / Tipps

Beispiel: Wie bewertet Tacitus das Verhalten der Germanen?

2. Schritt   Den Text lesen

Lies den Text einmal gründlich durch.

Tipp: Nutze die Sechs-Schritt-Lesemethode, die du im Deutschunterricht kennengelernt hast.

3. Schritt   Die Textquelle beschreiben

A Fragen zum Verfasser und zur Entstehungszeit
- **Wer** ist der Autor/die Autorin der Quelle?
- **Wann** und **wo** wurde die Quelle geschrieben?

Der Autor der Quelle ist …
Die Quelle entstand …
Die Quelle wurde im Jahr … (Datum)
in … (Ort) geschrieben

B Fragen zum Text
- Um welche Art von Text handelt es sich? (Tagebuch, Brief, Bericht, Rede, etc.)
- An wen ist der Text gerichtet?
- Wovon handelt der Text?
- Wie ist der Text aufgebaut?

Bei dem Text handelt es sich um …

Der Text richtet sich an …
Der Text handelt von…
Der Text beinhaltet … Abschnitte

4. Schritt   Die Textquelle untersuchen

- Welche Begriffe sind zu klären?
- Wie lässt sich die Quelle zeitlich einordnen?
- Wovon handeln die einzelnen Abschnitte?
- Wie lautet die Hauptaussage des Textes?

z. B. Müßiggang
Der Text thematisiert die Zeit…
Der erste Abschnitt (Zeile x bis y) handelt von…
Der Text behandelt das Thema/Problem…
Im Mittelpunkt des Textes steht…

5. Schritt   Die Textquelle deuten

- Welche Absicht des Autors wird im Text deutlich?
- Hat der Autor die Ereignisse, über die er berichtet, selbst erlebt?
- Berichtet der Autor neutral oder gibt er seine persönliche Meinung wieder?
- Gibt es zu demselben Ereignis auch andere Quellen zum Vergleich?
- Wie lässt sich die Leitfrage beantworten?

Der Autor berichtet über seine eigenen Erfahrungen, die er erlebt hat (Zeitzeuge)

Der Autor schreibt aus seiner eigenen Perspektive. Er sieht die Ereignisse…

Zusammenfassend können wir feststellen, dass…
Aus der Quelle lassen sich folgende Schlüsse ziehen…

1 Analysiere die Textquelle mit Hilfe der Methodenschritte auf der linken Seite. Dort findest du auch die Leitfrage.

Der römische Geschichtsschreiber Tacitus verfasste um 98 n. Chr. Texte über Germanien. Darin schrieb er u.a.:

Sooft sie nicht in den Krieg ziehen, bringen sie weniger Zeit mit Jagen zu, als mit Müßiggang*: sie geben sich dem Schlaf hin und dem Essen. Gerade die Tapfersten und Kriegstüchtigsten sind völlig unbeschäftigt, indem sie die Sorge für Haus, Herd und Feld den Frauen übertragen haben, so wie den Greisen* und allen Schwachen [...]. Sie selbst faulenzen [...].

Ganz besondere Freude machen ihnen die Geschenke der angrenzenden Völkerschaften, die nicht bloß von einzelnen Personen, sondern auch von Staats wegen übersandt werden, erlesene Rosse, ausgezeichnete Rüstungen, Pferdeschmuck und Halsketten. Jetzt haben sie auch Geld zu nehmen von uns gelernt [...].

Gleich nach dem Schlaf, den sie meist bis in den Tag hinein ausdehnen, waschen sie sich gewöhnlich warm, da bei ihnen die meiste Zeit über Winter herrscht.

Nach dem Waschen nehmen sie Speise zu sich. Jeder hat seinen besonderen Sitz und seinen eigenen Tisch. Dann begeben sie sich an die Geschäfte und nicht weniger häufig zu Gelagen*, und zwar bewaffnet.

Sich Tag und Nacht ununterbrochen zu betrinken ist für keinen eine Schande. Bei den - wie unter Trunkenen natürlich – häufig vorkommenden Streitigkeiten geht es selten nur mit Schimpfreden ab, häufiger mit Totschlag und Wunden.

[1] *Tacitus, Germania 4–16.* Zit. nach Manfred Fuhrmann (Hg.), P. Cornelius Tacitus, Germania, Stuttgart 2016, S. 9, 25. Übers. v. Manfred Fuhrmann.

[2] *Statue des Tacitus in Wien,* Foto. Von Tacitus ist kein Bild überliefert. So hat man ihn sich im 19. Jahrhundert vorgestellt.

Wer war Tacitus?

Tacitus war ein römischer Politiker und Senator, der 58 nach Christus geboren wurde.

Neben seiner politischen Laufbahn begann Tacitus, über die damalige Zeit zu schreiben – er war also auch ein Schriftsteller.

Eines seiner bekanntesten Werke ist die „Germania". Darin beschrieb er die Germanen aus seiner Sicht. Die „Germania" verfasste er wahrscheinlich im Jahr 98 n. Chr, als das Römische Reich seine größte Ausdehnung erreicht hatte.

Jedoch war Tacitus niemals selbst in Germanien.

* *der* **Müßiggang:** Faulenzen, Untätigkeit

der **Greis:** ein sehr alter Mensch

das **Gelage:** ein Fest mit viel Essen und Trinken

Das Christentum wird Staatsreligion

Woran glaubten die Römer?

[1] *Römische Priester bringen dem Kriegsgott Mars ein Opfer dar,* in Stein gemeißeltes Bild.

Die römischen Götter

Die Römer verehrten viele Götter. Sie ähnelten denen der Griechen: So wurde der Göttervater Zeus bei den Römern Jupiter genannt und Hera, die Göttin der Familie, hieß Juno.

1 Recherchiere die Namen der wichtigsten römischen Götter. Finde ihre Entsprechung bei den Griechen. Nutze Seite 84.

Das Verhältnis zu den Göttern

Die Einwohner des Römischen Reichs konnten ihren Glauben frei wählen. Die Römer übernahmen auch die Götter eroberter Länder, etwa aus Asien und Ägypten. Jeder Gott hatte seinen eigenen Tempel.
Menschen brachten einem Gott ein Opfer dar, wenn sie sich etwas wünschten oder in Not waren – zum Beispiel Wein oder Getreide. Priester opferten Tiere, wenn Feinde das Reich bedrohten oder ein Krieg bevorstand. Das Verhältnis zu den Göttern ähnelte einem Vertrag: man gab etwas und erwartete etwas zurück.

2 Vergleiche das Verhältnis der Römer zu ihren Göttern mit dem der Menschen von heute.

Der Kaiser als Gott

Den römischen Kaisern wurde eine besondere Nähe zu den Göttern nachgesagt. Augustus ließ seinen ermordeten Stiefvater Caesar zum Gott erklären. Doch auch Augustus selbst wurde schon zu Lebzeiten als Gott verehrt, vor allem im Osten des Reiches.

3 Erläutere, welche Vorteile es den Kaisern brachte, als Götter angesehen zu werden.

Das Christentum entsteht

Jesus von Nazareth wurde in der römischen Provinz Judäa im heutigen Israel geboren. Mit etwa 30 Jahren begann er, durch das Land zu wandern und eine Botschaft zu verkünden: Gott liebe alle Menschen, jeder solle auch seine Mitmenschen lieben und Mitgefühl zeigen.
Laut der Bibel vollbrachte Jesus Wunder und fand viele Anhänger. Er wurde jedoch verraten und vom römischen Statthalter zum Tod verurteilt, weil er sich als König ausgegeben habe. Nach seiner Kreuzigung soll Jesus auferstanden sein.

4 Notiere, was du über den christlichen Glauben weißt.

Sprachspeicher
Götter verehren · ein Opfer darbringen · jemanden zum Gott erklären · Wunder vollbringen

[2] *Christen im Kolosseum*, Gemälde aus dem 19. Jahrhundert

Ausbreitung und Verfolgung

Schon bald gründeten sich überall im Römischen Reich Gemeinden, die nach der Lehre Jesu lebten. Besonders für arme Menschen und Sklaven war sie interessant, denn die Christen versprachen ein besseres Leben nach dem Tod. Sie kümmerten sich um die Mitglieder ihrer Gemeinde.

Für die Christen gab es nur einen Gott. Es war ihnen verboten, die Kaiser als Götter zu verehren. An religiösen Feiern und Opfern nahmen sie nicht teil. Das weckte Misstrauen: Besonders in Krisenzeiten gab man ihnen die Schuld dafür, dass Unheil über das Reich hereinbrach. Deshalb wurden Christen immer wieder verfolgt und zum Tode verurteilt.

5 Erkläre, warum das Christentum viele Anhänger fand.

6 Nenne Gründe für die Christenverfolgung.

Christen dürfen glauben

Trotz der Verfolgung breitete sich das Christentum weiter aus. Auch reiche und angesehene Römer wurden heimlich Christen. Schließlich bekannten sich sogar die Kaiser zum christlichen Glauben. Im Jahr 313 n.Chr. erklärten sie, dass Christen ihren Glauben frei ausüben durften.

In der „Mailänder Vereinbarung" der Kaiser von 313 n. Chr. heißt es:

[Deshalb] meinten wir, sowohl den Christen als auch allen anderen die Freiheit geben zu müssen, die religiöse Macht zu verehren, die sie wollen.
Nun soll jeder, der sich den Christen anschließen will, sich frei und [...] ohne eine Beunruhigung oder Belästigung fürchten zu müssen, dazu entscheiden können.

[3] *Keil, V. (Hg.): Quellensammlung zur Religionspolitik Konstantins,, Darmstadt 1995, S. 59ff.*

380 n.Chr. machte Kaiser Theodosius I. das Christentum zur Staatsreligion: Es galt fortan als einzig wahrer Glaube. Die alte Religion wurde verboten und ihre Anhänger verfolgt.

Wähle einen der Arbeitsaufträge aus:

▶ Ein römischer Legionär soll an den Limes versetzt werden. Kurz davor bringt er dem Kriegsgott Mars ein Opfer. Notiere, worum er ihn gebeten haben könnte.

▶ Stell dir vor, du beobachtest als Christ die Szene [2]. Notiere Gedanken und Gefühle.

Sprachspeicher
7: In der Quelle heißt es, dass ... ▪ Die Kaiser versprechen, dass ...
Für die Christen bedeutet dies ...

Üben

1 Informiere dich auf dieser Seite über Gladiatorenkämpfe.

2 Präsentiere deine Ergebnisse in geeigneter Form der Klasse.

Blutige Unterhaltung

Gladiatorenspiele hatten ursprünglich einen **religiösen Hintergrund**: Wohlhabende Bürger ließen **Sklaven** und Gefangene zum Andenken an verstorbene Familienmitglieder kämpfen.

5 Mit der Zeit entwickelten sich die Gladiatorenkämpfe zu **Spektakeln**, die tausende Zuschauer in die Arenen lockten.

Das Verhältnis der Römer zu den Gladiatoren war zwiegespalten: Einerseits besaßen sie wie Sklaven

10 kaum **Rechte**, andererseits wurden erfolgreiche Gladiatoren gefeiert wie Popstars. Auch verarmte freie **Bürger** verpflichteten sich als Gladiatoren, weil ihnen Ruhm und Preisgelder winkten.

Der Ablauf der Gladiatorenspiele war genau orga-

15 nisiert: Zunächst hetzte man wilde Tiere wie Löwen und Giraffen aufeinander und jagte sie.

Um die Mittagszeit erfolgten **Hinrichtungen**. Den abendlichen Höhepunkt bildeten die Gladiatorenkämpfe. Das **Publikum** entschied durch Rufen und

20 Handzeichen, ob ein erfolgloser Kämpfer weiterleben durfte.

[1] *Bronzehelm eines Gladiators, 1. Jh. n. Chr.,* Foto.

[2] *Amphitheater von Verona in Italien,* Foto.

[3] *Gladiatorenkämpfe,* Bild auf dem Fußboden eines römischen Hauses.

Tipps für die Erarbeitung
- Erkläre Ursprung sowie Sinn und Zweck der Spiele.
- Beschreibe die Ausrüstung der Gladiatoren in Bild [3].

Tipps für die Präsentation
- Stell dir vor, die Arena füllt sich mit Zuschauern ... Schreibe eine spannende Reportage.

1 Informiere dich auf dieser Seite über die
römische „familia".
2 Präsentiere deine Ergebnisse in der Klasse.

> Ich bin Quintus, das Oberhaupt der Fami-
> lie. In unserer Sprache heißt es: „pater
> familias". Deshalb bestimme ich über alle
> Angelegenheiten wie z. B. das Vermögen
> meiner Ehefrau, Erziehung, Berufswahl
> und Eheschließung der Kinder oder den
> Einsatz der Sklaven. Dafür versorge ich
> aber auch alle und schütze ihr Leben.

> Ich bin Aemilius, der älteste Sohn.
> Mit Frau und Kindern lebe ich selbst-
> verständlich hier auf dem Landsitz
> meines Vaters.

> Ich bin Livia. Bei der Hoch-
> zeit war ich 15. Die Eltern
> hatten meine Heirat mit
> Quintus angeordnet. Zu
> meinen Aufgaben gehört
> die Organisation des Haus-
> halts und die Überwachung
> der Haussklaven.

> Wir Feldsklaven
> müssen hart
> arbeiten. Unser
> Aufseher ist ein
> treuer Freigelasse-
> ner unseres Herrn.
> Er führt die Ge-
> schäfte, denn un-
> ser Herr ist ein
> hoher Beamter
> und selten zu
> Hause.

> Ich bin Marius, der jüngste Sohn. Un-
> ser griechischer Lehrer wartet morgens
> schon auf uns. Nächstes Jahr werde ich
> 17, dann hat die Qual ein Ende! Vater
> will, dass ich mich später um die Land-
> wirtschaft kümmere, aber ich will lie-
> ber beim Militär Karriere machen.

> Ich bin Antonius, der Töpfer. Früher war ich Sklave.
> Quintus hat mich freigelassen aus Anlass seiner Ernen-
> nung zu einem hohen Beamten. All seinen Klienten,
> das sind die Kleinbauern und Handwerker hier in der
> Nachbarschaft, hilft er mit Rat und Tat. Dafür geben
> wir ihm unsere Stimmen bei den Wahlen. Schließlich
> gehören ja auch wir zu seiner „familia".

[1] *Römische Familie (familia) der Oberschicht*. Illustration.

Tipps für die Erarbeitung
- Lies die Texte in den Sprechblasen.
- Liste auf, wer zu einer romischen „familia" gehorte.

Tipps für die Präsentation
- Stelle alle Familienmitglieder mit ihren Rechten und
  Pflichten vor.
- Vergleiche die Stellung des Vaters mit heute.

⊠ Wahlseite Tacitus und die Germanen

1 Informiere dich auf dieser Seite über die Sichtweise des Tacitus auf die Germanen.
2 Präsentiere deine Ergebnisse in geeigneter Form der Klasse.

Was wir über Germanen wissen

Die Germanen selbst besaßen keine Schrift. So basieren unsere Erkenntnisse vor allem auf den Texten der Römer und dem, was Archäologen über sie herausgefunden haben. Für die Römer waren Germanen anfangs Fremde und zum Teil auch Feinde. Nur wenige römische Autoren waren tatsächlich in Germanien oder sind Germanen begegnet. Sie erzählen oft nur, was sie gehört haben oder wollen mit ihrer Darstellung Aufsehen erregen. Auch Tacitus [2] war selbst nie in Germanien.

[1] *Zwei Germanen, Darstellung von einem römischen Grabmal aus Stein, Foto.*

Der römische Schriftsteller Tacitus schrieb in seinem Buch „Germania" über die Germanen:

Ich selbst schließe mich der Meinung derer an, die glauben, dass die Stämme Germaniens – in keiner Weise durch eheliche Verbindung mit anderen Völkern verfälscht – ein [...] unvermischtes Volk von unvergleichlicher Art sind. Darum ist auch die äußere Erscheinung, soweit man das bei einer so großen Zahl von Menschen sagen kann, bei allen die gleiche: alle haben [...] blaue Augen, rotblondes Haar und hünenhafte* Leiber, die freilich nur zum Angriff taugen. In mühseliger* Arbeit und Strapazen* haben sie nicht die gleiche Ausdauer und am wenigsten sind sie Durst und Hitze zu ertragen gewöhnt, wohl aber infolge des Klimas und der Bodenbeschaffenheit Kälte und Hunger.

[2] *Manfred Fuhrmann (Hg.), P. Cornelius Tacitus, Germania, Stuttgart 2016, S. 9, 25. Übers. v. Manfred Fuhrmann.*

* **hünenhaft:** sehr groß

mühselig: anstrengend

die **Strapaze:** eine große Anstrengung

[3] *Schmuck eines reichen Germanen, Foto.*

Tipps für die Erarbeitung
- Fasse die Quelle in eigenen Worten zusammen.
- Betrachte die Bilder und vergleiche mit dem Text.

Tipps für die Präsentation
- Stelle der Klasse die Darstellung des Tacitus vor.
- Diskutiert, was ihr von der Beschreibung haltet.

1 Informiere dich auf dieser Seite über das Leben des Soldaten Marcellus am Limes.

2 Präsentiere deine Ergebnisse in geeigneter Form der Klasse.

Brief des Legionärs Marcellus an seine Verwandten in Rom

Liebe Familie,

seit sechs Wochen lebe ich nun nicht mehr im Kastell, sondern in einem Wachturm ganz in der Nähe. Tagsüber kontrolliere ich die friedlichen Germanen, die zu den römischen Soldaten und Bauern kommen, um ihre Pelze für den Winter anzubieten.

Die Germanen sind seltsame Leute. Manche ihrer Männer tragen lange Haare, die sie zu einem Knoten hochbinden.

Ich verstehe nur ein paar Worte ihrer Sprache. Sie klingt roh und fremdartig, wie Geräusche von Tieren.

Ihre Kleidung ist armselig, sie besitzen nur das Nötigste. Sie wollen wissen, wie es in Rom ist und können sich gar nicht vorstellen, dass es warme Bäder und riesige Gebäude aus Stein bei uns gibt.

Wir müssen immer aufmerksam sein, denn man hört von Überfällen auf römische Gebiete. Tarquinius, mein Zimmergenosse, meint aber, vor dem Bau des Limes kamen viel häufiger Gruppen von Germanen herüber, um den Bauern ihre Vorräte zu rauben.

Bei klarem Wetter kann man den nächstgelegenen Turm am Horizont erkennen. Im Falle von Gefahren können wir mit ihm durch eine Fackel kommunizieren.

Wir schlafen, essen und arbeiten hier auf drei Stockwerken – es ist ganz schön eng hier.

Ich hoffe, ihr könnt euch nun besser vorstellen, wie mein Leben zur Zeit aussieht.

Was macht Marcus? Ist mein kleiner Bruder jetzt schon groß genug, um auf dem Esel zu reiten? Und die Sklavin Lucilla, hilft sie fleißig im Haus mit? Was macht Vaters Husten?

In Liebe

Euer Marcellus

[1] *Verfassertext*

[2] *Marcellus überprüft seine Ausrüstung,* heutige Illustration.

[3] *Wachturm am Limes,* rekonstruiertes Bauwerk aus heutiger Zeit, Foto.

Tipps für die Erarbeitung:
- Mache dir Notizen zum Alltag des Marcellus.
- Schreibe Fragen auf, die du als Familie des Marcellus an ihn hättest.

Tipps für die Präsentation:
- Verfasse einen Antwortbrief an Marcellus.
- Trage den Brief des Marcellus und deine Antwort vor.

Methode Außerschulische Lernorte entdecken

Außerschulische Lernorte sind Museen und Denkmäler, aber auch historische Bauwerke wie Burgen. Dort kannst du überprüfen, was du im Klassenzimmer gelernt hast und deine Erkenntnisse vergleichen.

Geschichte wird so ein Erlebnis zum Anfassen. Lernorte können einem ins Bewusstsein rufen, wie sehr wir von Geschichte umgeben sind.

1. Schritt   Planen und organisieren

- Welche Lernorte zum Thema gibt es in deiner Nähe?
- Wo findet man Informationen über den Lernort?
- Wie organisieren wir den Besuch?

Hilfen
- Offizielle Internetseite des Lernortes besuchen
- Öffnungszeiten klären
- Termin festlegen
- Dauer des Aufenthalts planen
- Transport organisieren
- Kosten errechnen
- Eltern informieren

2. Schritt   Inhaltlich vorbereiten

- Welche Fragen lassen sich durch den Besuch beantworten?
- Wie soll der Besuch ablaufen?
- Wie sollen die Arbeitsergebnisse dokumentiert werden?

- Sichtet gemeinsam das Informationsmaterial des Lernortes.
- Findet inhaltliche Schwerpunkte, die ihr untersuchen wollt.
- Bildet Gruppen, die sich jeweils mit einem Schwerpunkt befassen.
- Besprecht mit eurer Lehrkraft, ob ihr vor Ort Vorträge halten sollt oder Informationen beschafft.
- Präsentation, Lernplakat, Podcast, Film, Seite für die Schulhomepage etc.

3. Schritt   Durchführen

- gemeinsam einen Überblick verschaffen
- dokumentieren
- evtl. Referate / Vorträge halten

- z. B. an einer Führung teilnehmen
- Notizen, Zeichnungen, Fotos oder Videos anfertigen
- das Personal vor Ort befragen
- an den geplanten Stellen eure Mitschüler informieren

Auswerten

- Ergebnisse präsentieren
- Ergebnisse diskutieren

- die Notizen, Zeichnungen, Fotos etc. vorstellen
- gemeinsam klären: Wurden alle Fragen beantwortet, die ihr vor dem Besuch gestellt habt?
- die gesammelten Informationen vergleichen

Einen Besuch des Römerkastells Saalburg vorbereiten

Das Römerkastell Saalburg ist ein nachgebautes Kastell und liegt am UNESCO-Weltkulturerbe Limes in der Nähe von Bad Homburg. Es wurde 1907 an der Stelle eines ehemaligen Römerkastells als Museum errichtet.

Führe die ersten Planungsschritte für eine Exkursion zur Saalburg durch. Konzentriere dich dabei auf Schritt 1, die Vorbereitung. So gehst du vor:

Informiere dich auf der Homepage des Römerkastells zunächst einmal über ...
- die Entstehung der ursprünglichen Saalburg,
- die Entdeckung und Erforschung,
- den Wiederaufbau.

Im nächsten Schritt solltest du:
- die Eintrittspreise für Schulklassen recherchieren,
- überlegen, ob eine Anreise per Bus oder Bahn geeigneter ist,
- die Mitmach-Angebote für Schulklassen überprüfen.

Überlege nun, wie man einen Besuch der Saalburg mit dem Unterricht verknüpfen kann:
- Welche Themen hast du bereits behandelt, die mit der Saalburg zu tun haben?
- Welche Fragen könnte man vor Ort erforschen?
- Welche Aspekte der Römer kann man sich besser vorstellen, wenn man sie vor Ort gesehen hat?

Das Ende des Römischen Reiches

Was führte zum Zerfall des Reiches?

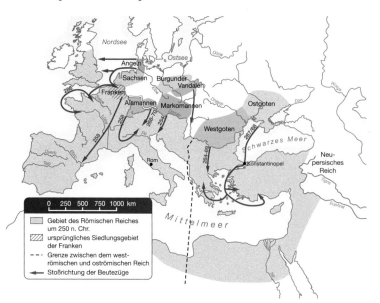

[1] *Das Römische Reich im 3. Jh.n.Chr.*, Karte.

[2] *Die vier Kaiser, die das Römische Reich von 300 bis 305 n.Chr. regierten.* Teil einer Säule in Venedig, Foto.

Die Völkerwanderung

Seit dem Ende des 3. Jahrhunderts drangen immer wieder große Menschengruppen von außen ins Römische Reich ein. Gründe dafür waren wahrscheinlich Konflikte in ihrer Heimat, Hungersnöte und der Wunsch nach einem besseren, sicheren Leben.

Früher nannte man diesen Vorgang „Völkerwanderung". Allerdings wanderten weder alle Menschen die ganze Zeit, noch waren es ganze Völker, die sich in Bewegung setzten. Man denkt heute, dass sich Krieger mit ihren Familien Anführern anschlossen. Sie hatten nicht alle dieselbe Herkunft. Gruppen wie die Hunnen, Goten und Vandalen unternahmen Raubzüge auf römisches Gebiet und blieben teilweise auch dort. Sie fügten der römischen Armee schwere Niederlagen zu.

1 Beschreibe, was sich während der Völkerwanderung ereignete.

2 Erkläre, warum der Begriff nicht passend ist.

Reaktionen der Römer

Die Römer versuchten auf die Krisen zu reagieren. Kaiser Diokletian teilte das Reich 293 n.Chr. in eine Ost- und eine Westhälfte. In jedem Teil regierten fortan zwei Kaiser, die zusammenarbeiteten. So wollte man die Verwaltung verbessern und die Grenzen schützen.

Als Diokletian 305 n.Chr. abtrat, kam es jedoch zu blutigen Machtkämpfen und Bürgerkriegen zwischen den Kaisern der Reichsteile. Das schwächte die Armee zusätzlich: Es standen bald nicht mehr genug Soldaten zur Verfügung, um die langen Grenzen zu bewachen. Die Römer bezahlten deshalb immer mehr Männer von außerhalb des Reiches, wie etwa Goten und Franken, um als Soldaten für sie zu kämpfen. Teilweise machten sie Karriere als Offiziere und versuchten, die Macht an sich zu reißen.

3 Erkläre, welche Veränderungen Kaiser Diokletian vornahm. Nimm Bild [2] zu Hilfe.

Sprachspeicher
sich einem Anführer anschließen • Raubzüge unternehmen • Niederlagen zufügen • als Kaiser abtreten • die Macht an sich reißen

[3] *Römische Münzen, die im 3. Jahrhundert in England im Boden vergraben wurden*, Foto.

[4] *Germanen plündern Rom*, Zeichnung aus dem 19. Jahrhundert.

Das Reich wird geteilt

395 n.Chr. wurde das Reich endgültig in zwei Teile geteilt: Das Weströmische und das Oströmische Reich. Beide hatten einen eigenen Kaiser. Der Osten erhielt mit Konstantinopel eine eigene Hauptstadt. Die beiden Teile wurden sich immer fremder: Im Osten sprach man griechisch und hatte eine andere Kultur.

4 Nenne die Folgen der Teilung des Römischen Reichs.

Schritte in den Untergang

Besonders das Weströmische Reich litt zunehmend unter dem Druck äußerer Feinde. 406 n.Chr. fielen germanische Gruppen im heutigen Frankreich ein. Kurz darauf mussten die Römer aus Britannien abziehen, weil sie die Provinz nicht mehr verteidigen konnten. Mit den Gebieten gingen Steuereinnahmen verloren und Handelswege brachen ab. Städte verfielen, die Technik und Kultur der Römer geriet in Vergessenheit.

410 n.Chr. fielen die Goten in Rom ein und plünderten die Stadt. Ihr Anführer Alarich stand zu diesem Zeitpunkt sogar als Offizier in römischen Diensten. Für viele Menschen war das ein Schock und ein Zeichen des endgültigen Untergangs.

429 n.Chr. eroberten die Vandalen Nordafrika und gründeten dort ein Reich. Die Provinzen in Afrika hatten Rom mit Getreide versorgt, das jetzt dringend fehlte.

476 n. Chr. setzte ein germanischer Heerführer den letzten weströmischen Kaiser Romulus Augustus ab. Das Oströmische Reich hingegen bestand noch bis 1453.

5 Erstelle eine Zeitleiste für die Zeit von 300 bis 500 n.Chr. Trage die wichtigen Ereignisse im Römischen Reich ein.

6 Stelle Vermutungen an, in welchem Zusammenhang der Schatz [3] im Boden vergraben worden sein könnte. Nenne mehrere Möglichkeiten.
> Sprachspeicher

Wähle einen der Arbeitsaufträge aus:

▶ Stell dir vor, du erlebst die Szene in [4] aus Sicht eines Römers mit. Schreibe einen Bericht über deine Gefühle und Gedanken.
> Sprachspeicher

☒ Erstelle mithilfe der Karte [1] eine Liste:
• Gruppen, die ins Römische Reich eindrangen,
• Gebiete, in denen sie sich niederließen.
Nimm eine moderne Europakarte zu Hilfe.

☒ Verfasse einen Zeitungsartikel für die Schulhomepage zum Aufstieg und Fall des Römischen Reiches.

Sprachspeicher
6: Der Schatz stammt aus einer Zeit, in der ... • Der Besitzer hat ihn vielleicht vergraben, um ... • Eine andere Möglichkeit wäre, dass er ...

☑: „Heute habe ich erlebt, wie die Germanen... Sie drangen in unsere schöne Stadt ein und... Ich denke ..."

Üben

Das kann ich!

Versuche zunächst, die Aufgaben auf dieser Doppelseite zu lösen, ohne im Kapitel nachzusehen. Wenn du Hilfe brauchst, kannst du bei den Aufgaben auf den in Klammern angegebenen Seiten nachschlagen.

die Völker|wanderung   *der* Limes   *der* Legionär, die Legionäre

Romulus

der Plebejer   *die* Therme, die Thermen

die Republik   *der* Patrizier

[1] *Begriffe und ihre Bedeutung*

[2] *Kaiser Augustus*, römische Münze aus dem 1. Jahrhundert n. Chr., Foto.

[3] *Grenzübergang am Limes.* Rekonstruktionszeichnung

Der römische Geschichtsschreiber Cassius Dio (um 164–230 n. Chr.) schrieb über Römer und Germanen:

Städte wurden gegründet (im Land der Germanen) und die Barbaren passten sich der römischen Lebensweise an, besuchten die Märkte und hielten friedliche Zusammenkünfte ab.

Freilich hatten sie auch […] die Macht ihrer Waffen nicht vergessen. Solange sie allmählich und behutsam umlernten, fiel ihnen der Wechsel der Lebensweise nicht schwer – sie fühlten die Veränderung nicht einmal. Als aber Quintilius Varus den Oberbefehl über Germanien übernahm und sie zu rasch umformen wollte, indem er ihnen wie Unterworfenen Vorschriften machte und insbesondere von ihnen wie von Untertanen Steuern eintrieb, da hatte ihre Geduld ein Ende. […]

[4] *Veh, Otto (Übers.): Cassius Dio: Römische Geschichte.* Zürich 1986, o. S.

Tacitus schrieb über das Zusammenleben der Germanen:

Die Speisen sind einfach: wild wachsende Früchte, frisches Wild oder Dickmilch. Ohne feinere Zubereitung, ohne Gewürze stillen sie ihren Hunger.

Dass die Germanen keine Städte bewohnen, ja nicht einmal geschlossene Siedlungen leiden können, ist bekannt. Jeder wohnt für sich und legt seinen Hof dort an, wo eine Quelle, ein schönes Stück Land oder Gehölz ihm günstig erscheint.

[…] Für Bauzwecke benutzt man nur unbehauenes Bauholz.

[5] *Zit. nach Fuhrmann, M. (Hg.), P. Cornelius Tacitus, Germania.* Stuttgart 2016, S. 9, 25. Übers. v. M. Fuhrmann.

Sachkompetenz

1 Gib die Gründungssage Roms mit eigenen Worten wieder. Berichte anschließend über die Ergebnisse der Archäologen. (S. 96).

2 Ordne den Begriffen aus [1] die jeweils passende Erklärung zu. Schreibe den Begriff und die Erklärung in dein Heft:
- *ein römischer Soldat,*
- *der Gründer Roms nach der Sage,*
- *das Eindringen von Fremden in das Römerreich,*
- *befestigte Grenzanlage der Römer,*
- *ein Mitglied einer Adelsfamilie,*
- *eine Staatsform ohne König,*
- *ein einfacher Bürger,*
- *ein öffentliches Bad.*

3 Schildert die Ausdehnung des Römerreiches und nenne fünf heutige Staaten, die damals römisch waren. (S. 98).

4 Beschreibe den Zerfall des Römischen Weltreichs und nenne Gründe dafür. (S. 120).

5 Schildere das Verhältnis zwischen Römern und Germanen (S. 108).

6 Erstellt in Gemeinschaftsarbeit einen Geschichtsfries über die Geschichte des Römerreiches von ca. 500 v. Chr. bis ca. 500 n. Chr. und hängt ihn in der Klasse auf.

Methodenkompetenz

7 Nenne wichtige Schritte bei der Erschließung von Textquellen. (S. 110).

8 Untersuche eine der beiden Textquellen [4] und [5] mithilfe der Methodenschritte auf S. 110.

Urteilskompetenz

9 Beurteile die politischen Möglichkeiten aller Menschen im Römerreich …
   a) zur Zeit der Republik,
   b) zur Kaiserzeit.

10 Beurteile die Rollen der einzelnen Mitglieder einer römischen „familia" und vergleicht mit der Rollenverteilung einer heutigen Familie.

Lebenswelten im Mittelalter

Auf der Burg

Auch heute begeistert das Mittelalter viele Menschen. Sie besuchen Burgen und schauen sich Ritterspiele an, die dort veranstaltet werden.

1 Beschreibe das Bild. Vermute, was die Menschen an dem Ort und der Veranstaltung fasziniert.

2 Berichte, wo und wie du mit dem Mittelalter schon in Berührung gekommen bist.

3 Erstelle eine Liste mit Fragen zum Leben im Mittelalter.

Schauplatz Leben auf der Burg

Eine Burg, viele Funktionen

Burgen waren stark befestigt. Eine Burg diente nicht nur als Wohnsitz für Adelsfamilien. Im Krieg schützten sie die Bewohner und die Bauern der Umgebung vor Angreifern. Deshalb baute man Burgen häufig auf Bergkuppen oder an steilen Hängen. Ihre Besitzer wollten damit auch ihre Macht demonstrieren.

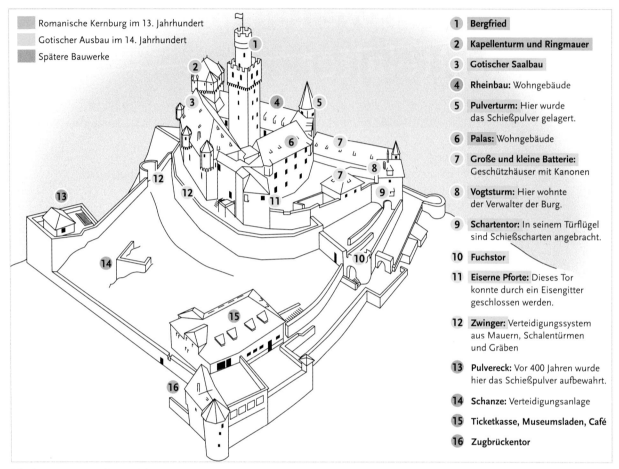

Romanische Kernburg im 13. Jahrhundert
Gotischer Ausbau im 14. Jahrhundert
Spätere Bauwerke

1 **Bergfried**

2 **Kapellenturm und Ringmauer**

3 **Gotischer Saalbau**

4 **Rheinbau:** Wohngebäude

5 **Pulverturm:** Hier wurde das Schießpulver gelagert.

6 **Palas:** Wohngebäude

7 **Große und kleine Batterie:** Geschützhäuser mit Kanonen

8 **Vogtsturm:** Hier wohnte der Verwalter der Burg.

9 **Schartentor:** In seinem Türflügel sind Schießscharten angebracht.

10 **Fuchstor**

11 **Eiserne Pforte:** Dieses Tor konnte durch ein Eisengitter geschlossen werden.

12 **Zwinger:** Verteidigungssystem aus Mauern, Schalentürmen und Gräben

13 **Pulvereck:** Vor 400 Jahren wurde hier das Schießpulver aufbewahrt.

14 **Schanze:** Verteidigungsanlage

15 **Ticketkasse, Museumsladen, Café**

16 **Zugbrückentor**

[1] *Plan einer Burganlage*, Zeichnung.

Ein Blick in die Burg

Burgen sahen nicht von Beginn an so aus, wie du sie heute entdecken kannst. Sie wurden im Laufe der Zeit immer wieder umgebaut und erweitert. Die Burganlage besteht aus einer Vorburg und einer Kernburg. Man betritt die Burg durch das Zugbrückentor ⑩. Von hier aus muss man durch mehrere Tore gehen, um in die Kernburg zu gelangen. Hier befinden sich die ältesten Teile der Burg. Der hohe Turm, der besonders dicke Mauern hatte, war der Bergfried ①. Von hier aus konnte man weit ins Land schauen und mögliche Angreifer schon früh sehen. Im Bergfried konnten sich die Burgbewohner auch verstecken, wenn es einen Angriff gab. Das Hauptgebäude der Burg war der Palas ③. Darin befand sich der große Rittersaal, in dem Gäste empfangen, Versammlungen abgehalten oder Feste gefeiert wurden. Über dem Rittersaal lagen die Wohnräume der Familie des Burgherrn. Die beheizbaren Räume nannte man wegen ihrer Kamine Kemenaten. Auf der Burg gab es auch viele Wirtschaftsgebäude, die das Leben dort ermöglichten. Das waren Werkstätten, wie z. B. eine Schmiede, Ställe, Scheunen und Schuppen. Zudem gab es natürlich eine Burgküche und einen Weinkeller.

1 Erkläre, welche Bestandteile besonders wichtig waren, wenn es zu einem Angriff auf die Burg kam.

[2] *A: Das Zugbrückentor, B: der Rittersaal, C: die Rüstungskammer, D: die Burgküche, E: die Kemenate.* Fotos.

2 Betrachte die Bilder in [2]. Erzähle, wie du dir das Leben auf der Burg vorstellst.

Das Leben auf einer Burg

Auf einer Burg lebten etwa 60 bis 80 Personen. Sie alle brauchten Nahrung und Kleidung. Der Alltag war darauf ausgerichtet, die Versorgung zu sichern und sich für den Kampf vorzubereiten. Die Waffenstube und die Rüstungskammer beinhalteten alle wichtigen Waffen, um einem Angriff standzuhalten.

Der Burgherr überwachte die landwirtschaftlichen Arbeiten auf seinen Ländereien. Auch in Friedenszeiten trainierte er mit seinen Rittern. Wenn er in den Krieg zog, übernahm ein Verwalter seine Aufgaben.

Die Frau des Burgherrn beaufsichtigte alle Frauen und Mädchen. Sie organisierte den Haushalt und die Herstellung von Stoffen und Kleidung. Die Erziehung der Kinder war ebenfalls ihre Aufgabe. Die Söhne verließen allerdings meistens mit 7 Jahren den Haushalt ihrer Eltern, um in einer anderen Burg als Ritter ausgebildet zu werden. Nach getaner Arbeit vertrieb man sich die Zeit gern mit Geschichten und Spielen. Sehr beliebt war das Schachspiel.

3 Beschreibe das Alltagsleben auf einer Burg.

Wähle einen der Arbeitsaufträge aus:

☑ Du möchtest als Ritter eine Burg errichten. Verfasse Anweisungen an den Baumeister.

☑ Wähle einen Bauteil der Burg aus und stelle ihn in Stichworten vor.

☑ Erstelle eine Tabelle über das Leben auf der Burg. Fasse zusammen, was du gut und schlecht findest.

Üben 🖐 ▶ 🔊

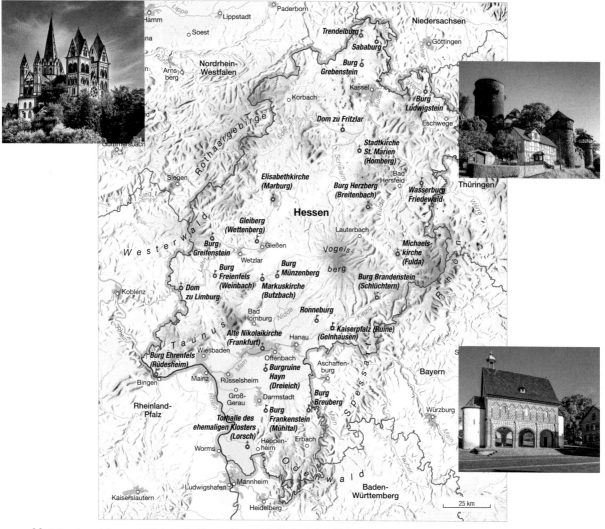

[1] *Exkursionsziele zum Mittelalter in Hessen (Auswahl)*, Karte. Fotos: links: *Dom zu Limburg*, rechts oben: *Burg Grebenstein*, rechts unten: *Kloster Lorsch*

1 Miss die Entfernung von deinem Schulort bis zur nächsten Burg, Pfalz, Kirche oder bis zum nächsten Kloster.

2 Berichtet einander: Wer von euch hat schon eines dieser Ziele besucht?

Tausend Jahre Mittelalter

Heute nennt man die Zeit zwischen 500 und 1500 das Mittelalter. Diese Bezeichnung gilt aber nur für Europa, nicht für andere Erdteile.

Der Name „Mittelalter" ist nicht in dieser Zeit entstanden, sondern später. Man sah die Epoche als Bindeglied zwischen den Römern und der Neuzeit – und hielt sie für eine finstere Zeit ohne Fortschritt. Dabei gab es auch im Mittelalter sehr unterschiedliche Abschnitte und bedeutende Entwicklungen.

Im frühen Mittelalter gab es noch keine Staaten, sondern Stämme, die von Kriegern beherrscht wurden. Dann entwickelten sich langsam Königreiche in Europa.

Das Christentum setzte sich als Religion durch. Der Glaube und die Kirche prägten das Leben der Menschen. Es gab eine klare Rangordnung der Gesellschaft. Diese sah man als von Gott gegeben an.

Fast alle Menschen lebten auf dem Land, viele von ihnen in der Nähe von Burgen. Ab dem 11. Jahrhundert wurden dann viele Städte gegründet.

3 Erkläre, woher die Bezeichnung Mittelalter kommt.

- ▶ **476**: Ende des Römischen Reiches

- ▶ **um 750**: Einführung der Dreifelderwirtschaft

- ▶ **um 768**: Karl wird König der Franken

- ▶ **800**: Karl der Große wird in Rom zum Kaiser gekrönt.

- ▶ **um 1000**: Beginn der Städtegrundungen

- ▶ **ab 1100**: Das Rittertum entwickelt sich.

- ▶ **um 1200**: Höhepunkt höfischer Kultur

- ▶ **ab 1300**: Niedergang des Rittertums

- ▶ **um 1350**: Die Pest entvölkert Europa.

- ▶ **1492**: Entdeckung Amerikas; Beginn der Neuzeit

[2] *Zeittafel zum Mittelalter.*

Lebenswelten im Mittelalter

SCHAUPLATZ
Auf der Burg
S. 126–127

ORIENTIERUNG
S. 128–129

Königsherrschaft im Mittelalter
S. 130–131

Herrschaft durch Kreuz und Schwert
S. 132–133

Die Gesellschaftsordnung
S. 134–135

Leben auf dem Land
S. 136–137

Technische Fortschritte im Mittelalter
S. 138–139

Leben im Kloster
S. 140–141

WAHLSEITEN
Klostermedizin, Buchmalerei, Baukunst, Wirtschaft
S. 142–145

Das Mittelalter in der Gegenwart
S. 146–147

DAS KANN ICH!
S. 148–149

Königsherrschaft im Mittelalter

Wie regierte Karl der Große sein Reich?

[1] *Reiterstatue aus Bronze, 24 cm hoch.* Sie entstand um das Jahr 870 und zeigt vermutlich Karl den Großen.

1 Beschreibe die Statue Karls des Großen [1].

Eine große Persönlichkeit

Karl der Große war einer der bedeutendsten Herrscher des Mittelalters. Er gehörte zum Stamm der Franken. Die Franken hatten ein großes Reich auf dem Gebiet errichtet, das früher zum Römischen Reich gehörte.

Geboren wurde Karl um das Jahr 747. Er starb 814 in Aachen.

Er gründete Schulen und förderte in seinem Reich Bildung, Wissenschaft und Kunst.

Im Jahr 768 wurde Karl zum König der Franken gekrönt. Er herrschte nun über das ganze Reich.

Das Reich der Franken entsteht

In den 46 Jahren seiner Regierungszeit konnte Karl das Reich der Franken auf nahezu die doppelte Größe ausdehnen. Dazu führte er zahlreiche Kriege. Jahrelang kämpfte er mit seinen Soldaten gegen die Sachsen im Osten und Norden des Reiches. Er zwang sie mit brutaler Gewalt, den christlichen Glauben anzunehmen. Der Widerstand endete erst, nachdem sich der Sachsenkönig Widukind taufen ließ. (Über die Sachsenkriege könnt ihr auf den nächsten Seiten mehr erfahren.)

Die stark befestigten Gebiete rings um die Reichsgrenzen nannte man Marken. Karl setzte dort Markgrafen ein. Ihre Aufgabe war es, feindliche Angriffe abzuwehren.

2 Erkläre den Begriff „Marken".
3 Betrachte die Karte [2]. Stelle fest, welche heutigen Länder zum Reich der Franken gehörten.

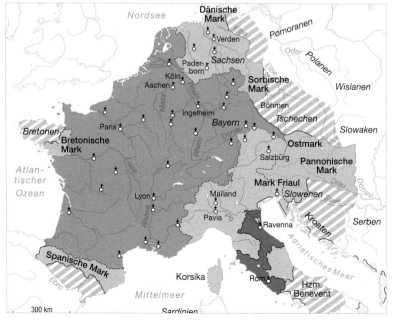

[2] *Das Reich der Franken unter Karl dem Großen.* Karte.

Frankenreich 768
Erwerbungen Karls des Großen
Grenzmarken Karls des Großen
Fränkisches Einflussgebiet um 814
Kirchenstaat
Oströmisches Reich
♟ Bischofssitz
♟ Königspfalz

Sprachspeicher
ein Reich errichten · zum König gekrönt werden · Gesetze erlassen

verleiht Boden und Ämter,
sichert Schutz zu,
gegenseitiges Treueversprechen

verleihen Boden und Ämter,
sichern Schutz zu,
gegenseitiges Treueversprechen

Bischöfe und Äbte   Herzöge und Grafen

Ritter   Dienstmannen

König

Kronvasallen

Untervasallen

leisten Kriegsdienst,
Rat und Hilfe und
verwalten die verliehenen Ämter

leisten Kriegsdienst,
Rat und Hilfe und
verwalten die verliehenen Ämter

[3] *Das Lehenswesen,* Schaubild.

Karl der Große wird Kaiser

Der Papst in Rom hatte viele Gegner. Karl nutzte diese Notsituation aus und half ihm mit seinem Heer. Dafür unterstützte der Papst ihn beim Ausbau seiner Macht. Er krönte Karl 800 zum Kaiser. Das war ein Titel, der ihn über alle Könige erhob. König und Kaiser war Karl auf Lebenszeit. Anstelle einer Hauptstadt gab es überall im Land königliche Burgen (Pfalzen). Karl reiste ständig von einer Pfalz zur nächsten. So behielt er sein Reich unter Kontrolle. Er schuf eine straffe Organisation und erließ viele Gesetze.

Das Lehenswesen

Karl der Große und alle anderen Könige konnten ihr Reich nicht ohne Helfer verwalten. Sie setzten für verschiedenste Aufgaben Vertreter ein. Seine besten Gefolgsleute belohnte der König, indem er ihnen Ämter, Rechte und die Herrschaft über ein Stück Land verlieh (Lehen). Dort hatten sie dann z. B. das Recht, Abgaben und Zölle zu erheben, eigene Münzen zu prägen und selbst Gericht zu halten. Anfangs erhielt der König das Land beim Tod des Lehensmannes zurück. Später wurden die Lehen erblich. Die Gefolgsleute (Kronvasallen) waren im Gegenzug verpflichtet, ihrem König Treue zu

schwören und Kriegsdienste zu leisten. Wenn sie die Treue brachen, konnte ihnen der König das Land wegnehmen.

Die Menschen mit größerem Grundbesitz wurden Edelleute oder Adlige genannt. Bald schon gaben diese Herren Teile ihrer Gebiete unter ähnlichen Bedingungen an ihre eigenen Vertrauensleute weiter. So entstand das Lehenswesen. Es war ein Geflecht von Vertrauen und gegenseitigen Verpflichtungen. Gleichzeitig sicherte es die Macht der Könige.

4 Beschreibe, wie Karl sein Reich regierte.
5 Erkläre das Lehenswesen mithilfe des Schaubildes [3].

Wähle einen der Arbeitsaufträge aus:

▼ Zeichne das Schaubild [3] vergrößert als Poster für die Klassenwand.

☒ Zeichne die Umrisse von Karte [2] ab. Trage die Namen der heutigen Länder ein, die auf dem Gebiet des Reiches der Franken liegen.

☒ Formuliere ein Treueversprechen zwischen einem Ritter und einem Herzog.

Sprachspeicher
jemanden als Vertreter einsetzen ▪ Abgaben und Zölle erheben ▪ Gericht (über jemanden) halten ▪ jemandem die Treue schwören ▪ Kriegsdienst leisten

4: Das Lehenswesen basiert auf … ▪ Der König verleiht … ▪ Im Gegenzug dafür …

Herrschaft durch Kreuz und Schwert

Wie setzte Karl seine Herrschaft durch und rechtfertigte sie?

[1] *Franken überfallen ein sächsisches Dorf,* heutige Illustration.

Die Sachsenkriege

Karl der Große führte einen langen Krieg gegen die Sachsen. Sie lebten im heutigen Niedersachsen und Nordrhein-Westfalen. Die Sachsen wollten weder ins Fränkische Reich eingegliedert werden noch den christlichen Glauben annehmen. Deshalb leisteten sie heftigen Widerstand. 782 ließ Karl tausende sächsische Adlige hinrichten. Viele Sachsen wurden gezwungen, sich taufen zu lassen. Der Krieg endete erst, als ihr Anführer Widukind sich 785 unterwarf und taufen ließ.

Einhard war Zeitgenosse Karls des Großen. Er schrieb um 836 n. Chr.:

Kein anderer Krieg ist von den Franken mit ähnlicher Ausdauer, Erbitterung und Mühe geführt worden wie dieser. [...] Mord, Brand und Brandstiftungen nahmen daher auf beiden Seiten kein Ende. [...] Es lässt sich kaum beschreiben, wie oft sie (die Sachsen) besiegt wurden, wie oft sie Gehorsam versprachen. Einige Male waren sie schon so unterwürfig und schwach gemacht worden, dass sie gelobten, das Christentum anzunehmen. Doch obwohl sie mehrmals bereit gewesen waren, alle gestellten Bedingungen zu erfüllen, hatten sie es meist auch ebenso eilig, das Versprochene nicht zu halten.

[2] *Einhard, Vita Karoli Magni, übers. von E. S. Firchow, Stuttgart 1981. S. 17.*

1 Untersuche die Textquelle [2] mithilfe der Methodenschritte auf S. 108.

Eine heutige Autorin (2015) berichtet so:

Der Krieg gegen die Sachsen gilt als das blutigste Kapitel in der Vita Karls. Es gab dauernd Grenzstreitigkeiten [...] mit dem Volk an der östlichen Reichsgrenze. Im Jahr 772 schien es der König leid zu sein: „Karl wollte die Gefahr, die von diesen Sachsen ausging, ein für allemal gebannt wissen", berichtet Johannes Fried. Am Ende waren die Sachsen gedemütigt, unterjocht und zwangsweise zum christlichen Glauben bekehrt. [...] Karl war grausam und fromm zugleich ...

[3] *zit. n. Deutsche Welle online, Text von B. Görtz, 22.07.2015.*

2 Vergleiche die Aussagen in der Darstellung [3] mit denen in Quelle [2].

Sprachspeicher
den Glauben (das Christentum) annehmen · bekehrt werden

2: Einhard behauptet, dass ...
In der Darstellung 3 wird dagegen gesagt ...
Unterschiede zwischen den Aussagen sind ....

[4] *Herrschaftszeichen der deutschen Kaiser und Könige,* Foto.

[5] *Karl der Große wurde im Jahr 800 zum Kaiser gekrönt.* Gemälde von 1511.

3 Beschreibe die Bilder [4] und [5] und vermute, was die einzelnen Gegenstände bedeuten könnten.

Wer bestimmt den König?

Im Mittelalter glaubten die Menschen, dass der König von Gott bestimmt wurde. Bei der Krönung erhielt der König folgende Herrschaftszeichen: eine Krone, einen Reichsapfel und ein Schwert.
Das wichtigste Symbol war die Krone. Sie hatte die Form eines Achtecks, weil die Acht als göttliche Zahl galt. Ihre Seiten waren mit Bildern und Sprüchen aus der Bibel bedeckt. Sie sollten den Herrscher als weise und gerecht darstellen.
Der Reichsapfel war eine goldene Kugel mit einem Kreuz. Die Kugel stand für die Erde, das Kreuz sollte zeigen, dass der Kaiser sich zum christlichen Glauben bekannte.

Das Schwert war ein Zeichen für die Macht, die der Kaiser von der Kirche erhielt. Karl der Große verstand sein Reich als Einheit von Staat, Kirche und Religion. Aus diesem Grund wollte er bei seinen Eroberungszügen die besiegten Stämme auch zum christlichen Glauben bekehren.

4 Erkläre die Machtsymbole des Königs mit eigenen Worten.

Wähle einen der Arbeitsaufträge aus:

▼ Zeichne die Krönungszeichen aus Bild [4] in dein Heft ab.

☒ Berichte als Bewohner des Dorfes [1] über den Überfall.

☒ „Karl war grausam und fromm zugleich". Nimm Stellung zu dieser Aussage.

Sprachspeicher
von Gott bestimmt sein • jemanden zum Glauben bekehren

2: die Krone steht für ... • der Reichsapfel ist ... • das Kreuz ist ein Zeichen für ... • das Schwert bedeutet ...

Was ist eine Ständegesellschaft?

[1] *Christus spricht zu den drei Ständen.*
Links oben: Tu supplex ora (= Du sollst demütig beten.)
Rechts oben: Tu protege (= Du sollst beschützen.)
Unten Mitte: Tu labora (= Du sollst arbeiten.)
Holzschnitt, 1492.

„Von Gott gewollt" – die Ständegesellschaft

Im Mittelalter war die Gesellschaft in Stände eingeteilt. Je nachdem, zu welchem Stand man gehörte, hatte man unterschiedliche Rechte und Pflichten und mehr oder weniger Ansehen.

Den ersten Stand bildeten die Geistlichen wie Bischöfe, Pfarrer und Mönche. Den zweiten Stand bildeten die Adligen. Zum dritten Stand gehörten alle anderen Menschen wie Bauern, Handwerker und Händler. An der Spitze der Gesellschaft stand der König.

Diese Ordnung wurde als gottgewollt angesehen. Von allen wurde erwartet, dass sie sich standesgemäß (anständig) benahmen.

1 Deute die Abbildung [1]. Erkläre die Bedeutung der Anordnung der einzelnen Gruppen.

„Gott will es so" – Der Mönch Berthold von Regensburg predigte um 1260:

Unser Herr hat alles klug geordnet, deshalb hat er auch dem Menschen sein Leben so zugeteilt, wie er es will und nicht wie wir es wollen. Denn mancher wäre gerne ein Graf und muss doch ein Schuster sein; [...] und du wärst gerne Ritter und musst doch Bauer sein und musst uns Getreide und Wein anbauen. Wer sollte für uns den Acker bestellen, wenn ihr alle Herren wärt? Oder wer sollte uns Schuhe machen, wenn du wärst, was du wolltest? Du musst das sein, was Gott will [...]

[2] *Zit. nach: Brackert, H./Christ, H./Holzschuh, H. (Hrsg.): Literatur in der Schule, Bd. 1: Mittelalterliche Texte im Unterricht, München, 1976, S. 153 f.*

2 Erkläre mithilfe von Bild [1] und Text [2], wie sich die Menschen die „von Gott gewollte Ordnung" vorstellten. > Sprachspeicher

Die Bauern werden unfrei

Zu Beginn des Mittelalters hatten die Bauern ein eigenes Stück Land und waren frei. Sie durften Holz hacken, Fische angeln und jagen. Sie mussten aber mit den Adligen in den Krieg ziehen. Ab 900 n.Chr. wurden viele Bauern unfrei. Sie gaben ihr Land an einen Grundherrn, zum Beispiel an einen Adligen oder ein Kloster. Hierfür gab es unterschiedliche Gründe.

* *der* **Stand:** Bezeichnung für eine gesellschaftliche Gruppe im Mittelalter. In einen Stand wurde man hineingeboren und diese Zugehörigkeit bestimmte die Rechte und die Pflichten des Menschen für sein ganzes Leben.

der **Fron|dienst:** Arbeit, die abhängige Bauern für ihren Grundherrn leisten mussten. Sie mussten zum Beispiel für ihn Holz hacken oder Gebäude reparieren.

Sprachspeicher
zu einem Stand gehören • Abgaben leisten

2: die Menschen dachten / stellten sich vor, dass ... • Gott hätte die Aufgaben für die Stände so bestimmt, dass sie ...

Was bedeutet Grundherschaft?

[2] *Zwei Bauern unterhalten sich auf dem Markt:*

„Ich bin ein freier Bauer. Aber mit meinem Hof kann ich kaum meine Familie ernähren und die Steuern bezahlen!"

„Fast jedes Frühjahr muss ich Kriegsdienst leisten! Die Ausrüstung muss ich selbst bezahlen. Wenn ich weg bin, schafft meine Familie kaum die nötigsten Arbeiten. Aber falls ich hierbleibe, kostet mich das eine hohe Geldbuße."

„Mir ging es genauso. Deshalb habe ich dem Grundherrn den Hof übertragen. Er beschützt mich und ich muss keinen Kriegsdienst mehr leisten. Ich bin nun ein höriger Bauer."

Konrad, freier Bauer

Widrad, höriger Bauer

„Das heißt aber, du bist nicht mehr frei! Du musst dem Herrn gehorchen, für ihn Frondienste* ausführen und Abgaben leisten: Das heißt, du musst für ihn arbeiten und einen Teil deiner Ernte abliefern. Wenn du heiraten möchtest, brauchst du seine Erlaubnis. Und als Höriger darfst du den Hof niemals verlassen."

„Das finde ich nicht weiter schlimm, denn der Herr darf uns auch nicht vom Hof verjagen. Sogar wenn er ihn verkauft, können wir bleiben. Schlimmer finde ich, dass meine Familie das beste Vieh und die beste Kleidung abliefern muss, wenn ich sterbe."

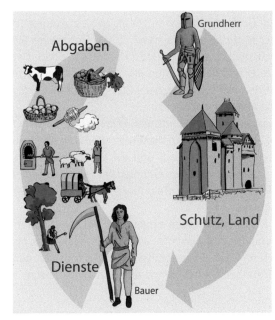

[3] *Grundherr und hörige Bauern.* Schaubild.

3 Lest das Gespräch der beiden Bauern mit verteilten Rollen vor.

4 Erläutere das Schaubild [3].

5 Begründe aus der Sicht des hörigen Bauers Widrad, warum er sich in die Abhängigkeit begab.

Sprachspeicher
4: Das Schaubild zeigt das Verhältnis von Grundherren und ... • Der Grundherr gibt ... • Der Bauer leistet ...

Wie lebten und arbeiteten die Bauern im Mittelalter?

1 Kirche
2 Mühle
3 Weiher
4 Allmende (Wald)
5 Allmende (Wiesen)
6 Sommergetreide
7 Wintergetreide
8 Nutzgärten
9 Kloster (Sitz des Grundherrn)
10 Brache

[1] *Mittelalterliches Dorf.* Rekonstruktionszeichnung.

1 Beschreibe Bild [1] und erkläre die Anlage des Dorfes.

Ein mittelalterliches Dorf

Zu Beginn des Mittelalters lebten fast alle Menschen in Dörfern und waren Bauern. In den meisten Dörfern lebten weniger als 100 Einwohner. In der Mitte des Dorfes stand oft die Dorfkirche. Sie war meistens das einzige Gebäude aus Stein. Der Meier war der Verwalter des Grundherrn. Er hatte seinen Hof häufig in der Mitte des Dorfes. Er zog die Abgaben der Bauern ein.

Das Leben der Bauern war geprägt von schwerer Arbeit und den Jahreszeiten. Im Frühling mussten sie den Acker pflügen und das Getreide aussäen, im Sommer die Ernte einholen. Im Herbst mussten sie Feuerholz sammeln und Vorräte für den Winter anlegen.

Die Bauern konnten nirgendwo Nahrung kaufen, sondern mussten alles selbst herstellen, was sie aßen. Viele Bauern mussten außerdem für den Grundherrn arbeiten und Abgaben an ihn leisten.

Das gesamte Dorf darf die Allmende nutzen. Im Gemeindewald schlagen wir Holz und lassen die Schweine Eicheln fressen. Auf der Gemeindewiese grasen unsere Schafe und Kühe ...

In letzter Zeit gibt es öfter Ärger mit dem Grundherrn. Er will am liebsten einen Zins für die Benutzung der Allmende haben. Das sehen wir aber gar nicht ein ... das sind unsere alten Rechte.

2 Erläutere, weshalb es für die Bauern wichtig war, die Allmende zu nutzen.

Sprachspeicher
Holz schlagen • Frondienst leisten • Abgaben einziehen •
die Allmende nutzen

[2] *Bäuerliche Arbeiten in den 12 Monaten des Jahres.* Buchmalerei aus einer französischen Handschrift, 1460.

Alle mussten mitarbeiten

Die Menschen im Mittelalter ernährten sich hauptsächlich von Getreide. Es anzubauen war die wichtigste Aufgabe der Bauern. Rinder dienten bei der Feldarbeit als Zugtiere, später wurden auch Pferde eingesetzt. Rinder und Pferde lieferten Dünger.

Die Ernteerträge hingen sehr stark vom Wetter ab. Ein langer Winter, Hagel, ein verregneter Sommer oder eine lange Dürre konnten zu Missernten führen. Weil sie nur wenige Vorräte anlegen konnten, hungerten die Menschen dann.

In einer Bauernfamilie mussten alle mitarbeiten, um das Überleben zu sichern. Mit 5 oder 6 Jahren mussten die Kinder kleinere Aufgaben erledigen. Sie hüteten Kühe oder Schweine und sammelten Holz oder Beeren.

Mit ungefähr 10 Jahren konnten sie schon gut mit den Haustieren und den Ackergeräten umgehen und ihren Eltern Aufgaben abnehmen. Lesen und Schreiben lernten die Kinder nicht.

3 Vergleiche die Aufgaben und Fertigkeiten von Kindern in einer mittelalterlichen Bauernfamilien mit deinen.

Wähle einen der Arbeitsauftrage aus:

☑ Benenne auf Bild [2] alle Tätigkeiten der Bauern, die du erkennen kannst.

☒ Erläutere mithilfe von Bild [2], dass die Bauern im ganzen Jahr hart arbeiten mussten.

☒ Verfasse aus der Sicht eines Bauernjungen oder Bauernmädchens eine Erzählung über deinen Alltag. Berichte über deine Hoffnungen und Ängste.

Starthilfe: *Heute musste ich wieder schwer mit anpacken … Meine Eltern haben … Ich hoffe, dass unsere Mühe …*

Sprachspeicher
zu einer Missernte führen • Arbeiten erledigen

Technische Fortschritte im Mittelalter

Wie konnten die Menschen ernährt werden?

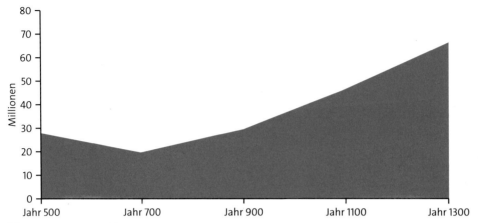

[1] *Bevölkerungsentwicklung in Europa*, Diagramm.

1 Beschreibe mithilfe des Diagramms die Bevölkerungsentwicklung in Europa.

2 Stelle Vermutungen an, welche Ursachen diese Entwicklung haben könnte.

Die Bevölkerungszahl verändert sich

Vom 7. bis zum 14. Jahrhundert wuchs die Bevölkerung in Europa stark an. Dies lag daran, dass es in dieser Zeit nur wenige Seuchen gab. Trotzdem blieb das Leben der Bauern schwer. Sie mussten auf gutes Wetter hoffen und hohe Abgaben an den Grundherrn leisten. Nur Veränderungen in der Landwirtschaft machten es möglich, dass mehr Menschen ernährt werden konnten.

Im Mittelalter wurden neue Anbaumethoden und Geräte entwickelt, um die Ernteerträge zu erhöhen. Im Jahr 800 konnte ein Bauer aus einem Sack Saatgut nur eineinhalb Säcke Getreide erzeugen. Wenn er das Saatgut für die nächste Ernte zurückhielt, blieb ihm nur noch der halbe Sack, um davon seine Familie zu ernähren und dem Grundherrn Abgaben zu leisten. Um das Jahr 1200 konnte ein Bauer aus einem Sack Saatgut schon drei Säcke Getreide erzeugen.

3 Stelle die Veränderung der Ernteerträge als Zeichnung dar.

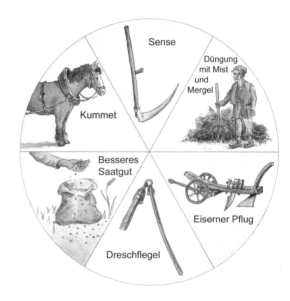

[2] *Fortschritte in der Landwirtschaft*, Schaubild. Mergel ist zerkleinertes Kalkgestein.

4 Ordne die Erfindungen in Bild [2] den Erklärungen zu:
- *lockert den Boden tiefer auf*
- *lässt Tiere schwere Lasten ziehen*
- *macht das Ernten einfacher*
- *macht Böden fruchtbarer*
- *ergibt reichere Ernten*
- *löst Körner leichter heraus*

Neue Methoden

Eine wichtige Entwicklung war die Umstellung von der Zweifelderwirtschaft auf die Dreifelderwirtschaft. Statt in zwei Teile teilten die Bauern ihr Land nun in drei ähnlich große Teile.

Auf einem Stück Land wurde das Saatgut schon im Herbst ausgesät, es blieb über den Winter im Boden. Im zweiten Teil wurde das Saatgut im Frühling ausgesät. Der dritte Teil des Landes wurde nicht bewirtschaftet, er blieb „brach" liegen und wurde als Weide genutzt. Die Dreifelderwirtschaft erhöhte den Ertrag sehr:

- Es wurde mehr Boden genutzt,
- da es zwei Ernten gab und verschiedene Sorten angebaut wurden, war der Bauer weniger von Ernteausfällen bedroht,
- die Arbeit konnte besser über das Jahr verteilt werden,
- der Boden, der sich erholte, wurde gleichzeitig vom Vieh gedüngt.

Für die Bodenbearbeitung wurden nun Pflüge verwendet, die den Boden besser umgruben. Wer es sich leisten konnte, nutzte Pferde für die Feldarbeit. Mit dem gepolsterten Halsring (Kummet) hatten die Pferde sehr große Kraft. Ein Pferd hatte eine viel größere Zugkraft als ein Ochse.

5 Zähle auf, mit welchen Methoden die Ernteerträge erhöht werden konnten.

Wähle einen der Arbeitsaufträge aus:

- ▶ Beschreibe eine landwirtschaftliche Methode, die den Ertrag erhöhte (Schaubild 2). Nutze hierfür z. B. das Internet.
- ⋈ Formuliere eine Rede: Überzeuge die Bauern deines Dorfes davon, von der Zweifelderwirtschaft auf die Dreifelderwirtschaft umzustellen.
- ⊠ Nimm Stellung zu der Aussage: „Die neuen Methoden waren revolutionär."

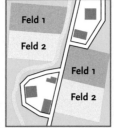

Zweifelderwirtschaft

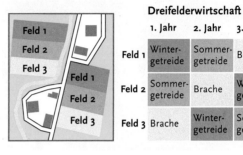

	1. Jahr	2. Jahr	3. Jahr
Feld 1	Getreide	Brache	Getreide
Feld 2	Brache	Getreide	Brache

Dreifelderwirtschaft

	1. Jahr	2. Jahr	3. Jahr
Feld 1	Wintergetreide	Sommergetreide	Brache
Feld 2	Sommergetreide	Brache	Wintergetreide
Feld 3	Brache	Wintergetreide	Sommergetreide

[3] *Zweifelder- und Dreifelderwirtschaft*, Schaubild.

[4] *Anspannung mit dem Kummet*, Foto.

[5] *Anspannung mit dem Genickdoppeljoch*, Foto.

Sprachspeicher
Saatgut aussäen • das Land bewirtschaften • brach liegen

⊠: Die Aussage trifft zu / trifft nicht zu, weil …
Man kann sie so bezeichnen, denn …

Das Kloster – eine eigene Welt

Welche Bedeutung hatten die Klöster im Mittelalter?

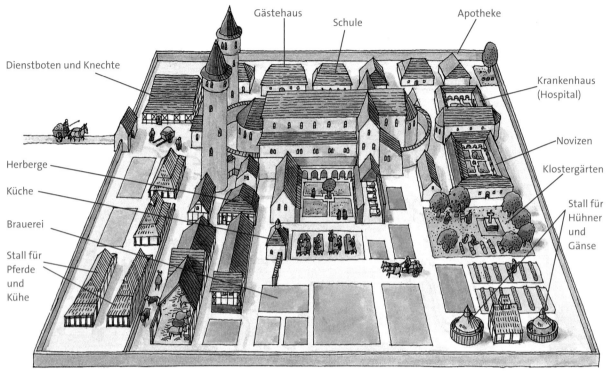

Gästehaus
Schule
Apotheke
Dienstboten und Knechte
Krankenhaus (Hospital)
Novizen
Herberge
Klostergärten
Küche
Stall für Hühner und Gänse
Brauerei
Stall für Pferde und Kühe

[1] *Klosterplan von Sankt Gallen.* Rekonstruktionszeichnung nach einem Plan von 820 n. Chr.

1 Beschreibe den Klosterplan [1].

Religion bestimmt das Denken

Mönche, Nonnen und Klöster sind aus unserem Alltag heute fast verschwunden. Im Mittelalter sah das ganz anders aus. Klöster spielten eine große Rolle. Das Leben der Menschen im Mittelalter war geprägt vom christlichen Glauben. Sie glaubten daran, dass es ein Leben nach dem Tod gibt. Angst vor der Hölle und Hoffnung auf das Paradies im Himmel bestimmten den Alltag. Viele Menschen waren zu einem Leben im Kloster bereit.

Wer war Benedikt von Nursia?

Benedikt von Nursia (480-547) war ein italienischer Mönch. Im Jahre 529 gründete er eine Klostergemeinschaft: die Benediktiner. Das Kloster Montecassino liegt südlich von Rom und gilt bis heute als Stammkloster des Benediktinerordens.

Ora et labora! – Bete und arbeite

Benedikt von Nursia stellte für das Zusammenleben im Kloster feste Regeln auf. Mönche und Nonnen sollten auf Eigentum und Ehe verzichten. Sie sollten gehorsam sein gegenüber dem Leiter des Klosters (dem Abt oder der Äbtissin). Wer in ein Kloster eintrat, sollte dort sein Leben lang bleiben. Der Tagesablauf in einem Kloster war streng geregelt. Die Mönche und Nonnen kamen mindestens sechsmal am Tag zum Beten zusammen. Aber Benedikt war auch der Auffassung, dass Menschen mit den Händen arbeiten müssen, damit ihre Seele gesund bleibt.

2 Nenne die Regeln in einem Kloster.
3 Vergleiche den Tagesablauf im Kloster mit dem Arbeitstag einer Person aus deiner Familie.

Sprachspeicher
der Mönch · *die* Nonne · *das* Kloster · *der* Orden ·
die Abtei · *der* Abt · *die* Äbtissin · ora et labora = bete und arbeite

Tagesablauf in einem Kloster

Uhrzeit	Tätigkeiten
2.00	Wecken und Aufstehen
3.00	Bibellesung
5.00	Frühgottesdienst
6.00	Frühstück und Arbeit
8.30	Gottesdienst
9.00	Arbeit
11.30	Gottesdienst
12.00	Mittagessen, Mittagsruhe
14.00	Gottesdienst
14.30	Arbeit
17.30	Gottesdienst
18.00	Abendessen
19.00	Bibellesung, Freizeit
20.00	Abendgottesdienst
21.00	Nachtruhe bis 2.00 Uhr

[2] *Tätigkeiten im mittelalterlichen Kloster.* Illustrationen.

Sicherheit, Versorgung und Bildung

Im Laufe des Mittelalters entstanden überall in Europa Klöster. Bis zum 12. Jahrhundert lebten die Mönche und Nonnen dort nach den Regeln des Benedikt von Nursia. Danach entstanden auch noch andere Klostergemeinschaften, die man auch Orden nennt.

Besonders junge, gebildete Adlige traten dort ein Ein Kloster war auch eine gute Möglichkeit, Jungen zu versorgen, die nichts erben konnten oder Mädchen, für die man keinen passenden Ehemann finden konnte. Die Eltern übergaben sie oft noch als Kinder dem Kloster. Dort wurden sie in der Klosterschule unterrichtet, bis sie etwa 15 Jahre alt waren. Dann wurden sie ein Jahr lang als Novizen vorbereitet. Wenn die Leitung des Klosters festgestellt hatte, dass sie geeignet waren, legten sie ein Gelübde ab und erhielten das Kleid des Mönchs oder der Nonne.

4 Zähle die Gründe auf, die Eltern dazu brachten, ein Kind im Kloster unterzubringen.

Ein Kloster muss wirtschaften

Ein Kloster musste sich selbst versorgen. Die Mönche haben auch Landwirtschaft betrieben: Sie züchteten neue Obst- und Gemüsesorten, legten Fischteiche an. Ein mittelalterliches Kloster war kein Ort der Stille, sondern ein Wirtschaftshof voller Leben, Lärm und Gestank. Es gab auch Klöster, die größere Ländereien besaßen, sie waren dort die Grundherren und die Bauern, die auf dem Landbesitz des Klosters lebten, mussten für sie Abgaben leisten.

Wähle einen der Arbeitsaufträge aus:

▼ Zähle mithilfe von Bild [2] welche Aufgaben das Kloster im Mittelalter hatte.

☒ Erstelle eine Tabelle mit den Tätigkeiten im Kloster [2]. Erläutere, welche du gern oder ungern übernehmen würdest.

☒ Formuliere ein Gespräch: Ein Mönch oder eine Nonne bekommt Besuch von einem Verwandten. Was könnten sie sich erzählen?

⊡ Wahlseite Klostermedizin

1 Informiere dich auf dieser Seite über die Heilkunst der Mönche und Nonnen.

2 Präsentiere deine Ergebnisse der Klasse.

Viele Heilpflanzen, die man im Mittelalter kannte, werden auch heute noch verwendet. Arnika zum Beispiel ist in vielen Salben gegen Entzündungen enthalten. Baldriantropfen werden immer noch zur Beruhigung genommen. Die wohltuende Wirkung von Salbei ist auch bekannt, oft wird er als Tee getrunken. 10 15

Ein Beispiel aus der Region: Der Klostergarten in Seligenstadt

Das Kloster in Seligenstadt wurde im Jahr 828 gegründet. Die Mönche legten Gärten an, um sich selbst zu versorgen. In einem der Gärten wurde Obst und Gemüse angebaut, gezüchtet und vermehrt. Im Apothekergarten wurden Heilkräuter für die Klostermedizin gepflanzt. Im Kloster Seligenstadt kannst du diese Gärten heute noch besuchen und dich über die Heilpflanzen informieren. 5

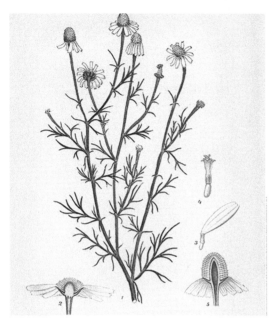

[1] *Kamille – eine Heilpflanze.* Zeichnung.

Krankenpflege als Christenpflicht

Die Verpflichtung zur Pflege und Behandlung von Kranken hatte schon Benedikt von Nursia in seine Klosterregeln aufgenommen. Für die Kranken gab es ein Spital im Kloster. Hier wurden auch Kranke aus der Umgebung behandelt. Klöster hatten nicht nur einen Gemüsegarten. Sie bauten auch Kräuter und Heilpflanzen an und stellten daraus Salben, Tee und Medikamente her. Ihre Erkenntnisse schrieben sie auf. 5

[2] *Salbei – eine Heilpflanze.* Foto.

[3] *Kloster und Klostergarten in Seligenstadt*, Fotos.

Tipps für die Erarbeitung
- Überlege, welche Bedeutung das Wissen im Kloster für die Menschen in der Umgebung hatte.

Tipps für die Präsentation
- Bereite einen Kurzvortrag über Heilpflanzen und Heilkunst im Kloster vor.

1 Informiere dich auf dieser Seite über die Schreibkunst und Buchmalerei im Mittelalter.
2 Präsentiere deine Ergebnisse der Klasse.

[1] *Schreibender Mönch.* Buchmalerei, 15. Jh.

Das Wissen bewahren und erweitern
Lesen und Schreiben konnte man bis in das 12. Jahrhundert fast ausschließlich im Kloster lernen. Wenn ein Kloster gegründet wurde, bekam es eine Anzahl von Büchern, diese wurden dann durch Abschreiben vervielfältigt. Einige Werke wurden aber auch neu verfasst. In den Büchern wurden besonders die Anfangsbuchstaben kunstvoll verziert diese nennen wir Initialen. So entstanden kunstvolle und sehr kostbare Werke, die in der Klosterbibliothek aufbewahrt wurden.

In einer Handschrift steckt viel Arbeit
Die Seiten eines Buches bestanden aus Pergament Das sind bearbeitete Häute von Ziegen, Schafen oder Kälbern. Für ein Buch von 370 Blättern brauchte man die Haut von etwa 150 Kälbern.

Für die Schreibarbeit gab es im Kloster einen eigenen Raum, das Scriptorium. Hier zog ein Schreiber zuerst feine Hilfslinien auf das Pergament. Dann malte der Schreiber sorgfältig die Buchstaben des Textes auf die Pergamentseiten. Die Mönche schrieben mit zugeschnittenen Gänsefedern, die man in Tinte tauchte. Anschließend wurde die Buchmalerei von einem Künstler ergänzt.

Ein guter Schreiber schrieb am Tag 150 bis 200 Zeilen. Wahrscheinlich schaffte ein Mönch im 11. Jahrhundert drei bis vier Bücher im Jahr.

Die fertigen Seiten wurden am Ende fest zusammengeschnürt und in einen Einband aus Holz gebunden, der mit Leder eingeschlagen war. Bei besonders kostbaren Büchern wurde der Einband gern mit Edelsteinen geschmückt.

[2] *Buchdeckel aus Eichenholz mit Gold, Edelsteinen und Elfenbein verziert.* 11. Jh. Foto.

Notiz eines Schreibers aus dem 8. Jahrhundert
Oh glücklichster Leser, wasche deine Hände und fasse so das Buch an, drehe die Blätter sanft, halte die Finger weit ab von den Buchstaben: Der, der nicht weiß zu schreiben, glaubt nicht, dass dies eine Arbeit sei. Oh wie schwer ist das Schreiben: es trübt die Augen, quetscht die Nieren und bringt zugleich allen Gliedern Qual. Drei Finger schreiben und der ganze Körper leidet.

[3] *Leges Burgundionum, Fredrich Blume, MGH Leges 3,* Hannover 1863 (Neudruck 1965), S. 589

Tipps für die Erarbeitung
· Überlege, was die Mönche und die Menschen außerhalb der Klöster über Bücher gedacht haben könnten.

Tipps für die Präsentation
· Stelle die Arbeitsschritte und Materialien der Buchherstellung als Schaubild oder Comic dar.

1 Informiere dich auf dieser Seite über die romanische Baukunst.

2 Präsentiere deine Ergebnisse der Klasse.

[1] *Konstantin-Basilika in Trier, erbaut im 4. Jahrhundert als Empfangshalle für römische Kaiser.* Foto.

Kirchenbau nach römischem Vorbild

Bis ins 13. Jahrhundert wurden in Europa unzählige Kirchen in Städten, Dörfern und Klöstern gebaut. Sie unterschieden sich in Größe und Aussehen, hatten aber gemeinsame Merkmale. Durch ihre dicken Steinmauern wirkten sie fast wie Burgen. Notfalls sollten sie tatsächlich vor Feinden Schutz bieten. Typisch waren auch die Rundbögen an Türen, Fenstern und Bogengängen. Die Baumeister orientierten sich an der Bauweise der Römer, deshalb nennt man diesen Baustil Romanik. Allerdings nahm man nicht die römischen Tempel zum Vorbild. Für Gottesdienste christlicher Gemeinden waren Gebäude nach dem Vorbild römischer Markt- und Gerichtshallen besser geeignet.

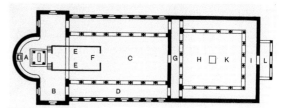

[3] *Grundriss einer frühchristlichen Basilika.* Zeichnung. A: Apsis, B: Querhaus, C: Mittelschiff, D: Seitenschiff, E: Raum für Altar und Chor, F: Chorschranke, G: innere Vorhalle, H: offener Vorhof, K: Brunnen, I: Arkaden, L: äußere Vorhalle

Zur aufgehenden Sonne ausgerichtet

Eine romanische Basilika hat meistens einen hohen Innenraum, das Mittelschiff. Links und rechts befinden sich etwas niedrigere und schmalere Seitenschiffe. Lange Fensterreihen über den Seitenschiffen sorgen für schönes Licht von oben. Viele romanische Kirchen haben auch noch ein Querschiff im letzten Drittel der Kirche. Dadurch sehen sie dann von oben wie ein Kreuz aus. Seit dem 8. Jahrhundert wurden die Kirchen in Richtung Jerusalem ausgerichtet, also nach Osten. Im Westen liegt der Haupteingang. Das andere Ende und die Enden des Querschiffes im Osten nennt man Apsis. Hier steht der Altar. Von dort leitete ein Geistlicher den Gottesdienst.

[2] *Klosterkirche Dietkirchen bei Limburg (Hessen),* Foto.

[4] *Innenraum einer romanischen Kirche,* Foto.

Tipps für die Erarbeitung
- Sammle Bilder von romanischen Kirchen und benenne ihre Gemeinsamkeiten.

Tipps für die Präsentation
- Zeichne eine romanische Kirche und beschrifte sie.

1 Informiere dich auf dieser Seite über das Kloster als Grundherr.

2 Präsentiere deine Ergebnisse in der Klasse.

[1] *In einer Bauernfamilie.* Illustration.

Adelheid und Widrad haben Probleme ...

Widrads Familie „gehört" dem Kloster, genau wie dreißig andere Bauern. In normalen Jahren kommen sie ganz gut aus. Sie leben von dem, was ihr Feld, ihr Garten und ihr Stall abwirft. Adelheid ist geschickt im Herstellen von Leinentüchern aus Flachs. Widrad schnitzt abends Löffel aus Holz. So verdienen sie noch etwas nebenher, um kleine Anschaffungen zu machen: ein neues Messer, ein Fass, einen Steinzeugtopf zum Einlegen der Bohnen oder Schuhe aus Leder. Aber in diesem Jahr ist die Ernte ganz schlecht ausgefallen. Wie sollen sie nur alle Abgaben und Fronarbeiten leisten?

[2] *Abgaben an das Kloster.* Illustrationen.

Aus einer im Jahr 893 entstandenen Urkunde gehen Informationen über die Abgaben und Leistungen hervor, die ein Bauer namens Widrad an das Kloster Prüm in der Eifel erbringen musste:

Widrad gibt an das Kloster jedes Jahr: 1 Eber, 1 Pfund Garn, 3 Hühner, 18 Eier. Er fährt 5 Wagenladungen von seinem Mist auf unsere Äcker, bringt 5 Bündel Baumrinde für die Beleuchtung und fährt 12 Wagenladungen Holz zum Kloster. Dieses Holz dient im Winter zum Heizen. Ferner liefert Widrad dem Kloster jährlich 50 Latten und 50 Schindeln für Dachreparaturen.

Sein Brot backt Widrad in unserem Backhaus und das Bier braut er in unserem Brauhaus. Hierfür zahlt er an das Kloster eine Gebühr. Eine Woche in jedem Jahr verrichtet er den Hirtendienst bei unserer Schweineherde im Wald. Er bestellt 3 Morgen Land, das ganze Jahr hindurch, jede Woche 3 Tage. Das bedeutet: Er muss bei der Einzäunung unserer Äcker und Weiden helfen, zur rechten Zeit pflügen, säen und ernten und die Ernte in die Scheune bringen.

Bis zum Dezember, wenn das Getreide gedroschen wird, muss er es zusammen mit anderen Hörigen bewachen, damit es nicht von Brandstiftern angezündet wird. Wachdienst muss ebenfalls geleistet werden, wenn der Herr Abt kommt, um ihn vor nächtlicher Gefahr zu beschützen.

Wenn Widrad 15 Nächte den Wachdienst verrichtet, das Heu geerntet und auf unseren Äckern gepflügt hat, erhält er in einem guten Erntejahr Brot, Bier und Fleisch; in anderen Jahren erhält er nichts. Die Frau Widrads muss leinene Tücher aus reinem Flachs anfertigen, 8 Ellen lang und 2 Ellen breit. Sie fertigt daraus Hosen für die Mönche an ...

[3] *Zit. nach: G. Franz: Quellen zur Geschichte des deutschen Bauernstandes im Mittelalter, W. B., Darmstadt 1967, S. 82 ff.*

Tipps für die Erarbeitung und Präsentation

• Lies die Quelle [2] durch und arbeite heraus, welche Leistungen Widrad für das Kloster erbringen muss.

Du kannst dazu eine Tabelle anlegen oder die Leistungen bildlich darstellen.

Das Mittelalter in der Gegenwart

Wie realistisch ist unser heutiges Bild vom Mittelalter?

[1] *Das Mittelalter heute*, Collage.

1 Das Mittelalter begegnet uns häufig im Alltag. Nenne die Beispiele aus der Collage. Kennst du noch weitere Beispiele?

Ritterspiele und Mittelaltermärkte

An vielen Orten in Deutschland finden jedes Jahr Ritterspiele statt. Tausende Zuschauer sind begeistert, wenn sie dort eine Show erleben, die an mittelalterliche Ritterturniere erinnern soll. Anders als damals kämpfen heute jedoch bezahlte oder freiwillige Darsteller miteinander. Sie benutzen nur stumpfe Waffen, um sich nicht zu verletzen. Auch Mittelaltermärkte sind beliebte Ausflugsziele. Besucher können dort deftig essen und Waren kaufen, die die Händler hergestellt haben. Es gibt Livemusik, die mittelalterlich klingen soll, Showeinlagen und Feuerspucken. Händler und Darsteller sind als Ritter, Mönche, Handwerker oder sogar Elfen und Hexen verkleidet.

2 Finde Erklärungen, warum das Mittelalter viele Menschen fasziniert.

3 Beurteile, inwiefern man auf einem Mittelaltermarkt das „echte" Mittelalter erleben kann.

Das Mittelalter in Filmen und Serien

Im Kino und Fernsehen sieht man oft Spielfilme und Serien, die das Mittelalter zum Thema haben. Einige erzählen von historischen Ereignissen oder Personen, andere nutzen das Mittelalter nur als Hintergrund. Sie lassen frei erfundene Figuren darin auftreten. Damit die Handlung spannend und verständlich bleibt, werden historische Zusammenhänge oft vereinfacht oder verändert. Aufwendige Kostüme und Kulissen sollen den Zuschauer beeindrucken und das Mittelalter lebendig machen. Sie passen aber oft nicht in die Zeit, in der die Handlung spielen soll.

Daneben gibt es auch Dokumentationen, die zum Beispiel über das Leben in der mittelalterlichen Stadt berichten. Die Bilder im Fernsehen und Kino prägen unsere Vorstellung vom Mittelalter: Der Zuschauer bekommt den Eindruck, dass es exakt so gewesen sein muss.

4 Berichte über Filme, Bücher oder Computerspiele über das Mittelalter, die du kennst und empfehlen kannst.

5 Nenne die Vor- und Nachteile von Filmen und Dokumentationen über das Mittelalter.

Sprachspeicher
ein Ritterspiel / ein Ritterturnier besuchen · das Mittelalter zum Thema haben · in eine Zeit passen · die Vorstellung von etwas prägen

Das Mittelalter in Computerspielen

Das Mittelalter ist auch Thema vieler Computerspiele. In Strategiespielen müssen die Spieler in einer mittelalterlichen Welt verschiedene Aufgaben erledigen: zum Beispiel eine Stadt aufbauen, Handel treiben oder eine Armee in den Kampf führen.

In Rollenspielen kann man in Figuren des Mittelalters schlüpfen und aus ihrer Sicht Abenteuer erleben. Die Figuren werden dabei immer stärker und erhalten neue Ausrüstungsgegenstände.

Computerspiele wollen Spannung erzeugen und die Spieler begeistern. Deshalb beinhalten sie meistens Fantasiewesen. Der Spieler kann Magie anwenden oder besitzt übernatürliche Kräfte.

In der Beschreibung eines Computerspiels heißt es:

In diesem Spiel herrschst du als Ritter über große Ländereien und mächtige Burgen. Sammle Rohstoffe und errichte immer neue Festungen, um dich gegen deine Feinde zu schützen.

Baue eine mächtige Armee auf und führe sie in atemberaubende Schlachten. Erobere neue Gebiete und mache sie dir untertan. Schließe Bündnisse oder erkläre anderen Spielern den Krieg.

Mit Mut und der richtigen Taktik wirst du zu einem legendären Herrscher!.

[2] *Verfassertext*

6 Erkläre, aus welchen Gründen Menschen gerne Computerspiele über das Mittelalter spielen. Berichte auch von eigenen Gründen und Erfahrungen.

7 Fasse zusammen: Wo und wie begegnet uns heute das Mittelalter? Was ist aus geschichtlicher Sicht realistisch, was reine Fantasie?

[3] *Ansicht aus einem Computerspiel zum Mittelalter,* Screenshot.

Wähle einen der Arbeitsaufträge aus:

▶ Stell dir vor, ein „Zeitreisender" aus dem Mittelalter besucht einen heutigen Mittelaltermarkt. Notiere seine Gedanken.
  >Sprachspeicher

✖ Gestalte ein Werbeplakat für ein Buch, Computerspiel oder einen Film über das Mittelalter.

Was du noch tun kannst:

→ Organisiert einen mittelalterlichen Thementag für die Klasse. Findet Themen und Aktionen für diesen Tag. Tipps: Ritterturnier, Verkleidungen, Essen, Spiele ...

Sprachspeicher
☑: Du kannst so beginnen: „Heute habe ich einen seltsamen Markt besucht ... Die Menschen dort haben ...

Das kann ich!

Versuche zunächst die Aufgaben auf dieser Doppelseite zu lösen, ohne im Kapitel nachzusehen. Wenn du Hilfe brauchst, kannst du bei den Aufgaben auf den in Klammern angegebenen Seiten nachschlagen.

das Lehenswesen   *die* Grundherrschaft   *der* Frondienst   *der* Stand, die Stände

das Kloster   *der* Ritter, die Ritter   *der* Vasall, die Vasallen

[1] *Begriffe und ihre Bedeutung*

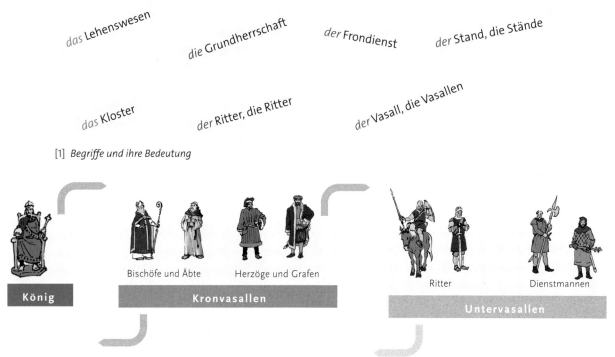

König   Bischöfe und Äbte   Herzöge und Grafen   Ritter   Dienstmannen

Kronvasallen   Untervasallen

[2] *Das Lehenswesen,* Schaubild.

[3] *Burg Breuberg in Hessen,* Luftbild.

Der Ritter Ulrich von Hutten berichtete 1518 über das Leben auf der Burg:

Die Burg [...] ist nicht als angenehmer Aufenthalt, sondern als Festung gebaut. Sie ist von Mauern und Gräben umgeben, innen ist sie eng und durch Stallungen für Vieh und Pferde zusammengedrängt. Daneben liegen dunkle Kammern, vollgestopft mit Geschützen, Pech, Schwefel [...] Überall stinkt es nach Schießpulver; und dann die Hunde und ihr Dreck [...] Reiter kommen und gehen, darunter Räuber, Diebe und Wegelagerer [...] Man hört das Blöken der Schafe, das Brüllen der Rinder [...] Der ganze Tag bringt vom Morgen an Sorge und Plage, ständige Unruhe und dauernden Betrieb. Äcker müssen gepflügt und umgegraben werden, [...] Bäume gepflanzt, Wiesen bewässert werden [...] Wenn aber einmal ein schlechtes Ertragsjahr kommt, [...] dann haben wir fürchterliche Not und Armut.

[4] Zit. nach Borst, A.: *Lebensformen im Mittelalter*, Frankfurt/M. u. a. 1979, S. 173 ff.

[5] *Die Grundherrschaft*, Schaubild.

Sachkompetenz

1 Ordne den Begriffen in [1] die jeweils passende Bedeutung zu. Schreibe den Begriff mit der Erklärung in dein Heft:
– *ein Ort, an dem Mönche oder Nonnen zusammenleben,*
– *die Gefolgsleute des Königs,*
– *der Besitz von Land und Bauern,*
– *Zwangsarbeit von Bauern für den Grundherren,*
– *eine Rangordnung der Gesellschaft,*
– *ein berittener Krieger,*
– *das Verhältnis von König und Vasallen.*

2 Übertrage das Schaubild [2] in dein Heft und beschrifte es. Verwende die Begriffe: Vasallen, König, Kronvasallen, Schutz, Treueversprechen, Boden und Ämter, Kriegsdienst, Rat und Hilfe

3 Beschreibe in deinen Worten, wie Karl der Große sein Reich vergrößerte und seine Macht sicherte (S. 130).

4 Benenne anhand von Bild [3] die wichtigsten Merkmale einer Burg (S. 126)

Methodenkompetenz

5 Erkläre die Grundherrschaft mithilfe des Schaubildes [5] (S. 135).

6 Untersuche die Quelle [4]: Was berichtet von Hutten über das Leben auf der Burg? Vergleicht seine Meinung mit unserer heutigen Vorstellung über eine mittelalterliche Burg.

7 Zeichne ein beschriftetes Schaubild, das die Ständegesellschaft des Mittelalters darstellt (S. 134).

Urteilskompetenz

8 Nimm Stellung: Inwiefern trägt Karl der Große diesen Beinamen zu Recht? (S. 130–133).

9 Stelle die Vor- und Nachteile der Hörigkeit gegenüber und beurteile die Grundherrschaft (S. 135).

10 Überprüfe, wie das Mittelalter heute in den Medien und in Events dargestellt wird. Entsprechen die Darstellungen der historischen Wirklichkeit? (S. 146–147)

Die Stadt im Mittelalter

Markttag in der Stadt

Im Zentrum einer mittelalterlichen Stadt befand sich der Marktplatz.
Hier boten an bestimmten Tagen Bauern aus dem Umland, Handwerker und Händler
ihre Waren zum Kauf an.

1 Beschreibe das Bild.
2 Vergleiche den mittelalterlichen Markt mit einem Wochenmarkt aus unserer Zeit.
3 Berichte, was du über Städte im Mittelalter schon weißt.

Schauplatz Markttag in der Stadt

[1]–[2] *Auf dem Marktplatz*. Illustration

1 Beschreibe die Bilder [1] und [2].

Kleine und große Märkte

Die meisten mittelalterlichen Städte hatten einen zentralen Platz, auf dem an festgelegten Tagen Märkte stattfanden. Hier konnten sich die Stadtbewohner mit fast allen Dingen versorgen, die sie zum Leben brauchten.

Die Bauern der Umgebung brachten frisches Obst und Gemüse, aber auch Hühner oder Ziegen zum Markt. Die Bäcker oder Fleischer der Stadt hatten hier ebenfalls an Markttagen ihren Stand. Andere Handwerker verkauften zum Beispiel Werkzeug, Seile, Töpfe oder Lederwaren.

Ein- bis zweimal im Jahr fanden größere Märkte statt. Auf diesen Jahrmärkten boten auch Fernhändler ihre kostbaren Stoffe, Felle, Farbpulver oder Gewürze an. Doch nur wohlhabende Stadtbewohner konnten sich solche Waren leisten.

2 Nenne das Warenangebot der Märkte und ergänze die genannten Beispiele.

Besondere Dienste

An Markttagen boten auch Bader ihre Dienste an. Bader behandelten Kranke, die sich einen studierten Arzt nicht leisten konnten. Sie zogen Zähne und ließen Patienten zur Ader. Meistens hatten sie auch verschiedene Pulver, Kräuter und Tränke im Angebot, die gegen verschiedene Krankheiten helfen sollten.

Die meisten Menschen im Mittelalter konnten nicht schreiben oder lesen. Auf dem Markt fanden sie Schreiber, denen sie Briefe oder Verträge diktieren konnten.

Unterhaltung

Auf den Märkten wurden aber nicht nur Waren angeboten und gekauft. Es wurden auch Nachrichten ausgetauscht. Fernhändler brachten Neuigkeiten von ihren Reisen mit. Außerdem gab es Unterhaltung durch „fahrendes Volk". Das waren reisende Musikanten und Gaukler, die Kunststücke vorführten, Späße machten oder Tiere präsentierten.

3 Nenne besondere Berufe und Dienste auf einem mittelalterlichen Markt.

[3] *Musikanten auf dem Weg.* Buchmalerei

Marktordnung

Strenge Marktordnungen regelten den Ablauf eines Markttages.

Jeder bekam seinen Standplatz zugewiesen. Am Rathaus war eine Messlatte angebracht. Außerdem stand dort die Stadtwaage. Hier kontrollierten Marktaufseher Größe, Gewicht und Zustand der Waren. Alle fremden Händler mussten hier ihre Waren prüfen lassen. Verkaufen durften sie die Waren nur auf dem Marktgelände.

Betrügereien wurden bestraft. Wenn z.B. ein Bäcker das falsche Gewicht für seine Brote angegeben hatte, wurde er sofort vom Marktgericht verurteilt. Er bekam entweder eine Geldstrafe oder musste auf dem Marktplatz an einer Säule aus Stein (= Pranger) angekettet stehen. Es gab sogar schon Vorschriften zur Hygiene, die z.B. verboten, dass Kunden Brot, Fleisch oder Fisch mit den Händen berührten.

4 Liste die Vorschriften der Marktordnung auf. Erkläre, warum diese wichtig waren.

Marktfrieden

Über die Marktordnung hinaus gab es die Verordnung zum Marktfrieden. Demnach war es verboten, an Markttagen Waffen zu tragen, Streitereien anzufangen oder gar Streitigkeiten mit Waffen auszufechten. Wer dagegen verstieß, wurde festgenommen und streng bestraft.

5 Vermute, warum der friedliche Ablauf eines Markttages sehr wichtig war.

Wähle einen der Arbeitsaufträge aus:

☐ Stell dir vor, beim Schulfest soll ein mittelalterlicher Markt veranstaltet werden. Notiere Ideen, was man dort anbieten könnte.

☒ Schreibe Stichpunkte für ein Kurzreferat ,Mittelalterliche Märkte' auf.

☒ Georg ist ein Bauernjunge aus der Umgebung. Er berichtet in seinem Dorf vom Markttag in der Stadt. Schreibe auf, was er erzählen könnte.
Starthilfe: *Ich durfte zum ersten Mal mit Vater in die große Stadt …*

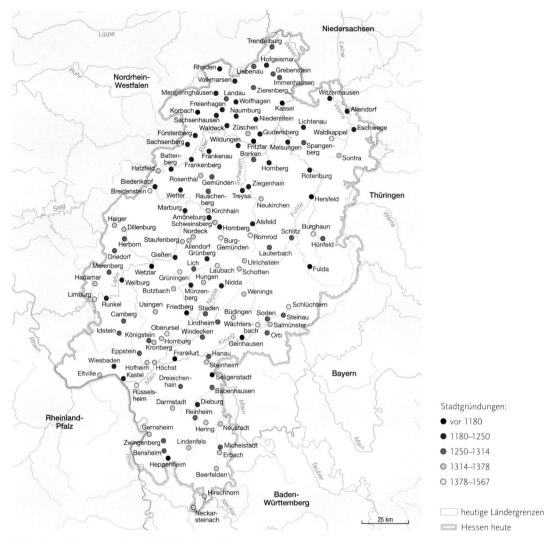

[1] *Stadtgründungen in Hessen im Mittelalter*, Karte.

Land und Stadt

Im Mittelalter lebten die meisten Menschen als Bauern auf dem Land. Zunächst gab es nur wenige Städte. Sie bestanden seit der Römerzeit und waren seither kaum gewachsen.

Ab etwa 1100 entstanden dann massenhaft neue Städte. Die Gründe dafür waren vielfältig: Die Bevölkerung wuchs, die Versorgung wurde besser, Kriege und Seuchen bedrohten nicht mehr so häufig das Leben. Entlang der Handelswege wuchsen neue Städte: Sie dienten als Zwischenstation und nahmen Zölle* von den Händlern ein, die ihre Waren lagern oder verkaufen wollten.

Um etwa 1400 gab es dann schon fast so viele Städte wie heute. Die meisten unserer heutigen Städte gehen auf Gründungen aus dem Mittelalter zurück.

1 Nenne Gründe für die Entstehung von Städten im Mittelalter.

2 Untersuche die Karte [1]:
- Nenne für jeden farbigen Zeitabschnitt zwei Städte, die damals gegründet wurden.
- Beschreibe, in welchem Gebiet man die ältesten Städte finden kann.
- Finde Gemeinsamkeiten in der geografischen Lage der meisten Städte.

✳ *der* **Zoll**: eine Gebühr, die man für eingeführte Waren verlangt
sich spezialisieren: sich in einem Bereich besonders ausbilden, z.B. im Beruf

Leben in der Stadt

Das Zusammenleben in der Stadt unterschied sich stark von dem im Dorf: Die Menschen lebten auf viel engerem Raum zusammen. Es gab ein größeres Angebot an Waren und viele spezialisierte* Berufsgruppen. In der Stadt erfuhr man mehr Neuigkeiten aus der Welt, aber auch Krankheiten breiteten sich dort schneller aus.

Während auf dem Land adlige Grundherren über das Leben der Bauern bestimmten, überwachten in der Stadt die Stadtherren das Zusammenleben. Später erkämpften sich viele Städte das Recht auf Selbstverwaltung. Auch die Gemeinschaften der Handwerker wurden immer einflussreicher.

3 Vergleiche das Leben im Dorf mit dem in der Stadt. Erstelle dazu eine Tabelle.

- ▸ **um 1000:**
  Beginn der Gründung von neuen Städten

- ▸ **1106**
  In Worms gründen die Fischer die erste Zunft Deutschlands.

- ▸ **1160**
  Lübeck erhält als eine der ersten Städte besondere Stadtrechte.

- ▸ **um 1260**
  Die Mongolen errichten ein großes Reich, das den Handel auf der Seidenstraße begünstigt.

- ▸ **ab 1300** Die Handwerker erkämpfen sich das Recht auf Mitsprache in vielen Städten.

- ▸ **1347–1350** Ausbreitung der Pest in Europa

- ▸ **1356:** Erster Städtetag der Hanse

- ▸ **ab 1434:** Die Familie der Medici übernimmt die Herrschaft in Florenz.

[2] *Zeitleiste*

Die Stadt im Mittelalter

SCHAUPLATZ
Markttag in der Stadt
S. 152–153

ORIENTIERUNG
S. 154–155

Städte entstehen und wachsen
S. 156–157

Die Bewohner der Stadt
S. 158–159

Herrschaft in der Stadt
S. 160–161

WAHLSEITEN
Florenz, Die Hanse, Die Pest, Die Seidenstraße
S. 162–165

DAS KANN ICH!
S. 166–167

Städte entstehen und wachsen

Wo und wie entwickelten sich Städte im Mittelalter?

A

C

B

D

[1] *Orte, an denen Städte entstanden*, Illustrationen.

1 Ordne den Bildern A-D die richtige Bildunterschrift zu: *an Kreuzungen von Handelswegen – an Hafenbuchten – unterhalb von Burgen – an Flussübergängen.*

2 Stelle Vermutungen an, warum gerade dort Städte entstanden.

Städte entstehen

Städte gab es zunächst nur im Westen und Süden des heutigen Deutschlands. Hier gab es alte Siedlungen der Römer, die ausgebaut und weiter genutzt wurden. Mit der Zeit wuchsen auch an Handelswegen und um Burgen und Klöster herum Städte heran.

Ab etwa 1100 gründete man dann ganz gezielt neue Städte. Dafür wurde Wald gerodet und Land bewohnbar gemacht. Für heutige Verhältnisse waren die meisten von ihnen sehr klein: Nur wenige Städte hatten über 10.000 Einwohner.

Jede Stadt hatte einen Stadtherren. Das war oft ein Graf, Bischof oder Herzog. Sie gründeten planmäßig Städte, weil die Stadt eine wichtige Einnahmequelle war, die ihre Macht sicherte.

Merkmale von Städten im Mittelalter

Nur Städte hatten das Recht, eine Stadtmauer zu ihrem Schutz zu errichten. Durch Stadttore konnte man in die Stadt gelangen. Abends wurden sie verschlossen, damit keine Fremden hereinkamen.

In der Mitte der Stadt lag der Marktplatz. Hier verkauften die Bauern und Händler aus der Umgebung ihre Waren. Um den Platz herum standen dicht gedrängt die Häuser der Händler und Handwerker. Straßen wurden nach den Berufsgruppen benannt, die dort lebten und arbeiteten. Alle Weber wohnten zum Beispiel in der Webergasse.

Jede Stadt besaß ein Rathaus. Hier traf sich die Stadtregierung. Sie bestand aus reichen Kaufleuten und Unternehmern, die über die Angelegenheiten der Stadt bestimmten.

Städte besaßen noch weitere besondere Rechte. Sie durften einen Markt abhalten, eigene Gerichte haben und Münzen prägen. Mit der Zeit wurden sie immer unabhängiger.

3 Nenne Merkmale mittelalterlicher Städte.

Sprachspeicher
eine Stadt gründen · einen Markt abhalten · Münzen prägen · *die* Stadt|mauer · *das* Stadt|tor · *das* Rat|haus

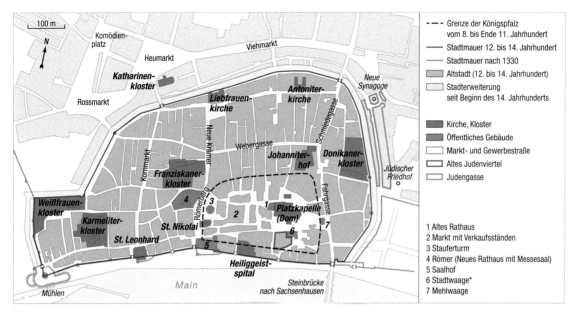

[2] *Die Stadt Frankfurt am Main im Mittelalter,* Karte.

Ein Herzog schreibt in der Gründungsurkunde der Stadt Freiburg:

Es sei den lebenden und zukünftigen Geschlechtern bekannt, dass ich, Konrad (Herzog von Zähringen), auf meinem eigenen Besitz Freiburg einen Markt eingerichtet habe im Jahre des Herrn 1120.

[...] Jedem Kaufmann habe ich ein Grundstück zum Bau eines eigenen Hauses gegeben [...]

1. Ich verspreche allen, die zu meinem Markt kommen, Frieden und Schutz.

2. Wenn einer meiner Bürger stirbt, soll seine Frau mit den Kindern alles besitzen, was er hinterlassen hat.

3. Alle Kaufleute der Stadt befreie ich vom Zoll [...]

5. Wenn ein Streit unter den Bürgern entsteht, soll nicht von mir oder meinem Richter darüber entschieden werden, sondern nach Gewohnheit und Recht aller Kaufleute [...]

[3] *Zit. nach: Friedrich Keutgen: Urkunden zur städtischen Verfassungsgeschichte. Berlin 1901, S. 117.*

4 Untersuche die Karte [2]:
- Beschreibe die Lage der Stadt.
- Nenne wichtige Gebäude.
- Erkläre, wie sich die Stadt entwickelt hat.

5 Untersuche die Textquelle [3]:
- Gib wieder, wen der Stadtherr in seiner Stadt ansiedeln möchte.
- Liste die Versprechen auf, die der Stadtgründer den Bewohnern macht.

* *die* **Waage**: ein Gebäude, in dem Waren wog und Steuern einzog

Wähle einen der Arbeitsaufträge aus:

☑ Erstelle ein Plakat zu den Kennzeichen einer mittelalterlichen Stadt.

☒ Ein Kaufmann möchte mit seiner Familie in eine neu gegründete Stadt umziehen. Verfasse eine Rede, mit der sie überzeugen will.

☒ Entwerft in Partnerarbeit ein Rollenspiel: Zwei Adlige diskutieren, ob sie eine Stadt gründen sollten. Was spricht dafür, was dagegen?

Sprachspeicher

☒: „Liebe Familie! Glaubt mir, wenn wir in die Stadt gehen, dann ... Dort ist vieles besser: ... Wir werden ...

Üben 🖱 ▶️

Die Bewohner der Stadt

Warum zogen Menschen in die Städte und wie lebten sie dort?

[1] *Patrizierfamilie*, Gemälde von Jean Bourdichon (1457–1521).

[3] *Handwerkerfamilie*, Gemälde von Jean Bourdichon.

1 Beschreibt die Bilder [1] und [2].

Macht „Stadtluft" frei?

In der Stadt konnten Menschen, die früher Hörige auf dem Land waren, ihre Freiheit erlangen.

> **In der Gründungsurkunde der Stadt Freiburg (1120) heißt es:**
> Jeder, der in diese Stadt kommt, darf sich hier frei niederlassen, wenn er nicht der Leibeigene [=Besitz] irgendeines Herrn ist [...] Wer aber ein Jahr und einen Tag in der Stadt gewohnt hat, ohne dass irgendein Herr ihn als seinen Besitz gefordert hat, der genießt von da an sicher die Freiheit [...]

[2] *Zit. nach:* Friedrich Keutgen: Urkunden zur städtischen Verfassungsgeschichte. Berlin (Felber) 1901, S. 117.

Das bedeutete aber nicht, dass alle Stadtbewohner gleichberechtigte Bürger waren. Je nach Herkunft und Beruf gehörte jeder einer festgelegten Bevölkerungsgruppe an.

2 Erkläre den Spruch „Stadtluft macht frei".

Stadtbewohner

Nicht alle Bewohner einer Stadt hatten die gleichen Rechte. Wer als „Bürger" in die Stadtgemeinde aufgenommen werden wollte, der musste ein Haus oder ein Grundstück besitzen sowie als Meister einen Handwerksbetrieb oder als Kaufmann ein Handelsgeschäft führen. Reiche Fernhandelskaufleute und wohlhabende Grundbesitzer bildeten die Oberschicht der Stadtbevölkerung. Man nannte sie auch Patrizier.

Zur Mittelschicht gehörten die Bürger, die Handwerksmeister, nicht so reiche Kaufleute oder Stadtbeamte waren.

Sprachspeicher
einer Schicht der Gesellschaft angehören •
die Ober|schicht • *die* Mittel|schicht • *die* Unter|schicht

[4] *Arme Leute*, Gemälde von Jean Bourdichon, um 1490.

[5] *Mittelalterliche Darstellung von Juden*, 13. Jahrhundert.

Sie stellten Waren her, bauten Häuser und sorgten für die Ernährung der Stadtbevölkerung. Sie genossen hohes Ansehen.

Die Unterschicht bildete die größte Gruppe. Das waren niedere Bedienstete, Handwerksgesellen, Knechte, Mägde und auch die Tagelöhner. Sie hatten kaum Besitz und wenig Geld.

„Unehrliche Leute" nannte man die unterste Bevölkerungsschicht. Sie übten einen Beruf z.B. als Totengräber, Henker oder Gaukler aus und wurden verachtet und ausgegrenzt.

3 Stellt die städtische Gesellschaft mit Hilfe einer Skizze dar.

Die jüdische Gemeinde

Viele Stadtherren förderten die Ansiedlung von Juden, denn die jüdischen Kaufleute hatten gute Verbindungen im Fernhandel. Sie konnten deshalb besondere Waren einkaufen und auf dem Markt anbieten. Ihre Geschäfte brachten den Stadtherren Zölle und Steuern ein. Die Stadt verdiente auf diese Weise am Handel der jüdischen Händler. In vielen Städten wie Köln, Mainz, Bonn, Münster entstan-

den große jüdischen Gemeinden. Die Juden lebten in eigenen Stadtvierteln. Sie nahmen aktiv am wirtschaftlichen Leben der Stadt teil. Innerhalb ihrer Gemeinde arbeiteten sie oft als Lehrer, Ärzte, Krankenpfleger oder als Schneider.

Außerhalb der jüdischen Gemeinde konnten sie aber meist nur als Kleinhändler oder Geldverleiher arbeiten. Da Juden kein Bürgerrecht besaßen, waren sie nicht berechtigt, einer Zunft beizutreten oder einen Handwerksbetrieb zu führen.

Wählt einen der Arbeitsaufträge aus:

- ▶ Ein Bauernjunge oder ein Mädchen aus der Umgebung ist in die Stadt geflohen. Er /sie will in der Stadt bleiben. Schreibe auf, was sie erzählen könnten.
- ✕ Wähle eine Person aus den Bildern aus und schreibe aus der Sicht dieser Person einen Tagebucheintrag.
- ✕ Erstelle mithilfe des Quellentextes [2] ein Werbeplakat: Der Stadtherr will neue Bürger für seine Stadt gewinnen …

Herrschaft in der Stadt

Wer regiert die Stadt im Mittelalter?

1 Werte das Schaubild aus:
- Wer regierte wann die Stadt?
- Wer durfte wann wählen?

[1] *Herrschaft in der Stadt*. Schaubild

Der Stadtherr regiert

Ab 1100 gründeten Grafen, Herzöge und Bischöfe viele neue Städte. Als Stadtherren übten sie nun hier die Herrschaft über die Bewohner aus. Sie wohnten jedoch nicht immer in der Nähe. Als Stellvertreter setzten sie deshalb einen Vogt ein, der ihre Aufgaben übernahm. Er achtete darauf, dass Steuern pünktlich gezahlt und Gesetze eingehalten wurden. Außerdem schlichtete er Streitigkeiten und hielt Gericht ab. Die Rechte und Pflichten der Bürger waren schriftlich festgelegt. Sie durften den Wohnort frei wählen. Sie konnten selbst entscheiden, wen sie heirateten. Und sie mussten nicht für den Herren in den Krieg ziehen. Es war ihre Pflicht, Steuern zu zahlen, die Stadt zu verteidigen und beim Ausbessern der Stadtmauern zu helfen.

2 Nenne die Aufgaben eines Vogts.
3 Erkläre, welche Rechte und Pflichten die Bürger einer Stadt hatten.

Selbstbewusste Kaufleute

Im Schutz der Stadtmauern blühten Handel und Handwerk. Vor allem die Kaufleute verdienten durch den Fernhandel große Vermögen. Da die reichen Kaufleute, die Patrizier, auch einen Großteil der Steuern zahlten, wollten sie in der Stadt mitbestimmen.

Sie kauften ihrem Stadtherrn ein Recht nach dem anderen ab. Dazu zählten z. B. das Marktrecht, Befestigungsrecht, Münzrecht oder die Gerichtsbarkeit. Die Patrizier besetzten die wichtigsten Ämter in der Stadt. Nun regierte diese bürgerliche Oberschicht. Sie wurden Ratsherren und wählten den Bürgermeister. Nicht immer lief dieser Vorgang friedlich ab. In Köln z. B. stürzten die Patrizier ihren Stadtherrn, den Bischof, und verjagten ihn. Er und seine Nachfolger mussten auf alle Rechte in der Stadt verzichten.

4 Beschreibe, wie die Patrizier die Macht in den Städten erlangten.

Sprachspeicher
die Herrschaft ausüben · Steuern zahlen ·
eine Stadt verteidigen · den Stadtherren
stürzen / verjagen · auf ein Recht verzichten

[2] *Zunftzeichen auf den Fenstern einer Kirche*, Fotos. Die Zünfte bezahlten jeweils „ihr" Fenster.

Die Zünfte

Die einzelnen Handwerker wie Bäcker, Schmiede oder Weber schlossen sich jeweils zu Berufsgruppen zusammen, die Zünfte genannt wurden. Äußerlich waren sie an ihren Wappen oder Zunftzeichen zu erkennen. Die Zünfte setzten sich für gemeinsame Interessen ein. Sie überwachten die Qualität, Absatzmenge und Preise ihrer Waren, regelten Arbeitszeit, Ausbildung oder Anzahl der Lehrlinge und Gesellen. Außerhalb der Zunft durfte ein Handwerker sein Handwerk nicht ausüben. In der Zunft wurde auch gefeiert und die Handwerker einer Zunft unterstützten sich im Krankheits- und Sterbefall. Wenn ein Meister starb, wurden dessen Witwe und Familie versorgt.

5 Gib wieder, was in einer Zunft geregelt wurde.

Handwerker fordern Mitbestimmung

Die angesehenen Handwerker bildeten die größte Gruppe und zahlten in der Stadt die meisten Steuern. Sie halfen bei der Verteidigung der Stadt gegen Angreifer, hielten die Stadtmauer in Stand und löschten Feuer. Dennoch durften sie zunächst nichts mitbestimmen.

Ab dem 14. Jahrhundert kam es deshalb in vielen Städten zu Aufständen der Zünfte gegen die Patrizier. Die Handwerker drohten den Ratsherren mit Gewalt und zwangen sie, eine Zunftverfassung zu unterschreiben. Darin wurde festgelegt, dass die Zünfte fortan an der Stadtregierung beteiligt waren.

[3] *Heutiges Straßenschild in einer Stadt*, Foto.

Erst nachdem die Zünfte mehr Mitsprache erreicht hatten, kann man von einer bürgerlichen Selbstverwaltung sprechen. In manchen Städten erreichten die Zünfte auch auf friedlichem Weg ein Mitbestimmungsrecht.

6 Erkläre, warum die Handwerker mitregieren wollten.
7 Beschreibe die Zunftzeichen in Bild [2]. Vermute, um welche Zunft es sich jeweils handeln könnte.
8 Benenne die Vor- und Nachteile der Zünfte aus Sicht eines Handwerkers und eines Kunden.

Wähle einen der Arbeitsaufträge aus:

▼ Entwirf Zunftschilder für heutige Berufe (z. B. Automechaniker, IT-Spezialist...).
☒ Fasse die Entwicklung in der Stadtherrschaft in einem Kurzreferat zusammen.
☒ Notiere Argumente für ein Streitgespräch um die Mitbestimmung. Spielt die Szene „Handwerker gegen Patrizier".

Sprachspeicher
sich zu einer Berufsgruppe zusammenschließen • ein Handwerk ausüben • jemanden an der Regierung beteiligen

Üben

1 Informiere dich auf dieser Seite über die Stadt Florenz.
2 Präsentiere deine Ergebnisse der Klasse.

[1] *Florenz*, Gemälde von 1470.

Die Medici – Eine Familie an der Macht

Florenz war eine der wichtigsten Handelsstädte in Italien. Anfangs regierten Adelsfamilien die Stadt. Im 15. Jahrhundert wurde die Familie der Medici immer einflussreicher. Sie war nicht adlig, sondern besaß eine Bank. Adlige liehen sich bei ihnen Geld, um ihre Kriege, Hochzeiten oder Bauten zu finanzieren. Das Geld mussten sie mit Zinsen zurückzahlen, was den Reichtum der Medici vergrößerte. Die Adligen wurden abhängig von ihnen. Die Medici konnten nun in der Politik mitbestimmen. Das Familienoberhaupt Cosimo de Medici (1389–1464) herrschte als erster allein über Florenz. Er besetzte alle wichtigen Ämter mit seinen Gefolgsleuten.

Die Adligen in der Stadt verachteten die Medici aufgrund ihrer Herkunft und versuchten sie durch Verschwörungen und Mordversuche zu beseitigen. Später stiegen die Medici jedoch in den Stand des Adels auf und übernahmen auch hohe Ämter in der Kirche.

Die Medici förderten auch Künstler und Wissenschaftler wie Michelangelo. Ihre prächtigen Bauten prägen heute noch das Stadtbild von Florenz.

[2] *Cosimo und Lorenzo,* die zwei bekanntesten Familienoberhäupter der Medici, Gemälde.

[3] *Das Gemälde der „Venus" von Sandro Botticelli (1485) wurde für die Medici angefertigt.*

Tipps für die Erarbeitung
· Arbeite heraus, wie die Medici an die Macht gelangten.
· Vergleiche die Entwicklung mit Seite 160.

Tipps für die Präsentation
· Gestalte ein Plakat über Florenz und die Medici.
Du kannst Fotos von Gebäuden und Kunswerken einfügen.

1 Informiere dich auf dieser Seite über die Hanse im Mittelalter.
2 Präsentiere deine Ergebnisse der Klasse.

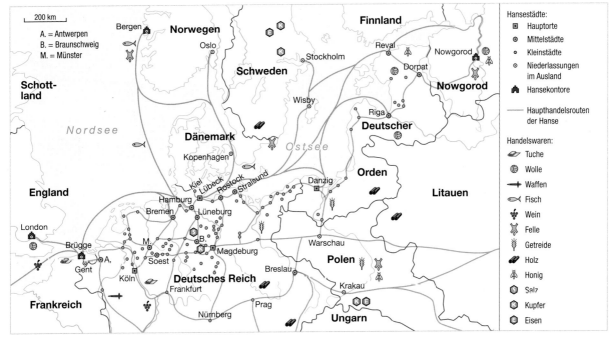

[1] *Handelswege der Hanse in Nord- und Mitteleuropa um 1400. Karte.*

Die Städtehanse entsteht

Zwischen den vielen neu gegründeten Städten entwickelte sich im 12. Jahrhundert bald ein dichtes Netz von Handelsbeziehungen. Kaufleute lieferten Waren aus ganz Europa für die Märkte.

Auf dem Landweg zu reisen war gefährlich und mühsam. Deshalb bevorzugten viele Kaufleute den Transport ihrer Waren über Flüsse und Meere. Aber ein Schiff auszurüsten war teuer und es konnte von Seeräubern überfallen werden oder im Sturm untergehen. Darum schlossen sich die Kaufleute zusammen, um die Kosten und das Risiko der Reisen zu teilen. Diese Gemeinschaften nannte man Hansen. Sie waren so erfolgreich, dass sie in ihren Heimatstädten und im gesamten Nord- und Ostseeraum immer mehr Einfluss gewannen.

Mit der Zeit entwickelten sich die Hansegemeinschaften zwischen einzelnen Städten. Sie nannten sich Hansestädte.

Die Hanse hatte eigene Münzen und eine eigene Rechtsprechung. Sie schloss Bündnisse und Verträge und führte sogar Kriege wie ein Staat. Bis zum Ende des 15. Jahrhunderts beherrschte die Hanse den Fernhandel im Norden.

[2] *Die Kogge ist ein robustes Segelschiff.* Man konnte es relativ schnell und kostengünstig bauen und mit einer kleinen Besatzung große Warenmengen transportieren. Deshalb war sie lange der bedeutendste Schiffstyp der Hanse. Foto.

Tipps für die Erarbeitung
- Erkläre, wie die Hanse entstanden ist.
- Nenne Gründe für ihren Erfolg.

Tipps für die Präsentation
- Werte die Karte aus und erkläre welche Waren auf welchem Weg transportiert wurden. Zeichne eine Skizze der Hanse-Kogge.

☒ **Wahlseite Die Pest**

1 Informiere dich auf dieser Seite über die Pest.
2 Präsentiere deine Ergebnisse der Klasse.

[1] *Ein Arzt während der Zeit der Pest*, Buchmalerei von 1720. Die Maske war mit Kräutern gefüllt und sollte vor Ansteckung schützen.

Ausbreitung der Pest:
- bis 1347
- bis Mitte 1348
- bis Ende 1348
- bis Mitte 1349
- bis Ende 1349
- bis 1350
- keine oder geringe Ausbreitung

[2] *Ausbreitung der Pest in Europa*, Karte.

Der „schwarze Tod"

Die Pest war eine Krankheit, die sich ab 1347 in Europa ausbreitete. Sie wurde zunächst durch Flöhe übertragen, die von Ratten auf Menschen übersprangen. Händler hatten die Tiere unbemerkt auf Schiffen aus Asien nach Europa gebracht. Wer an der Pest erkrankte, litt unter hohem Fieber und schwarzen Beulen am ganzen Körper. Daher stammt auch der Name „schwarzer Tod". Bald verbreitete sich die Pest auch durch Husten von Mensch zu Mensch.

Etwa ein Drittel der europäischen Bevölkerung starb bis 1350 an der Pest. Besonders in den Städten verbreitete sie sich rasend schnell, denn dort lebten Menschen dicht zusammen. Arme und Reiche, Kinder und Alte, aber auch Mönche und Priester starben an der Krankheit. Das ließ viele Menschen ratlos zurück.

Die Suche nach Ursachen und Schuldigen

Die Menschen im Mittelalter wussten nicht, dass die Krankheit durch winzige Bakterien ausgelöst wurde. Sie suchten nach anderen Erklärungen: Viele hielten die Pest für eine Strafe Gottes. Sie versuchten besonders fromm zu leben und zogen betend durch das Land. Andere glaubten, dass vergiftete Luft oder versuchtes Wasser die Ursache war. Sie beschuldigten die Juden, Brunnen und Quellen vergiftet zu haben. In ganz Europa wurden deshalb tausende Juden ermordet und vertrieben.

Erst 1894 wurde der Erreger der Pest unter dem Mikroskop entdeckt. Heute ist die Krankheit praktisch ausgestorben. Sie kann durch Antibiotika geheilt werden.

Tipps für die Erarbeitung
- Beschreibe die Ausbreitung der Pest anhand der Karte.
- Erkläre den Zusammenhang zwischen Pest und Judenverfolgung.

Tipps für die Präsentation
- Zeige der Klasse Bild [1] und lasse sie vermuten, worum es sich bei dem Mann handelt.

1 Informiere dich auf dieser Seite über die Seidenstraße im Mittelalter.
2 Präsentiere deine Ergebnisse der Klasse.

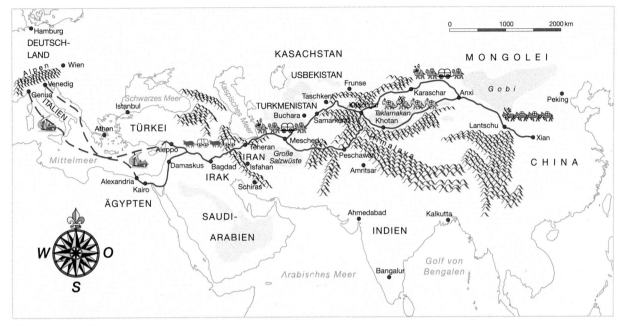

[1] *Die Seidenstraße*. Karte.

Seide – ein kostbares Handelsgut

Seide war in der Antike und im Mittelalter ein wertvolles und gefragtes Handelsgut. Man stellt sie aus einer speziellen Raupe her, die Seidenfäden produziert. Aus den Fäden webt man feine und haltbare Stoffe. Seidenraupen werden seit 2000 v.Chr. in China gezüchtet. Schon die Römer schätzten Seidenstoffe, auch wenn sie über ihre Herstellung nichts wussten.

Handelswege und Kulturaustausch

Die Seidenstraße war keine einzelne Verbindung zwischen China und Europa. Sie bestand aus einem Netz von Wegen, die teilweise parallel verliefen und sich immer wieder kreuzten.
Für den Handel waren im Mittelalter auch exotische Gewürze sehr wichtig. Pfeffer, Zimt, Muskatnuss und Gewürznelken wuchsen nur in Asien und wurden über die Seidenstraße nach Europa gebracht. Aus Europa gelangten Gold, Silber, Edelsteine und Glas nach China.

Es konnte bis zu zwei Jahre dauern, bis Waren aus China in Europa ankamen. Für die Kaufleute war die Reise beschwerlich und gefährlich. Die Wege führten über mehrere Gebirge und Wüsten. Überall konnten Räuber lauern. Deshalb schlossen sich die Kaufleute zu Karawanen zusammen und reisten gemeinsam. Nur wenige Kaufleute legten den ganzen Weg zurück. Sie verkauften die Waren nach einer Teilstrecke weiter. Dadurch entstanden prächtige Handelsstädte wie Damaskus, Samarkand und Peschawar. In diesen Städten trafen sich die Kaufleute mit ihren verschiedenen Sprachen und Religionen. Sie tauschten Waren und Neuigkeiten aus. Das nennt man auch Kulturaustausch. Das Schwarzpulver, das Papier und der Magnetkompass sind Beispiele für chinesische Erfindungen, die entlang der Seidenstraße in die arabischen Länder gelangten und von dort aus nach Europa. Auch Religionen wie der Buddhismus und das Christentum verbreiteten sich über das Wegenetz der Seidenstraße.

Tipps für die Erarbeitung
· Lies den Text und finde heraus, woher die Seide stammt und welche Waren noch auf der Seidenstraße transportiert wurden.

Tipps für die Präsentation
· Beschreibe aus Sicht eines Händlers deinen Reiseweg. Nutze die Karte [1].

Üben

Das kann ich!

Versuche zunächst die Aufgaben auf dieser Doppelseite zu lösen, ohne im Kapitel nachzusehen. Wenn du Hilfe brauchst, kannst du bei den Aufgaben auf den in Klammern angegebenen Seiten nachschlagen.

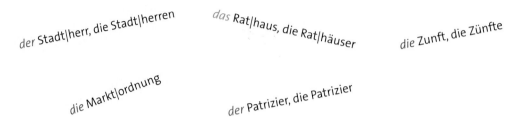

der Stadt|herr, die Stadt|herren

das Rat|haus, die Rat|häuser

die Zunft, die Zünfte

die Markt|ordnung

der Patrizier, die Patrizier

[1] Begriffe und ihre Bedeutung

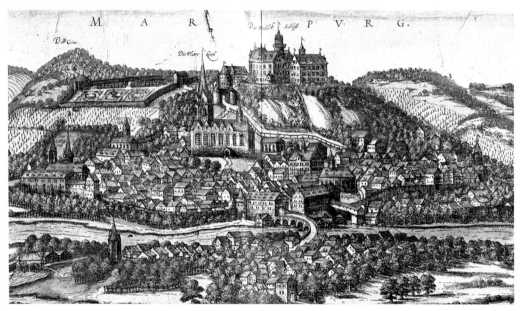

[2] Ansicht der Stadt Marburg aus dem 17. Jahrhundert

Bürgermeister

Henker, Bettler
Straßenmusikanten

Patrizier
(Stadtherren)

Knechte, Mägde, Tagelöhner
(niedere Bedienstete)

Kleinhändler, Geld-
verleiher, Ärzte
(unter anderem)

Handwerker
(Bäcker, Tischler, etc.)

Bischof, Pfarrer,
Mönch

[3] *Begriffskärtchen.*

Die Tuchmacher in Straßburg schreiben an die Wollweber in Schweinfurt:

Zum Ersten haben wir eine gemeinsame Stube, Haus und Hof, die uns zur Verfügung stehen. In dieser Stube kommen wir zusammen, um miteinander zu essen und zu trinken. Dort empfangen wir auch unsere Gäste [...] Fünf Meister schwören, alle Tuche genau zu prüfen. Die guten, die keine Fehler aufweisen, erhalten ein Siegel. [...]

Jede Nacht geht ein Zunftmitglied mit einfacher Rüstung und einem Gewehr zusammen mit den Abgesandten anderer Zünfte auf Wache [...] Wir sind für Schutz und Erhalt eines bestimmten Abschnitts der Stadtmauer verantwortlich [...]

Bei Feuer sind wir zum Löschen verpflichtet. Im Münster lassen wir etliche Kerzen auf unsere Rechnung von Karfreitag bis Ostern brennen.

Am Fronleichnamstag nehmen wir an der feierlichen und heiligen Prozession zum Münster teil [...]

[4] *Ketsch, Peter/Schneider,* Gerhard: Handwerk in der mittelalterlichen Stadt, Stuttgart 1985, S. 10 f.

Sachkompetenz

1 Ordnet den Begriffen in [1] die jeweils passende Bedeutung zu. Schreibe den Begriff und die Erklärung in dein Heft:
- *die reichen Kaufleute einer Stadt,*
- *Vorschriften, die am Markttag gelten,*
- *ein prächtiges Bauwerk in der Stadt,*
- *er regiert / sie regieren in der Stadt,*
- *ein Zusammenschluss von Handwerkern.*

2 Beschreibe mithilfe von Bild [2], woran man eine Stadt, die im Mittelalter entstanden ist, oft erkennen kann (S. 156–157).

3 Erklärt den Aufbau der mittelalterlichen Stadtbevölkerung. Nutzt die Begriffskärtchen [3] für eure Erklärung. Ordnet zu: Unterschicht, unehrliche Berufe, Oberschicht, Mittelschicht (S. 158–159).

4 Erklärt, welche Rechte und Pflichten die Bürger einer Stadt hatten (S. 160).

Methodenkompetenz

5 Untersuche die Textquelle [4]:
- Liste die Aufgaben der Zunft auf.
- Finde passende Überschriften für die Aufgaben.
- Stelle Vermutungen an: Welche Beweggründe könnten die Tuchmacher haben, ihre Aufgaben darzustellen?

Urteilskompetenz

6 Beurteile, welche städtische Bevölkerungsgruppe für das Wachstum der Städte am bedeutendsten war.

7 Nimm Stellung zu der Aussage „Die Mitbestimmung der Bürger in den Städten war ein wichtiger Schritt auf dem Weg zur Demokratie."

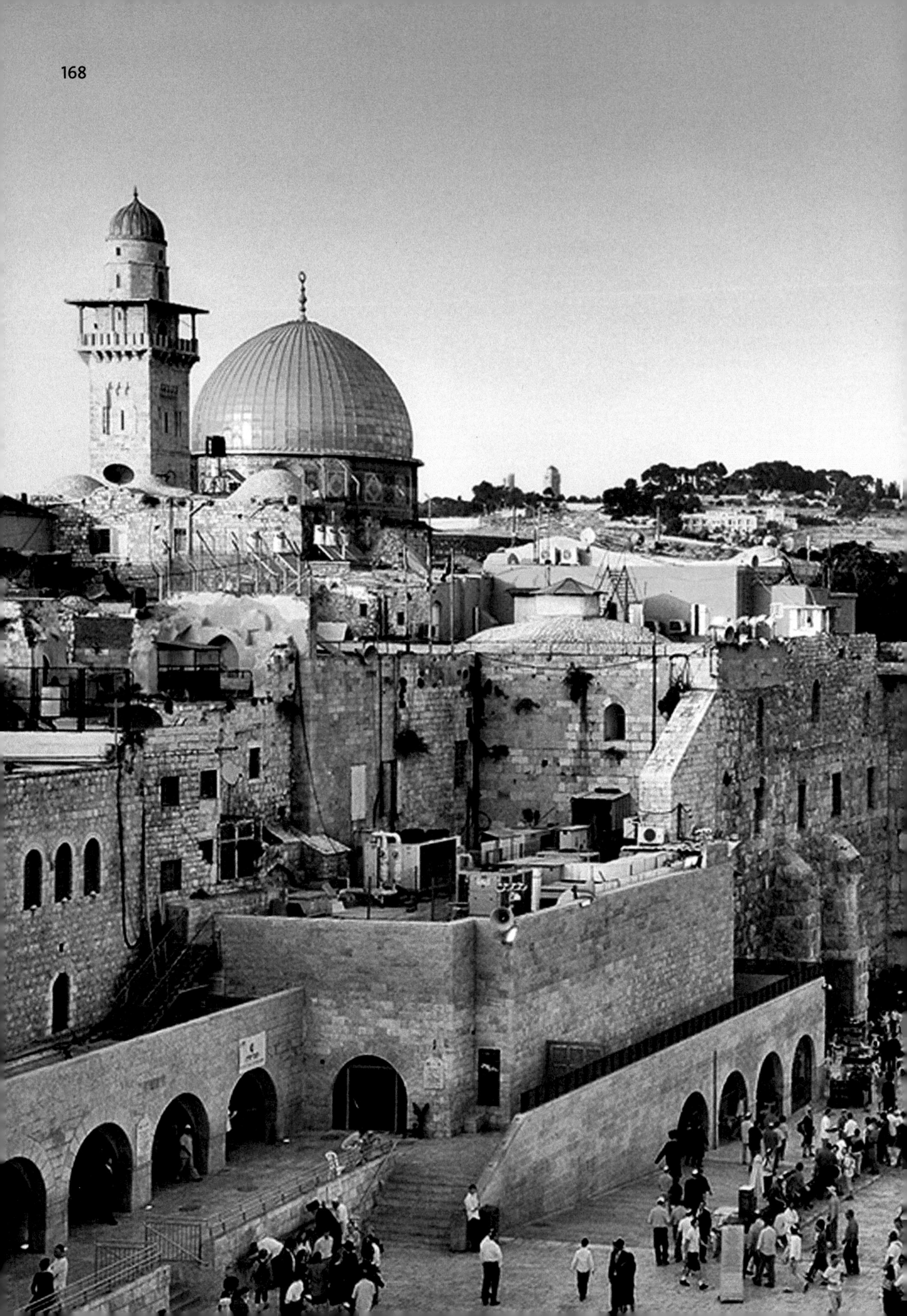

Religionen begegnen sich

In der Altstadt von Jerusalem

Mitten in der modernen Stadt Jerusalem befinden sich heilige Stätten von drei Religionen.

1 Beschreibe das Bild.
2 Stelle Vermutungen an, bei welchen Gebäuden es sich um heilige Stätten handeln könnte.
3 Vermute, warum viele Menschen unbedingt einmal im Leben nach Jerusalem reisen möchten.

Schauplatz In der Altstadt von Jerusalem

Warum ist Jerusalem für Juden, Christen und Muslime heilig?

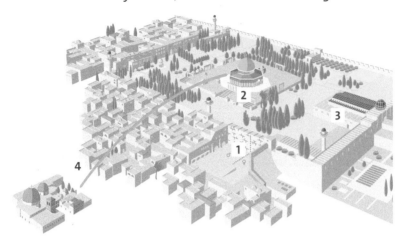

1 die Klagemauer
2 der Felsendom
3 die Al-Aksa-Moschee
4 die Grabeskirche

[1] *Der Tempelberg in Jerusalem*, Computergrafik.

Eine Stadt – drei Weltreligionen

Jerusalem ist eine heilige Stadt für die Religionen Judentum, Christentum und Islam. Ihr Name bedeutet „Stadt des Friedens" (vom hebräischen Wort Schalom = Frieden). Jerusalem ist eine der ältesten Städte der Welt.

Die heilige Stadt der Juden

Die Juden verehrten Jerusalem als die Stadt Gottes. Zweimal bauten sie dort einen großen Tempel. Beide Tempel wurden zerstört. Vom zweiten Tempel steht heute nur noch ein Überrest. Hier beten die Juden und beklagen die Zerstörung des Tempels. Deswegen nennt man diese Stelle heute „Klagemauer" [2].

Die heilige Stadt der Christen

Für die Christen ist Jerusalem ebenfalls ein bedeutender Ort. Besonders vor Ostern pilgern* Christen aus aller Welt zur Grabeskirche [3]. Nach der Überlieferung befand sich das Grab des gekreuzigten Jesus Christus an dieser Stelle.

Die heilige Stadt der Muslime

Auf dem Tempelberg leuchtet die goldene Kuppel des Felsendoms [4]. Muslime glauben, dass der Prophet Mohammed vom Tempelberg aus in den Himmel aufgestiegen sei. Auch die die Al-Aksa-Moschee [5] ist eine wichtige islamische Gebetsstätte.

pilgern: Eine Reise zu einem heiligen Ort unternehmen. Religionen haben oft mehrere heilige Orte.

[2] *Die Klagemauer in Jerusalem*, Foto.

[3] *Die Grabeskirche*, Foto. Sie wurde 335 n. Chr. errichtet.

[4] *Der Felsendom, erbaut 687 n. Chr.*, Foto.

Zusammenleben und Konflikte

Im 7. Jahrhundert übernahmen Muslime die Herrschaft in Jerusalem. Christen konnten jedoch weiter ungestört die Pilgerstätten in Jerusalem und Bethlehem besuchen.

Quellen belegen, dass Christen, Juden und Muslime unter muslimischer Herrschaft friedlich zusammenleben konnten. Juden und Christen durften ihre Religionen weiter ausüben.

Trotzdem kam es am Ende des 11. Jahrhunderts zu einem Krieg zwischen Christen und Muslimen, dem ersten Kreuzzug.

Die Einteilung der Altstadt in vier Viertel stammt aus dem 19. Jahrhundert. Im Lauf der Zeit änderte sich die Zusammensetzung der Bevölkerung immer wieder. Heute leben in der Altstadt vor allem Muslime.

[5] *Die Al-Aksa-Moschee*, Foto. Sie wurde um 717 n. Chr. fertiggestellt.

1 Erkläre, welche Bedeutung Jerusalem für die drei Weltreligionen hat.

2 Liste die Besonderheiten der Stadt Jerusalem auf. Nimm die Karte [6] zur Hilfe.

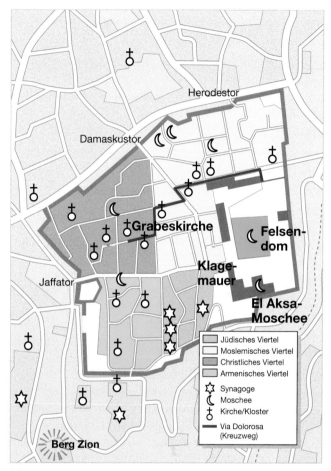

[6] *Die Altstadt von Jerusalem*, Karte. Armenier sind Christen, die seit dem 4. Jahrhundert hier leben.

Wähle einen der Arbeitsaufträge aus:

▽ Welchen der heiligen Orte in Jerusalem würdest du gern einmal besuchen? Begründe.

☒ Stell dir vor, du wohnst in Jerusalem und willst einem Freund oder einer Freundin die Stadt zeigen. Mach dir Notizen für eine Stadtführung.

Drei Weltreligionen – ein Ursprung

Was haben die drei Religionen gemeinsam?

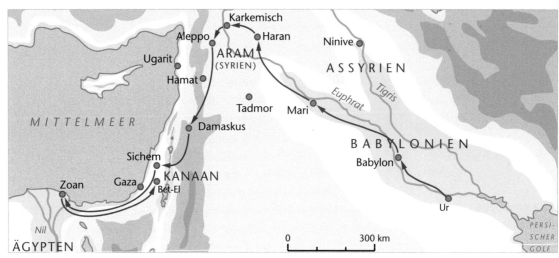

[1] *Die Reise Abrahams*, Karte.

Abraham – Vater des Glaubens

Abraham ist eine wichtige Figur in den heiligen Büchern von drei Religionen. So berichtet die Thora der Juden über sein Leben. Auch in der Bibel der Christen und im Koran der Muslime wird von ihm geschrieben. Die Berichte sind nicht gleich, haben aber einen wahren Kern: Wir wissen, dass Abraham vor ca. 4000 Jahren in Ur (heute: Irak) lebte. Wie alle Einwohner von Ur verehrte er mehrere Götter.

Die heiligen Bücher berichten folgendes: Eines Tages erschien Abraham der Gott Jahwe und befahl ihm und seiner Frau Sara, die Heimat zu verlassen. Nach einer langen Wanderung kamen sie nach Kanaan (heute: Israel). Weil sie schon alt waren, glaubten sie nicht mehr daran, Nachkommen zu haben. Doch Gott sandte drei Engel, die ihnen Kinder versprachen. Kurz darauf wurde Abrahams Sohn Isaak geboren.

Durch sein Vertrauen in Gott ist Abraham (Ibrahim) bis heute ein großes Vorbild in den drei Religionen. Man nennt sie auch die abrahamischen Religionen, weil sie alle ihre Ursprünge auf Abraham zurückführen. Alle drei stammen aus Vorderasien und verehren nur einen Gott.

1 Nenne mithilfe eines Atlas die heutigen Länder, durch die Abraham wanderte.

2 Erläutere die Bedeutung Abrahams für die drei Religionen.

[2] *Abraham erscheinen die Engel*, muslimische (oben) und christliche (unten) Buchmalerei aus dem Mittelalter.

Sprachspeicher

das heilige Buch / *die* heilige Schrift · seinen Ursprung auf jemanden / etwas zurückführen

Das Judentum

Heilige Schrift: die Thora (= die fünf Bücher Mose)

Daran glauben Juden: Gott (jüdisch: Jahwe) schloss einen Bund mit Jakob, dem Enkel Abrahams. Seine Nachkommen, die Israeliten, wurden so zum auserwählten Volk Gottes. Später erhielt Mose die Zehn Gebote von Gott.

Gebet und Gottesdienst: Juden sollen dreimal am Tag beten. Sie feiern ihren Gottesdienst in der Synagoge. Dabei liest ein Mitglied der Gemeinde aus der Thora vor.

Wichtige Personen: Der Rabbiner leitet die Gemeinde, berät sie bei Glaubensfragen und unterrichtet Jugendliche.

Wichtige Feiertage: Pessach, Chanukka. Der Sabbat ist der wichtigste Tag der Woche (Freitagabend bis Samstagnacht).

Das Christentum

Heilige Schrift: die Bibel

Daran glauben Christen: Jesus Christus war der Sohn Gottes. Er wurde gekreuzigt und ist am dritten Tag auferstanden. Die Christen glauben, dass Jesus damit die Menschen von ihren Sünden befreit hat. Deshalb ist der Glaube an die Auferstehung so wichtig. Wer Christ sein möchte, muss sich taufen lassen.

Gebet und Gottesdienst: Das Vaterunser ist das wichtigste Gebet. Christen feiern ihren Gottesdienst in der Kirche.

Wichtige Personen: Der Priester oder Pfarrer berät und unterstützt die Gemeinde, leitet den Gottesdienst und unterrichtet Jugendliche.

Wichtige Feiertage: Ostern, Weihnachten. Der Sonntag ist der wichtigste Tag der Woche.

Der Islam

Heilige Schrift: der Koran

Daran glauben Muslime: Gott heißt Allah. Sein Gesandter ist Mohammed. Er hat den Koran aufgeschrieben.

Gebet und Gottesdienst: Muslime sollen fünfmal am Tag beten. Dabei knien sie auf Gebetsteppichen und verbeugen sich. Ihren Gottesdienst feiern Muslime in der Moschee.

Wichtige Personen: Der Imam liest beim Gottesdienst aus dem Koran vor. Er berät die Gemeinde und unterrichtet Jugendliche.

Wichtige Feiertage: Ramadan, Bai ram. Das Freitagsgebet das wichtigste der Woche.

---

3 Vergleiche die drei Religionen miteinander. Lege dazu eine Tabelle an. Markiere dann die Gemeinsamkeiten.

4 Recherchiere im Internet, was an den Feiertagen jeweils gefeiert wird.

Wähle einen der Arbeitsaufträge aus:

▶ Gestalte ein Plakat zu einer der Religionen.

▶ Führe ein Interview mit einem/einer Gläubigen aus einer der Religionen.

Sprachspeicher
das auserwählte Volk · den Gottesdienst feiern · eine
Gemeinde leiten · jemanden von Sünden befreien

Üben

Glaube und Religion im Mittelalter

Wie prägte der christliche Glaube das Leben der Menschen?

[1] *Das Jüngste Gericht*, Gemälde von Hans Memling, um 1470. (1) Jesus (2) Der Engel Michael (3) Himmelstür (4) Der heilige Petrus (5) Höllenfeuer

1 Beschreibe Bild [1]: Fange in der Mitte an, dann die linke und rechte Seite.
> Sprachspeicher

2 Stelle anhand von Bild [1] Vermutungen an: Welche Gefühle prägten das Leben der Menschen im Mittelalter besonders?

Der Glaube bestimmt das Leben

Die meisten Menschen im Mittelalter konnten nicht lesen. Nur wenige Kinder besuchten eine Schule. Über Jesus und die Bibel erfuhren sie im Gottesdienst. Sie besaßen keine Bücher und konnten nicht in der Bibel nachsehen. Viele Kirchen waren deshalb mit Geschichten aus der Bibel ausgemalt. Die Bider zeigten den Menschen auch, was mit ihnen passieren würde, wenn sie sich nicht an die Gebote der Bibel hielten.

Das Leben der Menschen war vom Glauben geprägt. Für alle wichtigen Ereignisse gab es ein religiöses Ritual*: für die Geburt, die Heirat und den Tod. Das Läuten der Kirchenglocken zeigte die Tageszeit an, denn Uhren besaßen die Menschen nicht. Christliche Feiertage waren die einzigen freien Tage im Jahr.

Im Glauben suchten die Menschen Erklärungen für Dinge, die sie nicht verstanden. Die Schöpfungsgeschichte der Bibel erklärte beispielsweise, wie die Welt aufgebaut und geordnet war. Die Menschen glaubten, dass Gott der Welt eine Ordnung gegeben habe. Jeder hatte darin seinen Platz, den er nicht verlassen durfte.

* *das* **Ritual**: eine feierliche Handlung, die man immer auf die gleiche Weise durchführt.

Sprachspeicher
1: Im Zentrum steht ... Es handelt sich um ...
In der Hand hält er ... Über ihm sieht man ...
Die Menschen links werden von Petrus ...

Wissen für wenige

Im Mittelalter kannten nur noch wenige Menschen das Wissen aus der Antike. Die Schriften der Griechen und Römer wurden in Klöstern aufbewahrt.

Mönche und Nonnen konnten lesen und schreiben, aber sie beschäftigten sich vor allem mit christlichen Texten. Die Bücher aus der Antike waren für sie „heidnisch", also nicht christlich. Sie gerieten deshalb in Vergessenheit.

In den Schreibstuben der Klöster kopierten Mönche und Nonnen die Bibel und andere religiöse Schriften. Sie schrieben sie von Hand ab, denn der Buchdruck war noch nicht erfunden. Ihre Werke verzierten sie mit aufwendigen Malereien.

3 Erkläre, warum Bücher im Mittelalter selten und kostbar waren.

Hildegard von Bingen, eine Äbtissin und Gelehrte, schrieb im 12. Jahrhundert über die Ordnung der Welt:

Gott achtet bei jedem Menschen darauf, dass sich der niedere Stand nicht über den höheren erhebe [...].

Und wer steckt all sein Vieh zusammen in einen Stall: Rinder, Esel, Schafe [...]? Da käme alles übel durcheinander! So muss man darauf achten, dass nicht alles Volk in eine Herde zusammengeworfen werde.

Es würde sonst eine böse Sittenverwilderung* einreißen, da man sich im gegenseitigen Hasse zerfleischen würde, wenn der höhere Stand zum niedrigen herabgewurdigt* und dieser zum höheren aufsteigen würde.

Gott teilt sein Volk auf Erden in verschiedene Stände, wie die Engel im Himmel [...] Und Gott liebt sie alle.

[2] *Zit. nach Johannes Bühler: Die Kultur im Mittelalter,* Stuttgart (Kröner) 1954, S. 123

4 Lies die Quelle [2]. Arbeite Hildegards Argumente für die von Gott gegebene Ordnung heraus. › Sprachspeicher

[3] *Mönch in der Schreibstube,* Buchmalerei aus dem 15. Jahrhundert.

5 Betrachte das Bild [3]. Erkläre, was darauf zu sehen ist.

* die **Sitte:** eine anständige Verhaltensweise
herabwürdigen: abwerten

Wähle einen der Arbeitsaufträge aus:

▼ Arbeite wie ein Mönch: Such dir einen Text. Schreibe ihn ohne Fehler ordentlich ab und male ein passendes Bild dazu.

☒ Gestalte eine Mindmap zum Thema „Christlicher Glaube im Mittelalter".

☒ Sind die Argumente von Hildegard von Bingen zur göttlichen Ordnung [2] schlüssig? Bewerte ihre Aussagen, indem du eine Antwort an sie formulierst.

Was du noch tun kannst:

→ Besuche eine katholische Kirche in deinem Wohnort. Sieh dir die Bilder dort an. Vergleiche mit Bild [1].

Sprachspeicher
4: Hildegard vergleicht in ihrem Text ...
Sie warnt davor, dass ...
Deshalb sei es wichtig, dass ...

Wissen erwerben · in Vergessenheit geraten

Die Ausbreitung der Religionen in Europa

Gab es Begegnungen zwischen den Religionen?

Die Ausbreitung der Religionen

Im Europa des Mittelalters existierten die drei abrahamischen Religionen nebeneinander.

Das Judentum

 Die Juden hatten ursprünglich auf dem Gebiet des heutigen Staates Israel gelebt. Dieses Land wurde von den Römern erobert und zur Provinz gemacht. Im Jahr 66 n. Chr. wehrten sich die Juden gegen die Fremdherrschaft. Ihr Aufstand wurde 70 n. Chr. von den Römern niedergeschlagen und das größte Heiligtum der Juden, der Tempel, zerstört.

Viele Juden verließen daraufhin ihre Heimat und verteilten sich im ganzen Römischen Reich. Sie gründeten neue Gemeinden und hielten weiter an ihrem Glauben fest. Allerdings versuchten sie nur selten, weitere Menschen zu bekehren*. Deshalb blieb der jüdische Glaube meist auf die ausgewanderten Juden und ihre Nachkommen begrenzt.

Das Christentum

 Nachdem Jesus um 33 n. Chr. gekreuzigt worden war, verbreiteten seine Anhänger den neuen Glauben im ganzen Römischen Reich. Sie nannten sich Christen und gründeten viele neue Gemeinden. Zunächst wurden sie von den Römischen Kaisern verfolgt, doch das Christentum fand immer mehr Anhänger.

Im Jahr 391 n. Chr. erklärten die Kaiser es sogar zur Staatsreligion. Das bedeutete, dass alle anderen Religionen verboten wurden. Missionare* verbreiteten die Botschaft von Jesus in der ganzen damals bekannten Welt.

Der Übertritt zum Christentum war nicht immer freiwillig. Im Mittelalter setzten christliche Herrscher auch unter Androhung von Gewalt durch, dass Menschen den christlichen Glauben annehmen mussten.

Der Islam

 610 n. Chr. empfing der Prophet* Mohammed die Botschaft Gottes und gründete eine neue Religion. Der Islam fand bereits zu seinen Lebzeiten viele Anhänger in ganz Arabien. Nach seinem Tod verbreiteten seine Nachfolger den Glauben weiter. Sie eroberten ein Gebiet vom Atlantik bis nach Indien. Die Menschen in den unterworfenen Gebieten durften ihren alten Glauben meist behalten, wurden dann aber benachteiligt. Viele traten auch deshalb zum Islam über.

1 Vergleiche die Art und Weise, auf die sich die Religionen ausbreiteten.

Die Religionen begegnen sich

Das Christentum war in Europa die mächtigste Religion, da dort christliche Kaiser und Könige herrschten. Auch die Kultur war christlich geprägt.

Die meisten Menschen im Mittelalter verließen nie in ihrem Leben ihren Heimatort. Sie begegneten deshalb selten anderen Religionen. Mehr Berührungspunkte hatten die Menschen in den Städten und Gebieten rund um das Mittelmeer. Sie hatten jüdische Nachbarn und trafen Händler aus aller Welt.

In manchen Gebieten wie Spanien und Sizilien begegneten sich jüdische, christliche und muslimische Menschen häufiger. Meist blieb das Zusammentreffen friedlich, doch es gab auch gewalttätige Konflikte.

* **bekehren:** jemanden zum Übertritt in eine andere Religion bewegen

der **Missionar:** eine Person, die den eigenen Glauben unter Andersgläubigen verbreitet

der **Prophet:** ein heiliger Mann, der die Worte Gottes verkündet

---

Sprachspeicher
einen Aufstand niederschlagen · einen Glauben verbreiten ·
einen Glauben behalten · zu einer Religion übertreten ·
Gemeinden gründen · zur Staatsreligion erklären

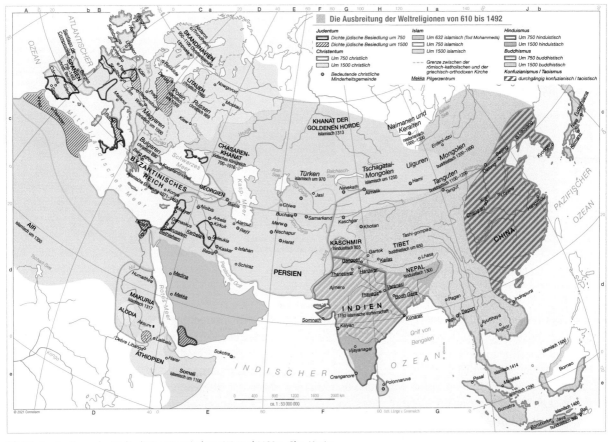

[1] *Die Ausbreitung der Weltreligionen zwischen 610 und 1492 n. Chr.,* Karte.

2 Nenne anhand der Karte Gebiete, in denen jeweils eine Religion vorherrschend war. Erstelle dazu eine Tabelle:

Judentum	Christentum	Islam
	...	...

3 Erkläre anhand der Karte, wo sich der Islam zwischen 632 und 1500 ausbreitete.

4 Nenne Gebiete, in denen sich zwei oder mehr Religionen begegneten.

Was du noch tun kannst:

→ Finde heraus, wo in der Welt die drei Religionen heute verbreitet sind.

Wähle einen der Arbeitsaufträge aus:

▼ Finde heraus, ob es in deiner Gegend Gotteshäuser der drei Religionen gibt. Stelle sie der Klasse vor.

▶ Erstelle einen Zeitstrahl, auf dem du wichtige Ereignisse für die drei Religionen einträgst. Nutze den Text und die Karte.

☒ Stell dir vor, du wärst im Mittelalter zum ersten Mal einem Andersgläubigen begegnet: Was hättest du gerne über seine Religion gewusst? Was hätte er geantwortet? Schreibe ein Gespräch. Nutze auch die Informationen von Seite 171.

> Sprachspeicher

Sprachspeicher
☒: Mich würde interessieren, ob...
Welche Vorstellung habt ihr von... ?
Müsst ihr in eurer Religion auch...

Üben

Zusammenleben in al-Andalus

Wie lebten Muslime, Christen und Juden in Spanien zusammen?

[1] *Ein Jude und ein Muslim beim Schachspiel.* Das Spiel lernten die Europäer von den Muslimen. Buchmalerei aus Spanien, 13. Jh.

[2] *Ein Christ und ein Muslim schließen Freundschaft.* Buchmalerei aus Spanien, 13. Jh.

1 Beschreibe Bild [1] und [2]. Welche Erwartungen hast du vom Zusammenleben in Spanien?

Spanien wird muslimisch

Im frühen Mittelalter wurde Spanien von christlichen Königen regiert. Währenddessen hatten muslimische Araber jedoch ganz Nordafrika erobert. Im Jahr 711 überquerte ein muslimisches Heer die Meerenge von Gibraltar und landete in Spanien. Innerhalb von drei Jahren gelang es ihm, fast das ganze Land einzunehmen. Sie nannten es „al-Andalus". Die christlichen Herrscher wurden in ein kleines Gebiet im Norden zurückgedrängt.

Nach der muslimischen Eroberung gelangten viele neue Techniken und Waren nach Spanien und von dort aus weiter nach Europa. Unter den Muslimen blühten die Wissenschaften und der Handel auf. So wurde Córdoba, die Hauptstadt der Kalifen*, im 10. Jahrhundert zur reichsten Stadt Europas und zu einem Zentrum für das Wissen. Gelehrte aus ganz Europa kamen in die Stadt, um zu diskutieren und in den riesigen Bibliotheken der muslimischen Herrscher zu lernen. Sie lasen die Schriften von Römern und Griechen, die dadurch nicht in Vergessenheit gerieten.

2 Nenne Folgen der muslimischen Eroberung.

Ein gleichberechtigtes Zusammenleben?

Unter der Herrschaft der Muslime wurden Christen nicht verfolgt. Sie durften weiter ihre Gottesdienste feiern. Allerdings war es ihnen verboten, Muslime zu bekehren und religiöse Feiern in der Öffentlichkeit abzuhalten. Außerdem mussten sie eine Sondersteuer bezahlen. Dasselbe galt für die Juden: Sie lebten schon seit der Römerzeit in großer Zahl in Spanien.

Das Zusammenleben der drei Religionen blieb meistens friedlich. Im Alltag arbeiteten Menschen aller Glaubensrichtungen zusammen, handelten und diskutierten miteinander. Allerdings war es für Juden und Christen schwierig, Karriere zu machen und im Land mitzubestimmen. Sie mussten sich an Kleidervorschriften halten, damit sie als Andersgläubige erkennbar waren. Ehen zwischen christlichen oder jüdischen Männern und muslimischen Frauen waren verboten.

* *der* **Kalif:** Titel der muslimischen Herrscher

3 Nimm Stellung zur Frage: Handelte es sich um ein gleichberechtigtes Zusammenleben?
4 Vergleiche die Aussagen im Text mit der Botschaft der Bilder [1] und [2].

Sprachspeicher
ein Land einnehmen · einen Gottesdienst feiern ·
jemanden bekehren · religiöse Feiern abhalten

[3] *Eroberung Spaniens durch die christlichen Könige*, Karte.

[4] *Muslime werden unter Zwang getauft*, Bild aus einer Kirche in Spanien, um 1512.

Das Ende der muslimischen Herrschaft

Die christlichen Könige im Norden Spaniens wollten die Herrschaft der Muslime nicht hinnehmen. Schon ab etwa 800 versuchten sie, ihr Herrschaftsgebiet zu vergrößern. Stück für Stück gelang es ihnen, die Muslime in den Süden zurückzudrängen. Ihren Kampf nannte man später häufig „reconquista", also „Rückeroberung", obwohl es vor den Muslimen nie ein zusammengehöriges christliches Spanien gegeben hatte.

Sowohl Christen als auch Muslime führten den Kampf mit großer Verbitterung. Beide riefen jeweils zu einem „heiligen" Krieg gegen die Ungläubigen auf. Den Christen kamen auch Kämpfer aus anderen Ländern Europas zu Hilfe.

1236 eroberte ein christliches Heer Córdoba. Das Gebiet der muslimischen Herrscher beschränkte sich jetzt nur noch auf die Stadt Granada und ihr Umland. Als Granada 1492 eingenommen wurde, war dies das Ende der muslimischen Herrschaft in Spanien.

5 Beschreibe die Eroberung Spaniens durch christliche Herrscher mithilfe von Karte [3].

Das Ende der Toleranz

Unter den christlichen Herrschern endete die Toleranz gegenüber anderen Religionen. Muslime und Juden mussten sich taufen lassen oder das Land verlassen. 1492 vertrieb man alle Juden und 1501 alle Muslime aus Spanien, die sich weigerten. Auch getaufte Muslime und Juden mussten weiter mit Verfolgung rechnen. Wer verdächtigt wurde, weiter seiner alten Religion anzuhängen, musste schwere Strafen fürchten. Eine eigene Behörde, die Inquisition, suchte und verfolgte solche Menschen.

6 Erläutere mithilfe des Textes, was auf Bild [4] zu sehen ist.

Wähle einen der Arbeitsaufträge aus:

▶ Recherchiere: Welche unserer Wörter stammen aus dem Arabischen? Suche nach „Lehnwörtern".

✗ Schreibe Regeln für ein tolerantes Zusammenleben aller Religionen auf.

✗ Juden und Muslime müssen Spanien verlassen. Schreibe ein Gespräch zwischen zwei Freunden unterschiedlichen Glaubens, die sich deswegen trennen müssen.

Sprachspeicher
das Herrschaftsgebiet vergrößern • zu einem Krieg aufrufen • sich taufen lassen • verdächtigt werden

Die Kreuzzüge

Warum kam es zum Konflikt zwischen den Religionen?

[1] *Der Papst ruft zum Kreuzzug auf.* Holzschnitt, um 1480.

[2] *Jesus führt die Kreuzfahrer,* Buchmalerei.

Der Papst ruft zum Kreuzzug auf

Jerusalem ist und war immer Ziel von friedlichen Pilgern. Seit dem 7. Jahrhundert stand die Stadt unter muslimischer Herrschaft. Zu Beginn des 11. Jahrhunderts hinderte ein muslimisches Reitervolk christliche Pilger daran, nach Jerusalem zu reisen. Der damalige Papst Urban II. nahm im Jahr 1095 die Situation zum Anlass, zum bewaffneten Kampf gegen die sogenannten „Ungläubigen" aufzurufen. Er behauptete: „Gott will es". Dieser Aufruf verbreitete sich in ganz Europa. Hunderttausende verließen ihre Dörfer und Städte. Sie nähten sich ein Kreuz auf ihre Kleidung. So nannte man sie Kreuzfahrer, die zu einem Kreuzzug aufbrachen.

1 Nenne die Ursachen für den Aufruf zum ersten Kreuzzug.

2 Lies und untersuche die Quelle [3]. Beantworte anschließend die folgenden Fragen:
- Wen spricht der Papst an?
- Mit welchen Argumenten versucht er seine Zuhörer zu überzeugen?

Ein Zuhörer, der Mönch Robert von Reims, gab 1107 die Rede Papst Urbans wieder:

Ihr Volk der Franken, ihr seid [...] Gottes geliebtes und auserwähltes Volk [...] Aus dem Land Jerusalem und der Stadt Konstantinopel kam schlimme Nachricht und drang schon oft an unser Ohr: [...] ein fremdes Volk, ein ganz gottfernes Volk [...] hat die Länder der dortigen Christen besetzt, durch Mord, Raub und Brand entvölkert und die Gefangenen teils in sein Land abgeführt, teils elend umgebracht [...]
Tretet den Weg zum Heiligen Grab an, nehmt das Land dort dem gottlosen Volk, macht es euch untertan! [...] Jerusalem ist der Mittelpunkt der Erde, das fruchtbarste aller Länder, als wäre es ein zweites Paradies [...] Schlagt also diesen Weg ein zur Vergebung eurer Sünden; nie verwelkender Ruhm ist euch im Himmelreich gewiss.

[3] *Zit. nach: Arno Borst, Lebensformen im Mittelalter.*
Ullstein, Frankfurt/Berlin 1979, S. 318 ff. bearb.

Sprachspeicher
zum Kampf aufrufen • zu einem Kreuzzug aufbrechen

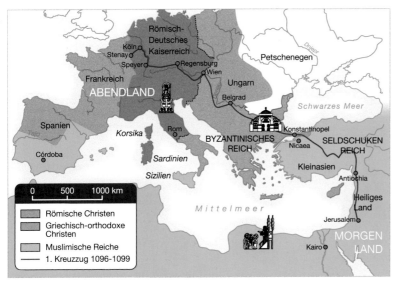

[4] *Erster Kreuzzug.* Karte.

[6] *Kämpfe in Jerusalem.* Illustration.

Ein weiter Weg nach Jerusalem

Ziel war es, Jerusalem zu erobern. Papst Urban sah aber auch darin die Gelegenheit, den Rittern eine Aufgabe zu geben. Zu dieser Zeit waren viele Ritter verarmt. Sie überfielen Dörfer und Bauernhöfe. Der Papst versprach ihnen nun die Vergebung ihrer Sünden, wenn sie Jerusalem erobern würden. Viele Ritter sahen in dem Kreuzzug auch die Chance auf Abenteuer und reiche Beute. Ganze Ritterheere brachen nun auf. Arme Bauern und Handwerker schlossen sich ihnen an.

Ein Mönch berichtet über die Kreuzfahrer und ihre Ziele:

Ihre Absichten waren verschieden. Einige Neugierige zogen los, weil sie neue Gegenden besuchen wollten. Andere zwang die Armut. Weil es bei ihnen zu Hause knapp zuging, kämpften sie, um der Armut abzuhelfen [...] Andere wurden von Schulden bedrückt oder wollten die ihren Herren geschuldeten Dienste verlassen oder hatten wegen Verfehlungen Strafen zu erwarten. Nur mit Mühe fand man Wenige, die eine heilige [...] Absicht hatten.

[5] *Würzburger Annalen 1147, übersetzt v. Verfasser*

3 Erkläre, aus welchen Gründen die Menschen am Kreuzzug teilnahmen.

Mord und Plünderungen

Nach jahrelangem Marsch, hohen Verlusten und großen Anstrengungen erreichte das Heer 1099 Jerusalem. Die Kreuzfahrer belagerten die Stadt und erstürmten sie. Sie töteten viele Einwohner der Stadt und richteten ein schreckliches Blutbad an. Dem ersten Kreuzzug folgten noch sechs weitere bis zum Jahr 1270.

Schließlich gelang es den Muslimen unter dem Sultan Saladin, Jerusalem zurückzuerobern. Dabei verzichtete er darauf, sich an den Kreuzrittern zu rächen.

4 Fasse mit eigenen Worten zusammen, wie es zum ersten Kreuzzug kam und wie die Kreuzzüge endeten.

Wähle einen der Arbeitsaufträge aus:

- ▼ Wie stellst du dir einen Kreuzfahrer vor? Zeichne oder beschreibe.
- ☒ Schreibe ein Interview mit einem Kreuzfahrer. Befrage ihn, warum er am Kreuzzug teilnimmt.
- ☒ Beschreibe und bewerte die Ziele der Kreuzritter anhand der Textquelle [5].

Sprachspeicher
die Vergebung der Sünden · eine Stadt belagern · ein Blutbad anrichten

Juden im Mittelalter

Warum gab es kein dauerhaft friedliches Zusammenleben?

[1] *Kaiser Heinrich VII. verleiht Juden einen Schutzbrief.* Buchmalerei, 14. Jh.

Zuerst zusammen …

Im Mittelalter gab es in vielen Städten Europas jüdische Gemeinden. Juden trugen dieselbe Kleidung wie die Christen, sie arbeiteten in denselben Berufen und sprachen dieselbe Sprache. Mit Sicherheit gab es Freundschaften und vielleicht sogar Ehen zwischen Juden und Christen.

Juden nahmen am Stadtleben teil und waren angesehene Mitbürger. Außerdem hatten sie Kontakte zu anderen jüdischen Gemeinden in ganz Europa. So konnten sie mit interessanten und seltenen Waren handeln, was manche von ihnen zu erfolgreichen Kaufleuten machte.

Auch die christlichen Herrscher bemerkten, dass viele Juden erfolgreiche Händler waren. Deshalb stellten einige von ihnen die Juden unter besonderen Schutz: Sie garantierten ihnen Sicherheit für ihr Leben und ihren Besitz und die Ausübung ihrer Religion. Außerdem erlaubten sie den Kaufleuten, sich frei im Land zu bewegen Den Schutz mussten die Juden allerdings selbst bezahlen. Die Kosten für diese Schutzbriefe waren sehr hoch.

1 Erkläre mithilfe des Bildes [1] und des Textes die Bedeutung der Schutzbriefe für die Juden.

… dann getrennt …

Das Zusammenleben blieb nicht immer friedlich. Mit der Zeit wurden die Juden an den Rand der städtischen Gesellschaft gedrängt. So mussten sie sich seit dem 12. Jahrhundert in der Öffentlichkeit mit einem spitzen Hut oder einem gelben oder weißen Symbol kennzeichnen. Sie durften nicht mehr überall in der Stadt wohnen, sondern nur noch in abgeschlossenen Judenvierteln, den sogenannten Ghettos. Auch konnten sie nicht mehr im Handwerk arbeiten, da sie nicht in die Zünfte aufgenommen wurden. Außerdem durften sie kein Land erwerben und konnten somit nicht in der Landwirtschaft tätig sein.

2 Erkläre, auf welche Weise die Juden ausgegrenzt wurden.

Sprachspeicher
am Stadtleben teilnehmen • jemanden unter den Schutz stellen • jemanden an den Rand der Gesellschaft drängen

[2] *Pogrom gegen Juden in Frankfurt*, Kupferstich von 1619.

... schließlich verfolgt ...

Da den Juden die meisten Berufe verboten wurden, konnten sie nur noch im Handel, als Steuereintreiber und Geldverleiher arbeiten. Christen durften kein Geld verleihen und dafür Zinsen verlangen. So kam es dazu, dass immer mehr Menschen Schulden bei Juden machten. Dadurch verloren die Juden an Ansehen und wurden für alles Schlechte verantwortlich gemacht. Sie wurden zu Sündenböcken.

... aber warum eigentlich?

Bereits während der Kreuzzüge kam es zu gezielten Überfällen auf jüdische Gemeinden. Die Kreuzfahrer hatten nicht nur einen Hass auf die Muslime, sondern auf alle Nicht-Christen. Den Juden wurde vorgeworfen, dass sie Schuld am Tod von Jesus hätten. Synagogen und Häuser der Juden wurden geplündert und angezündet, viele Juden ermordet. Die christlichen Nachbarn taten nichts gegen die Gewalt, teilweise beteiligten sie sich sogar daran und bereicherten sich.

Das gezielte und gewaltsame Vorgehen gegen die Juden nennt man Pogrom. In ganz Europa kam es immer wieder zu Pogromen.

Die Straßburger Chronik berichtet über die Pest im Jahre 1349:

Wegen dieser Pest wurden die Juden beschuldigt, sie hätten Gift in das Wasser und die Brunnen getan. Als nun in Straßburg alles Volk über die Juden ergrimmt war, versperrte man die Judengasse [...] Dann fing man sie und verbrannte sie auf einem hölzernen Gerüst. Wer sich taufen lassen wollte, durfte am Leben bleiben. Was man den Juden schuldig war, galt als bezahlt. Das Geld war auch die Ursache, warum die Juden getötet wurden. Wären sie arm und die Landesherren ihnen nichts schuldig gewesen, so hätte man sie auch nicht verbrannt.

[3] *Ehrlich, E. L.: Geschichte der Juden in Deutschland*, Düsseldorf 1981, S. 30

4 Erarbeite aus der Quelle [3],
- was den Juden vorgeworfen wurde,
- wie die Taten begründet wurden.

Wähle einen der Arbeitsaufträge aus:

☒ Schreibe Definitionen für diese Begriffe auf: Schutzbrief, Ghetto, Pogrom.

☒ Schreibe einen Bericht über das Zusammenleben von Juden und Christen.

Sprachspeicher
Geld verleihen · Zinsen verlangen

Methode Ein eigenes Urteil bilden

Im Geschichtsunterricht wirst du oft aufgefordert, etwas zu beurteilen oder zu bewerten. Urteilen bedeutet, dass wir eine Frage oder ein Problem diskutieren und dann dazu begründet Stellung nehmen. Im Fach Geschichte untersuchen wir oft Quellentexte und arbeiten die unterschiedlichen Aussagen, Argumente und Meinungen aus der Sicht der damaligen Menschen heraus. Das nennen wir „Sachurteil".

Danach können wir die Ereignisse aus heutiger Sicht bewerten. Dafür müssen wir die heutigen Wertmaßstäbe kennen und uns eine eigene Meinung über die Sache bilden. Das nennen wir auch „Werturteil".

Die folgenden Schritte helfen dir zu einer historischen Fragestellung begründet Stellung zu nehmen.

Leitfrage: War der Aufruf des Papstes zum Kreuzzug gerechtfertigt?

[1] *Der Papst ruft zum Kreuzzug auf.* Holzschnitt, um 1480.

1. Schritt	**Den Text lesen**

- Lest die Quelle einmal gründlich durch.

2. Schritt	**Informationen aus dem Text entnehmen**

Fragen zum Verfasser und zur Entstehungszeit
- Wer ist der Autor/die Autorin der Quelle?
- Wann und wo wurde die Quelle geschrieben?

Fragen zum Text
- Um welche Art von Text handelt es sich? (Tagebuch, Brief, Bericht, Rede, etc.)
- An wen ist der Text gerichtet?
- Worum geht es in dem Text?
- Was ist die Hauptaussage des Textes?

Sprachliche Formulierungshilfen /Tipps

Tipp: Ihr könnt dazu den Lese-Profi anwenden

Der Autor der Quelle ist …
Die Quelle wurde im Jahr … (Datum)
in … (Ort) geschrieben

Bei dem Text handelt es sich um …

Der Text richtet sich an …
Der Autor schrieb den Text vermutlich an …
In dem Text geht es um …
Der Text handelt von …
Im Text wird behauptet, dass …
Die Hauptaussage des Textes ist, dass …
Der Autor vertritt die Meinung, dass …

3. Schritt — Die Textquelle deuten

- Welche Absicht des Autors wird im Text deutlich?
- Hat der Autor die Ereignisse, über die er berichtet, selbst erlebt?
- Welches Interesse verfolgt der Autor / was wollte der Redner erreichen?

4. Schritt — Ein Sachurteil bilden

- Wie hätten die Menschen in der Zeit, als die Quelle entstanden ist, die Leitfrage beantwortet?
- Wie hätten sie ihre Meinung begründet?

5. Schritt — Ein Werturteil bilden

- Wie beantwortest du aus heutiger Sicht die Leitfrage?
- Wie begründest du deine Meinung?

Zu den Schritten 4 und 5 hat sich Lisa Folgendes notiert:

Die ersten Kreuzfahrer:

Welche Handlungsmöglichkeiten hatten diese Personen?
> Sie folgten dem Aufruf des Papstes.
> Sie haben sich freiwillig dafür entschieden.
Welche Motive hatten sie?
> Sie hofften, dass ihre Sünden vergeben werden.
> Sie hofften, dass sie vielleicht zu Reichtum und Ruhm kommen. Welche Gesetze mussten die Personen befolgen?
> Sie hatten die Gesetze ihres Landesherrn zu befolgen.
> Als Christen befolgten sie das, was die Kirche ihnen lehrte.

Zum Schritt 5:
Aus heutiger Sicht kann man den Aufruf bzw. die Taten der Kreuzritter nicht rechtfertigen.
In unserer Demokratie gibt es Religionsfreiheit und alle Religionen sind gleichberechtigt.
Ich denke, dass (...)

Sprachliche Formulierungshilfen /Tipps

Der Autor hat die Absicht ...
Der Autor will die Menschen überzeugen, dass ...
Der Autor versucht das Ereignis zu rechtfertigen, indem er ...
Der Autor hat die Ereignisse persönlich erlebt / nicht erlebt ...
Der Autor schildert die Ereignisse mit einem Abstand von ... Jahren ...
Der Autor hat das Interesse ...
Der Autor/der Redner wollte erreichen, dass ...

Beispiel: Der Aufruf von Papst Urban II. zum Kreuzzug und Krieg war für viele Christen damals gerechtfertigt, weil ... Unter einem gerechten Krieg verstanden Christen dieser Zeit ...

Aus heutiger Sicht lässt sich die Frage so beantworten ... / Ich bin der Meinung, dass ...
Damals war es üblich, aber heute ...
Nach unseren heutigen Wertvorstellungen ...

1 Untersuche die Textquelle [3] auf Seite 178 nach diesen Methodenschritten. Beantworte die Leitfrage, in dem du ein eigenes Urteil formulierst.

☒ Wahlseite: Jüdische Jugendliche in Deutschland

1 Informiere dich auf dieser Seite über jüdische Jugendliche in Deutschland.
2 Präsentiere deine Ergebnisse in geeigneter Form in der Klasse.

[1] *Bei einem Treffen des Projekts „Meet a Jew", Foto, 2021.*

Juden heute in Deutschland

Etwa 200000 Menschen jüdischen Glaubens leben heute in Deutschland. Sie werden in der Öffentlichkeit oft nicht wahrgenommen. Viele Mitmenschen haben keine Vorstellung vom Leben in der jüdischen Gemeinschaft. Manche begegnen Juden mit Vorurteilen oder sogar Ablehnung.

Jüdische Jugendliche in Deutschland leben ihren Glauben unterschiedlich streng. Einige halten sich fest an die Gebote, beten regelmäßig und besuchen die Synagoge. Andere feiern zwar die jüdischen Feiertage mit ihrer Familie, leben im Alltag aber nicht religiös. Für sie ist jüdisch zu sein trotzdem Teil ihres Lebens.

Meet a Jew

Das Projekt „Meet a Jew" („Triff einen Juden") möchte Jugendlichen helfen, sich ein eigenes Bild zu machen. So sollen Vorurteile abgebaut werden oder gar nicht erst entstehen. Über die Internetseite

können Schulklassen einen Termin vereinbaren. Zwei jüdische Jugendliche kommen dann zu Besuch, erzählen aus ihrem Leben und beantworten Fragen.

Warum Meet a Jew?

Jüdinnen und Juden sind Arbeitskollegen, Mitschülerinnen, Nachbarn. Wir sitzen nebeneinander in der Bahn oder stehen gemeinsam an der Supermarktkasse. Doch selten haben wir die Möglichkeit, bewusst miteinander ins Gespräch zu kommen. Deswegen gibt es Meet a Jew! [...]. Bei uns steht nicht die Geschichte im Vordergrund, sondern der lebendige Alltag [...] Ein persönlicher Austausch bewirkt, was hundert Bücher nicht leisten können. Lassen Sie uns miteinander, statt übereinander reden!

[2] *Text auf der Internetseite von „Meet a Jew"*

Tipps für die Erarbeitung
- Informiere dich im Internet über „Meet a Jew".
- Schreibe Fragen auf, die du beim Gespräch stellen würdest.

Tipps für die Präsentation
- Stelle deiner Klasse das Projekt vor.
- Diskutiert, ob ihr das Projekt für sinnvoll haltet.

1 Informiere dich auf dieser Seite über muslimische Jugendliche in Deutschland.
2 Präsentiere deine Ergebnisse in geeigneter Form in der Klasse.

Muslime in Deutschland

Die erste größere Gruppe von Menschen mit muslimischem Glauben kam ab 1961 nach Deutschland. Damals wuchs die deutsche Wirtschaft schnell und es wurden Arbeitskräfte gebraucht. Deutschland schloss deshalb Verträge mit Ländern wie der Türkei, die es den Menschen dort ermöglichte, nach Deutschland zu kommen und hier zu arbeiten. Viele muslimische Jugendliche sind Enkel dieser „Gastarbeiter". Sie sind selbst jedoch in Deutschland geboren.

Weitere Menschen muslimischen Glaubens kamen seit den 1990er Jahren nach Deutschland. Sie flohen oft vor Kriegen in ihrer Heimat, etwa im Kosovo, Syrien und Afghanistan. Heute leben etwa 5,5 Millionen Muslime in Deutschland. Sie sind nach der evangelischen und der katholischen Kirche die drittgrößte Glaubensgemeinschaft. In vielen Städten findet man muslimische Gemeinden und Moscheen.

Muslimisch sein im Alltag

Im Islam gibt es keine Organisation, die festlegt, wie man glauben und sich verhalten soll. Deshalb erleben Jugendliche den Islam ganz unterschiedlich – je nach Herkunftsland der Familie und ihrer Tradition. Im Alltag begegnen ihnen manchmal Vorurteile und Unverständnis.

Einige muslimische Jugendliche berichten über ihre Erfahrungen:

„Im Fernsehen wird oft negativ über den Islam berichtet. Man erfährt zum Beispiel, dass Anschläge in seinem Namen verübt werden oder man Menschen unterdrückt. Ich habe das Gefühl, dass ich deshalb manchmal verdächtigt werde und mich rechtfertigen muss. Dabei habe ich damit gar nichts zu tun." – Hakim, 15 Jahre

„Manche Lehrer wissen gar nicht, wann die islamischen Feiertage sind - oder dass ich während des Monats Ramadan faste. Sie nehmen keine Rücksicht. Ich trage als Mädchen kein Kopftuch. Meine Familie verlangt es nicht von mir und ich möchte es auch selbst nicht. Manche muslimische Freunde sind strenger erzogen und machen mir deshalb Vorwürfe." – Amira, 16 Jahre

Tipps für die Erarbeitung
- Notiere Zahlen und Fakten zur Geschichte der Muslime in Deutschland.
- Notiere die Probleme und Erfahrungen der Jugendlichen.

Tipps für die Präsentation
- Diskutiert in der Klasse, wie man Vorurteile gegenüber Muslimen abbauen könnte.

⊠ Wahlseite: Christliche Jugendliche in Deutschland

1 Informiere dich auf dieser Seite über das Leben von christlichen Jugendlichen in Deutschland.
2 Präsentiere deine Ergebnisse in geeigneter Form in der Klasse.

[1] *Taufe in einer Kirche*, Foto.

[2] *Ein Jugendlicher bei der Firmung*, Foto.

Christen in Deutschland

In Deutschland gehört ungefähr die Hälfte der Menschen einer christlichen Kirche an: die katholische Kirche hat 22 Millionen Mitglieder und die evangelische Kirche 20 Millionen.

Wie wird man Christ?

Um Christ zu werden, muss man sich taufen lassen. Die Taufe findet während eines Gottesdienstes statt. Dabei bekommt man als Symbol etwas Wasser auf den Kopf geschöpft. Außerdem spricht
5 man laut aus, dass man an Gott und Jesus glaubt.

[3] *Kinder und Jugendliche bei einer Prozession zum Feiertag Fronleichnam*, Foto.

In Deutschland werden viele Christen bereits als Baby getauft. Da sie dabei noch nicht selbst ihren Glauben bekennen können, übernehmen das an ihrer Stelle Paten. Diese Paten werden von den El-
10 tern ausgewählt und sind oft Verwandte oder gute Freunde der Familie.

Selbst entscheiden

Jugendliche und Erwachsene können selbst entscheiden, ob sie Mitglied der Kirche sein wollen. Wer als Baby getauft wurde, kann sein Bekenntnis zur Kirche und damit den Wunsch, Mitglied in der
5 Kirche zu sein, slbst noch einmal aussprechen.

Deshalb gibt es in der evangelischen Kirche die Konfirmation und in der katholischen Kirche die Kommunion und die Firmung. In einem festlichen Gottesdienst bekräftigt der Jugendliche das Tauf-
10 bekenntnis, das seine Paten für ihn gesprochen haben und wird so zum Mitglied der Kirche.
Wenn man nicht mehr zur Kirche gehören möchte, kann man austreten. Für bestimmte Anlässe muss man aber Mitglied der Kirche sein, z.B. wenn man in einer Kirche heiraten oder nach dem Tod ein
15 christliches Begräbnis haben möchte.

Tipps für die Erarbeitung
• Plane ein Interview mit einem Mitschüler über seine Kommunion oder Konfirmation.

Tipps für die Präsentation
• Nimm das Interview auf Video auf und präsentiere es in der Klasse.

1 Informiere dich auf dieser Seite über den Ursprung der Religionen.
2 Präsentiere deine Ergebnisse in geeigneter Form in der Klasse.

Christentum	Buddhismus	Islam	Shinto

Daoismus	Hinduismus	Judentum	Sikhismus

[1] *Symbole der großen Religionen*, Illustration.

Was bedeutet Religion?

Das Wort Religion kommt aus dem Lateinischen und bedeutet „Verehrung" oder „Ehrfurcht". Alle Religionen verbindet der Glaube an etwas Übernatürliches oder eine höhere Macht, die das Schicksal der Menschen beeinflusst. Das kann ein einziger Gott sein, aber auch mehrere Götter, Geister oder die eigenen Vorfahren. Manche Religionen wie der Buddhismus verehren keine Götter, sondern glauben an die Wiedergeburt.

Religionen fordern vom einzelnen Menschen ein Leben nach bestimmten Vorstellungen. Von Religion spricht man immer, wenn größere Gruppen von Menschen eine gemeinsame Vorstellung teilen.

In den meisten Religionen gibt es Vermittler zwischen Gott und den Menschen: Das können Priester, Mönche oder Vorsteher einer Gemeinde sein. Sie haben sich besonders intensiv mit den Schriften auseinandergesetzt und erklären sie den Gläubigen.

Die großen Fragen

Das Leben der Menschen ist nicht immer einfach. Deshalb stellen sie sich seit Jahrtausenden die gleichen Fragen: Wie können wir richtig leben? Was ist richtig oder falsch? Was ist gut oder böse? Was ist der Sinn des Lebens? Was geschieht nach dem Tod? Religionen helfen dabei, Antworten zu finden. Sie zeigen auf, was richtig ist. Außerdem spenden sie Trost und geben Halt. In den heiligen Schriften können die Gläubigen lesen, wie Menschen sich verhalten haben, die Ähnliches erlebt haben. Gott oder die Götter sind Ansprechpartner und haben ein offenes Ohr für die Anliegen der Gläubigen.

Viele Menschen, viele Religionen

Menschen auf der ganzen Welt haben oft dieselben Fragen an das Leben. Im Laufe der Geschichte haben sie manchmal ähnliche, manchmal aber auch unterschiedliche Antworten auf die großen Fragen gefunden. Das hat zur Entstehung vieler Religionen geführt.

Heute gehören allerdings auch viele Menschen gar keiner Religionsgemeinschaft mehr an. In Deutschland sind das ungefähr 35 Millionen Menschen.

Tipps für die Erarbeitung
- Wähle eine der Fragen aus und finde heraus, welche Antwort die Religionen darauf geben.
- Informiere dich über eine der Religionen aus Bild [1].

Tipps für die Präsentation
- Stelle eine der großen Fragen in der Klasse und findet gemeinsam eine Antwort darauf.
- Stelle eine Religion vor.

Das kann ich!

Versuche zunächst, die Aufgaben auf dieser Doppelseite zu lösen, ohne im Kapitel nachzusehen. Wenn du Hilfe brauchst, kannst du bei den Aufgaben auf den in Klammern angegebenen Seiten nachschlagen.

[1] *Heilige Orte in Jerusalem*, Fotos.

der Imam   *der* Prophet   *der* Ramadan   *der* Kalif   *der* Koran

[2] *Begriffe aus der islamischen Religion*

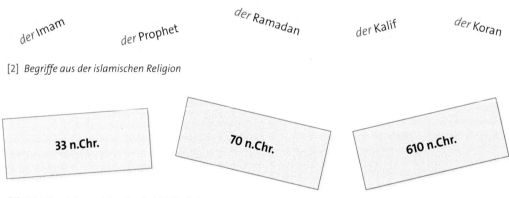

33 n.Chr.   70 n.Chr.   610 n.Chr.

[3] *Wichtige Jahreszahlen der drei Weltreligionen*

	Judentum	Christentum	Islam
Heilige Schrift			
Gebetshaus			
Gebetstag			
Festtage			
Sonstiges			

[4] *Merkmale der drei Weltreligionen*

Der arabische Chronist Ibn al-Athir (1160-1233) berichtet über die Eroberung Jerusalems durch die Kreuzritter:

Die Franken [= Kreuzfahrer] nahmen Jerusalem von der Nordseite [...] ein. Die Einwohner wurden ans Schwert geliefert. Die Franken blieben eine Woche in der Stadt und mordeten. Eine Gruppe Einwohner suchte Schutz in Davids Bethaus [= der Synagoge], verschanzte sich dort und leistete einige Tage Widerstand. Nachdem die Franken ihnen das Leben zugesichert hatten, ergaben sie sich. Die Franken hielten den Vertrag.

In der Al-Aksa-Moschee töteten die Franken mehr als 70 000 Muslime. Aus dem Felsendom raubten sie mehr als 40 Silberleuchter [...] Die Flüchtlinge erreichten Bagdad. Sie flehten unter Tränen um Hilfe. Wegen des schweren Unglücks, das sie erduldet hatten, brachen sie sogar das Fasten [...] Die verschiedenen muslimischen Fürsten lagen damals im Streit, deswegen konnten die Franken das Land besetzen.

[5] *Zit. nach Gabrieli, F. (Hg.), Die Kreuzzüge aus arabischer Sicht, Zürich 1973, S. 49 f. Übers. v. Barbara von Kaltenborn-Stachau.*

Sachkompetenz

1 Benenne die Orte in Bild [1] und gib an, in welcher Religion sie verehrt werden (S. 170).

2 Finde für die Begriffe in [2] jeweils eine passende Erklärung. Schreibe sie in dein Heft (S. 173).

3 Beschreibe die Verbreitung der drei abrahamischen Religionen. (S. 177).

4 Notiere jeweils ein wichtiges Ereignis für eine Religion zu den Jahreszahlen in [3].

5 Übertrage die Tabelle [4] in dein Heft. Fülle sie mit den folgenden Begriffen und ergänze sie mit eigenen Angaben: *Ostern / Weihnachten/ Ramadan / Chanukka / Pessah / Bairam / Koran /Bibel / Thora /Freitag / Samstag / Sonntag / Kirche / Moschee / Synagoge* (S. 173).

6 Erläutere, was das Besondere am Zusammenleben in al-Andalus war (S. 178).

7 Beschreibe das Verhältnis von Juden und Christen im Mittelalter. Nutze die Überschriften: Zusammenleben – Trennung – Verfolgung (S. 182).

8 Erstelle einen Steckbrief zu den Kreuzzügen (S. 178).
Nutze folgende Überschriften:
Ursachen: ...
Anlass: ...
Beweggründe der Kreuzfahrer: ...
Folgen: ...

Methodenkompetenz

9 Du möchtest ein historisches Ereignis bewerten. Wie kannst du vorgehen? Benenne die fünf Schritte der Methode „Ein eigenes Urteil bilden" (S. 184).

10 Lies die Quelle [5].
- Wie beurteilt Ibn al-Athir die Eroberung Jerusalems? (Sachurteil)
- Wie beurteilst du die Eroberung Jerusalems aus deiner heutigen Sicht? (Werturteil)

Neue Welten, neue Horizonte

Abenteuer Seefahrt

Um 1500 begann das Zeitalter der Entdeckungen. Europäische Seefahrer stießen in unerforschte Welten vor. Sie suchten neue Seewege und unbekannte Länder. Wie veränderte sich das Leben der Ureinwohner dieser Länder nach der Ankunft der Europäer? Welche Folgen hatten solche Entdeckungen für die Menschen in Europa?

1 Beschreibe das Bild.
2 Versetze dich in die Lage eines dreizehnjährigen Schiffsjungen, der zum ersten Mal eine Seefahrt macht. Was könnte er gehofft oder gefürchtet haben?
3 Berichte, was du über Entdeckungen unbekannter Länder weißt.

Schauplatz Abenteuer Seefahrt

[1] *Ein Segelschiff um 1500*, Illustration

1. Beschreibe Bild [1] (Schiff, Menschen, Ladung).
2. Stelle Vermutungen an, was vor einer langen Schifffahrt alles an Bord gebracht werden musste.
3. Lest die Texte zu den Personen auf dem Schiff in verteilten Rollen vor.
4. Zähle auf: Was erwarten der Schiffsjunge, der Kapitän und der Bootsmann von der bevorstehenden Fahrt?

Der Schiffsjunge

„Meine erste Fahrt mit einem Schiff! Ich werde Abenteuer erleben und fremde Länder sehen! Ich bin sehr gespannt. Was da wohl auf uns zukommt? Hoffentlich werde ich nicht seekrank. Und hoffentlich geht das Schiff nicht unter. Ob wir auf andere Menschen treffen? Ich habe gehört, dass es Inseln gibt, auf denen Menschenfresser leben sollen. Die Seemänner erzählen von tagelangen Stürmen und Wellen, die höher sind als das Schiff selbst und es unter sich begraben. Und dann soll es riesige Meeresungeheuer geben, Kraken, größer als das Schiff, die das Schiff mit ihren Fangarmen umklammern und versenken können. Ich weiß nicht, ob ich das alles glauben soll ..."

Der Kapitän

„Ich werde unbekannte Länder entdecken. Dann werde ich reich und berühmt. Als Vizekönig vertrete ich dort den König und herrsche über das Land und die Menschen."

Der Bootsmann

„Ich muss wirklich an alles denken: Wasserfässer, Weinfässer, Hülsenfrüchte ... Außerdem brauchen wir einen Vorrat an Waffen und Munition. Niemand kann mir sagen, wie lange die Reise dauert und wann wir wieder Proviant aufnehmen können."

[2] Mit dem **Kompass** konnte der Steuermann prüfen, ob das Schiff in die gewünschte Richtung fuhr.

[3] Mit dem **Jakobsstab** konnte der Kapitän bestimmen, auf welchem Breitengrad sich das Schiff befand. Er maß dazu die die Höhe eines Sternes über dem Horizont.

[4] Mit dem **Lot** wurde ständig geprüft, wie groß der Abstand zwischen dem Schiffsboden und dem Meeresgrund war.

[5] Mit dem **Anker** machte man das Schiff am Meeresboden fest, wenn es gerade nicht fuhr. So konnte der Wind es nicht wegtreiben.

[6] Mit einer **Seekarte** musste jede Schiffsreise geplant werden.

Der Geistliche

„Gott segelt mit uns. Wir bringen den Unwissenden in fremden Ländern den wahren Glauben. Wir werden die Menschen taufen und ihre Seelen retten."

Der Soldat

„Hier in meiner Heimat habe ich nichts. Ich kann für einen Hungerlohn arbeiten. Hoffentlich finden wir auf der Reise Gold. Dann bekomme auch ich meinen Teil und es wird mir besser gehen.

5 Nenne die jeweiligen Geräte, die in den folgenden Situationen benötigt wurden.

a) Nach einem Sturm muss die Fahrtrichtung neu bestimmt werden.

b) Das Schiff ist nahe an einer fremden Küste. Es darf nicht auf Grund laufen.

c) Das Schiff hat sein Ziel erreicht. Es darf nun nicht vom Wind an die Küste getrieben werden.

d) Wenn das Schiff sein Ziel erreichen soll, muss es genau auf diesem Breitengrad bleiben.

e) Jede Reise muss gut geplant werden.

Wähle einen der Arbeitsaufträge aus:

▼ Fertige eine Liste der Dinge an, die mit an Bord des Schiffes kommen müssen.

▶ Schreibe eine Rede, die der Kapitän kurz vor dem Auslaufen vor der Mannschaft des Schiffes hält.
Starthilfe: *Männer! Unsere Reise beginnt...*

✉ Wähle eine Person aus der Schiffsbesatzung aus. Schreibe einen Brief an die Mutter oder an die Ehefrau. Was erwartet die Person von der Fahrt?
Starthilfe: *Meine liebe Frau, morgen in aller Frühe geht unsere Reise los...*

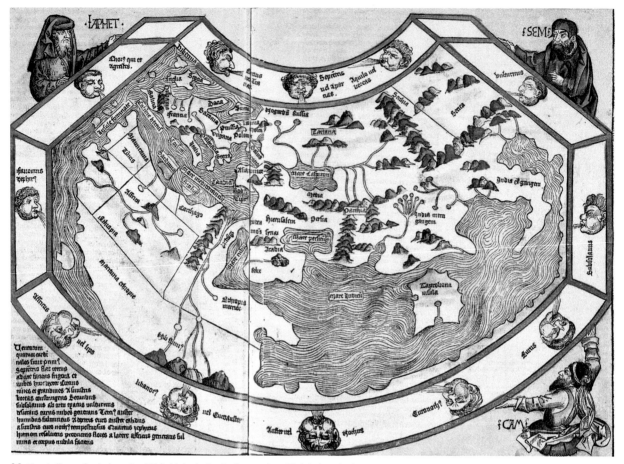

[1] *Darstellung der bekannten Welt*, historische Karte aus dem 15. Jahrhundert.

1 Beschreibe die Karte [1].
– Welche Länder, Kontinente und Meere kannst du benennen?
– Welche Erdteile fehlen auf der Karte?

Neues Denken verändert die Welt

Im Mittelalter bestimmte der christliche Glaube die Vorstellung der Menschen von der Welt. Sie versuchten Naturereignisse vor allem mithilfe der Bibel zu erklären. Um 1500 änderte sich das: nun wollten die Menschen die Welt und ihre Naturerscheinungen besser verstehen. Sie hinterfragten alte Lehren, forschten und experimentierten. Dabei machten sie neue Erfindungen: Zum Beispiel den Kompass, den Globus und das Fernrohr.

Mit einem neu entwickelten Schiffstyp, der Karavelle, konnte man fernab der Küsten über das offene Meer segeln. All das half den Menschen bei der Erforschung der Welt.

Entdeckungsfahrten ins Unbekannte

Die Menschen kannten zu dieser Zeit drei Kontinente: Europa, Afrika und Asien. Sie brachen auf zu Entdeckungsfahrten in unbekannte Länder. Ihre Seekarten zeichneten sie nach den Routen der Schiffe, die diese an den Küsten zurückgelegt hatten.

Von der Entdeckung neuer Gebiete versprachen sich die Seefahrer Reichtum und Ansehen. Der Handel mit exotischen Gewürzen wie Pfeffer oder Zimt konnte in Europa ein Vermögen einbringen.

Die Veränderungen durch das neue Denken und die Entdeckungen waren so groß, dass wir ab 1500 von der Epoche der „Neuzeit" sprechen, die auf das Mittelalter folgte.

2 Erkläre, wie sich das Denken um 1500 veränderte.
3 Begründe, warum die Menschen neue Länder und Seewege entdecken wollten.

▶ **um 1000 nach Christus**
Der Wikinger Leif Erikson betritt als erster Europäer amerikanischen Boden.

▶ **1453**
Die Osmanen erobern Konstantinopel.

▶ **1468**
Johann Gutenberg erfindet den Buchdruck mit beweglichen Lettern.

▶ **1492**
Martin Behaim fertigt den ersten Globus an.
Der Spanier Christoph Kolumbus landet auf einer Insel vor Amerika.

▶ **1498**
Der Portugiese Vasco da Gama umsegelt die Südspitze Afrikas und findet einen Seeweg nach Indien.

▶ **1519–1522**
Die Spanier erobern unter Hernán Cortés das Aztekenreich.
Eine Flotte des Kapitäns Fernando Magellan umrundet die Erde.

▶ **1531–1534**
Francisco Pizarro erobert das Reich der Inka für Spanien.

Neue Welten, neue Horizonte

SCHAUPLATZ
Abenteuer Seefahrt
S. 194–195

ORIENTIERUNG
S. 196–197

Eine neue Zeit beginnt
S. 198–199

WAHLSEITEN
Hochkulturen in Amerika, Die Azteken, Die Maya, Die Inka
S. 200–203

Die Suche nach einem Seeweg nach Indien
S. 204–205

METHODE
Historische Karten auswerten
S. 206–207

Die Zerstörung des Aztekenreichs
S. 208–209

Folgen für Mittel- und Südamerika
S. 210–211

Die Europäer und die Indigenen
S. 212–213

DAS KANN ICH!
S. 214–215

Eine neue Zeit beginnt

Wie veränderte sich das Weltbild der Europäer ab 1500?

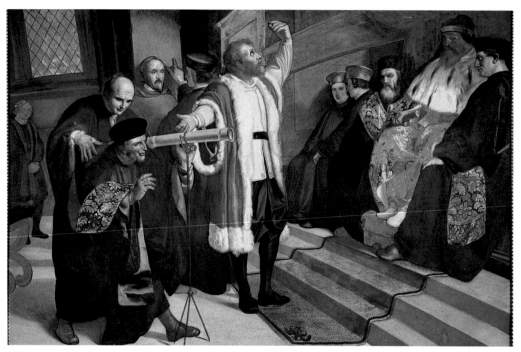

[1] *Galileo Galilei führt den Stadtherren in Venedig sein Fernrohr vor.* Wandmalerei, um 1820.

1 Beschreibe Bild [1]. Was könnte so interessant an dem Fernrohr gewesen sein?

Eine neue Sicht auf die Welt

Um 1500 wurden Bücher aus der Antike wiederentdeckt, in denen die Griechen und Römer ihre Erkenntnisse festgehalten hatten. Durch die neue Erfindung des Buchdrucks verbreiteten sie sich schnell in ganz Europa. Wir nennen diese Zeit heute die „Renaissance"*.

Gebildete Menschen begannen, Erklärungen zu hinterfragen, die Natur zu beobachten und genau zu beschreiben. Sie entdeckten Dinge, die uns heute selbstverständlich scheinen, zum Beispiel, wie das menschliche Herz funktioniert.

Der Mensch und seine Fähigkeiten standen nun im Mittelpunkt ihres Denkens. Statt nur zu glauben, sollte er selbst denken und alles hinterfragen. Er sollte nicht auf ein besseres Leben nach dem Tod hoffen, sondern die Welt durch vernünftiges Denken und Handeln verändern. Diese Sichtweise nennen wir „Humanismus".

Der niederländische Humanist Agricola schrieb 1472 an einen Freund:

Lass dir verdächtig sein, was du bisher gelernt hast. Verurteile alles und verwirf das, wofür du keine stichhaltigen Beweise findest.

Auf dem Glauben beruht die Frömmigkeit, die wissenschaftliche Bildung aber sucht stets nach Beweisen...

[2] *Thielen, P. G. u.a. (Hrsg.): Der Mensch und seine Welt Bd.2, Bonn 1974, S. 105*

2 Gib die Quelle [2] in eigenen Worten wieder.
3 Erkläre, wie sich Agricolas Denken von dem des Mittelalters unterscheidet.

* *die* **Renaissance:** französisch = Wiedergeburt, die Wiederentdeckung des Wissens der Antike

Sprachspeicher
Erkenntnisse festhalten ▪ Erklärungen hinterfragen ▪ im Mittelpunkt des Denkens stehen

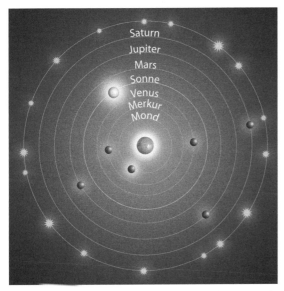

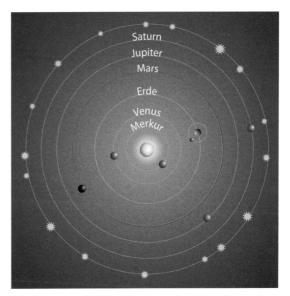

[3] *Das alte Weltbild: so stellten sich die Menschen den Lauf der Planeten im Mittelalter vor.*

[4] *Das neue Weltbild: so bewegen sich die Planeten nach Berechnungen von Kopernikus und Galilei.*

Eine erstaunliche Entdeckung

Der polnische Forscher Nikolaus Kopernikus (1473-1543) beobachtete den Nachthimmel und versuchte, den Lauf der Planeten zu verstehen.

Zu seiner Zeit waren die Menschen überzeugt, dass die Erde der Mittelpunkt des Weltalls sei. Sie dachten, dass der Mensch im Zentrum des Universums lebte, weil er Gottes Schöpfung war. Die Sonne und die fünf bekannten Planeten würden sich um die Erde drehen. Die Erde selbst bewege sich nicht.

Kopernikus kam zu einer anderen Ansicht. Er erkannte, dass sich die Erde wie alle anderen Planeten um die Sonne drehte. Als Kopernikus seine Erkenntnisse veröffentlichte, wurden sie von der Kirche verboten, da dieses neue Weltbild der Bibel und den Vorstellungen des Christentums widersprach.

4 Beschreibe mit [3] und [4] den Unterschied zwischen dem mittelalterlichen Weltbild und dem des Kopernikus.

5 Erkläre, inwiefern das Verhalten des Kopernikus der Aufforderung in Quelle [2] entsprach.

Galileo Galilei

Galileo Galilei (1564-1642) war ein italienischer Mathematiker und Forscher. Er entwickelte ein gutes Fernrohr, mit dem er sogar Berge auf dem Mond erkennen konnte. Durch seine Beobachtungen konnte er die Berechnungen des Kopernikus bestätigen.

Die Kirche drohte ihm mit Folter und zwang ihn, seine Aussagen zurückzunehmen. Dennoch setzte sich nach und nach das neue Weltbild mit der Sonne im Zentrum durch.

Auch für die Seefahrer waren die Erkenntnisse des Kopernikus und Galilei wichtig: Sie orientierten sich nachts an den Sternen. Durch die neuen Berechnungen wurde der Kurs ihrer Schiffe viel genauer.

Wähle einen der Arbeitsaufträge aus:

☐ Fertige ein Plakat an, auf dem das alte [3] neben dem neuen Weltbild [4] zu sehen ist.

☒ „Die Zeit um 1500 war ein Umbruch in der Geschichte." Nimm Stellung zu der Aussage.

☒ Gestaltet zu zweit ein Rollenspiel: Ein Mönch und ein Forscher diskutieren über das alte und neue Weltbild.

Sprachspeicher
seine Erkenntnisse veröffentlichen · den Vorstellungen widersprechen · jemandem mit Folter drohen

☒ **Wahlseite Hochkulturen in Amerika**

1 Informiere dich auf dieser Seite über Hochkulturen in Amerika vor der Ankunft der Europäer.
2 Präsentiere deine Ergebnisse in der Klasse.

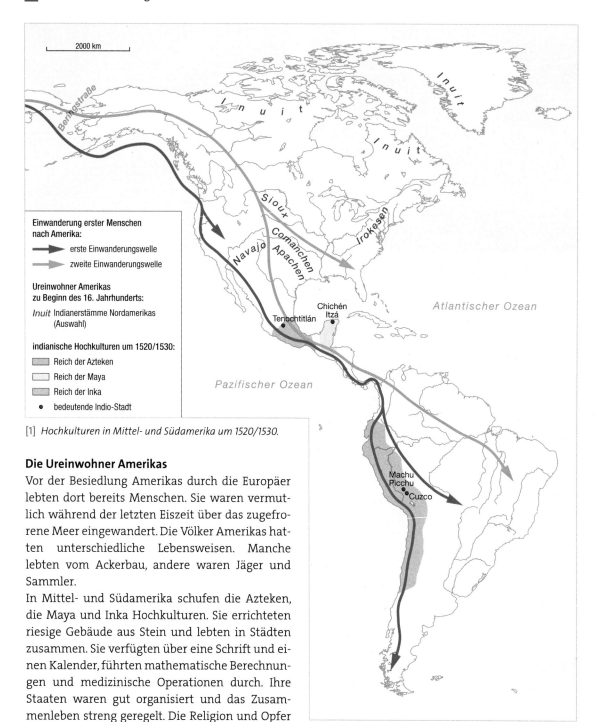

Einwanderung erster Menschen
nach Amerika:

➤ erste Einwanderungswelle

➤ zweite Einwanderungswelle

Ureinwohner Amerikas
zu Beginn des 16. Jahrhunderts:

Inuit Indianerstämme Nordamerikas
(Auswahl)

indianische Hochkulturen um 1520/1530:

▨ Reich der Azteken

▢ Reich der Maya

▨ Reich der Inka

• bedeutende Indio-Stadt

[1] *Hochkulturen in Mittel- und Südamerika um 1520/1530.*

Die Ureinwohner Amerikas

Vor der Besiedlung Amerikas durch die Europäer lebten dort bereits Menschen. Sie waren vermutlich während der letzten Eiszeit über das zugefrorene Meer eingewandert. Die Völker Amerikas hatten unterschiedliche Lebensweisen. Manche lebten vom Ackerbau, andere waren Jäger und Sammler.

In Mittel- und Südamerika schufen die Azteken, die Maya und Inka Hochkulturen. Sie errichteten riesige Gebäude aus Stein und lebten in Städten zusammen. Sie verfügten über eine Schrift und einen Kalender, führten mathematische Berechnungen und medizinische Operationen durch. Ihre Staaten waren gut organisiert und das Zusammenleben streng geregelt. Die Religion und Opfer an die Götter prägten den Alltag.

Tipps für die Erarbeitung

• Finde heraus, welche heutigen Länder auf dem Gebiet der Hochkulturen liegen.

Tipps für die Präsentation

• Zeige die Gebiete der Hochkulturen auf einer Wandkarte.
• Erkläre, warum es sich um Hochkulturen handelte.

1 Informiere dich auf dieser Seite über die Gesellschaft der Azteken.

2 Präsentiere deine Ergebnisse in der Klasse.

Der König

Der mächtigste Mann im Staat entstammt dem Adel. Er war gleichzeitig Herrscher über das Volk, Oberbefehlshaber aller Soldaten und oberster Priester. Seit 1502 war Moctezuma König der Azteken.

Der Adel

Die Adligen standen an der Spitze der aztekischen Gesellschaft. Sie trugen Kleidung aus Baumwolle sowie kostbare Umhänge und Schmuck.
Adlige besaßen viel Land, das von abhängigen Bau-
5 ern bearbeitet wurde. Die Söhne adliger Familien besuchten Schulen. Die besten Schüler wurden Krieger oder Priester. Die Krieger trainierten stän-dig für den Kampf. Priester konnten lesen und schrei-ben. Oberhaupt einer Adelsfamilie konnte nur
10 werden, wer im Krieg besonders erfolgreich war.

Die Bürger

Die meisten Menschen waren Bauern, Händler oder Handwerker, zum Beispiel Goldschmiede, Töpfer oder Edelsteinschleifer. Sie lebten in einfa-chen Häusern und waren an ihrer einfachen Klei-
5 dung aus Pflanzenfasern zu erkennen.
Eine besondere Rolle spielten die Fernhändler. Wer gute Geschäfte machte, konnte sehr reich werden. Die Fernhändler informierten den König über die Stimmung und die Situation in allen Teilen des Az-
10 tekenreiches und in fernen Ländern.

Die Sklaven

Auf die unfreien Sklaven sahen alle herab. Sklave wurde man als Kriegsgefangener, wenn man sei-nen Besitz verlor und in Armut geriet oder wenn man beim Diebstahl ertappt wurde.

[1] *Gesellschaftsgruppen der Azteken.* Heutige Rekonstruktionszeichnungen.

Tipps für die Erarbeitung
- Du kannst beim Lesen die Schritte vom Lese-Profi anwen-den. Was hast du über die Azteken erfahren?.

Tipps für die Präsentation
- Vergrößere die Abbildungen und zeige jeweils die gesell-schaftliche Gruppe, zu der du etwas vorträgst.

☒ Wahlseite Die Inka

1 Informiere dich auf dieser Seite über die Inka.
2 Präsentiere deine Ergebnisse in der Klasse.

[1] *Ruinen der Inka-Stadt Machu Picchu im heutigen Peru*, Foto. Ihre Bewohner verließen die Stadt nach der Eroberung des Inka-Reiches durch die Spanier.

Das Reich der Inka

Als die Europäer nach Südamerika kamen, regierten die Inka ein Gebiet, das dreimal so groß war wie Deutschland heute (Vgl. Karte, Seite 200). Zeitweise beherrschten die Inka 250 Völker und 9 Millionen Menschen.

Die von den Inka unterworfenen Völker mussten Tributzahlungen (Steuern) leisten, was häufig zu Unzufriedenheit und Unruhen führte. Die Inka kontrollierten ihr Reich mithilfe eines gut ausgebauten gepflasterten Straßennetzes, über das sie schnell Soldaten auch in weit entfernte Gebiete entschicken konnten. Aufstände konnten so schnell niedergeschlagen werden.

Das Leben der Inka

An den Hängen von Bergen bauten die Inka auf Terrassen etwa 20 verschiedene Mais- und 240 verschiedene Kartoffelsorten, aber auch Bohnen, Kürbis, Tomaten, Paprika, Kakao, Avocados, Papayas, Erd- und Cashewnüsse an. Trockene Gebiete wurden mit Hilfe von Kanälen bewässert, zu feuchte Gebiete entwässert und für die Landwirtschaft nutzbar gemacht.

Die Inka verehrten einen Sonnengott, dem als wertvollste Gabe auch Menschen geopfert wurden.

Die Zerstörung der Kultur durch die Spanier

In den Jahren 1531 bis 1534 eroberten die Spanier unter Francisco Pizarro das Reich der Inka. Sie wollten die Gold- und Silberschätze des Reichs für sich haben. Die Spanier töteten die Anführer der Inka und versklavten die Menschen. Das Reich der Inka und deren Hochkultur wurden nahezu vollständig zerstört.

Tipps für die Erarbeitung
- Lies den Text genau und notiere die wichtigsten Informationen über die Inka (Zusammenleben, Technik, Religion).

Tipps für die Präsentation
- Zeige das Reich der Inka auf einer großen Karte, nenne heutige Staaten auf diesem Gebiet. Nimm die Karte von S. 200 und einen Atlas zu Hilfe.

1 Informiere dich auf dieser Seite über die Maya.
2 Präsentiere deine Ergebnisse in der Klasse.

Die Hochkultur der Maya

Die Hochkultur der Maya hatte ihren Höhepunkt vor 900 n. Chr., lange bevor die Europäer den amerikanischen Kontinent für sich entdeckten.

Das Reich der Maya bestand aus einzelnen Stadtstaaten mit religiösen Prunkbauten wie Pyramiden. In den Städten lebten nach Schätzungen 30.000 bis 50.000 Menschen. Diese Stadtstaaten wurden jeweils von einem adligen Fürsten regiert.

Das Kunsthandwerk spielte eine wichtige Rolle in der Kultur der Maya. Ton, Jade, Muscheln, Holz, Stein und Knochen wurden fein verarbeitet.

Mathematik und Schrift waren weit entwickelt. Es gab über 800 Schriftzeichen, die heute zum Großteil entziffert sind.

In Sternwarten beobachteten die Maya den Himmel und entwickelten einen Kalender, der 365 Tag zu einem Jahr zusammenfasste.

Hauptnahrungsmittel der Maya war Mais. Um die große Bevölkerung der Städte zu versorgen, rodeten die Maya Flächen im Urwald, um dort Mais anzubauen. In unterirdischen Wasserspeichern wurden Wasservorräte für Dürrezeiten gesammelt. Aufwändige Kanalsysteme sorgten für eine notwendige Versorgung der Anbauflächen mit Wasser.

Der Regengott „Chac" wurde besonders verehrt, denn trotz der angelegten Wasservorräte waren die Maya auf ausreichende Regenfälle angewiesen.

Der Untergang der Hochkultur

Man geht davon aus, dass die großen Städte der Maya um das Jahr 900 n.Chr. infolge von Hungersnöten verlassen wurden. Vermutlich hatte es über einen längeren Zeitraum nicht geregnet. Deshalb waren die Ernten schlecht. Die Nahrungsversorgung der Städte brach zusammen.

[1] *Die Pyramide von Chitzén Itzá*, Foto. Auf der Plattform oben auf den Pyramiden bauten die Maya Tempel oder Altäre für die Ausübung ihrer Religion.

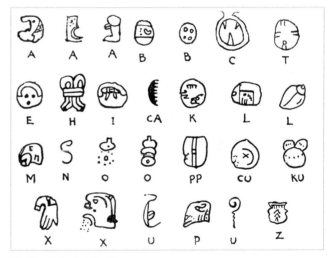

[2] *Das Alphabet der Maya*

Tipps für die Erarbeitung
- Lies den Text genau und notiere die wichtigsten Informationen über die Maya.

Tipps für die Präsentation
- Zeige das Reich der Maya auf einer großen Karte und nennt heutige Staaten auf diesem Gebiet.
- Schreibe ein Wort im Maya-Alphabet und stelle es vor.

Warum entdeckte Kolumbus Amerika?

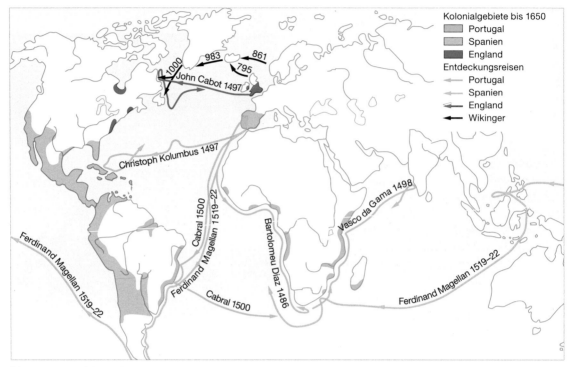

[1] *Entdeckungsfahrten der Europäer*, Karte.

1 Erstelle mithilfe der Karte [1] eine Liste der Entdeckungsfahrten und beschreibe ihren Weg.

Die Eroberung Konstantinopels

Europäische Kaufleute hatten lange Zeit regen Handel mit Süd- und Ostasien betrieben. Sie nannten diesen Erdteil damals „Indien". Die wichtigsten Handelswege verliefen von Europa über Konstantinopel nach Asien. Im Jahr 1453 eroberten die Osmanen Konstantinopel, das heutige Istanbul. Damit kontrollierten sie die Handelswege. Nun suchten die Europäer einen Seeweg nach Asien, um weiterhin an die wertvollen Gewürze, Stoffe, Gold und Silber zu kommen. Eine Möglichkeit war die Umseglung Afrikas. Doch dieser Weg war weit. Christoph Kolumbus wollte stattdessen nach Westen segeln und so Asien erreichen. Der italienische Kartenzeichner Toscanelli hatte diese Route zuvor berechnet. Dass zwischen Europa und Asien ein weiterer Kontinent lag, wusste man damals nicht.

Toscanelli schrieb um 1480 in einem Brief an Kolumbus:

Von deinem mutigen und großartigen Plan, auf dem Westwege […] zu den Ostländern zu segeln, nahm ich Kenntnis. […] Der geschilderte Weg ist nicht nur möglich, sondern wahr und sicher. Unzweifelhaft ist die Reise ehrenvoll und vermag unberechenbaren Gewinn und höchsten Ruhm in der ganzen Christenheit zu bringen. […] Eine derartige Reise führt zu mächtigen Königreichen […], die alles im Überfluss besitzen, was wir benötigen, auch alle Arten von Gewürzen in reicher Fülle sowie Edelsteine.

[2] *zit. n. Schmitt, E. (Hg.): Dokumente zur Geschichte der europäischen Expansion, Bd. 2, München 1984, S. 99.*

2 Arbeite aus der Quelle mögliche Gründe für die Reise des Kolumbus heraus.

Sprachspeicher
Handel treiben • Handelswege kontrollieren – eine Route berechnen

2: Toscanelli beschreibt die Reise als …
Er verspricht Kolumbus …
Ein Grund könnte für Kolumbus sein …

[3] *Landung des Kolumbus in Amerika,* Kupferstich von 1594. Über dem Bild steht: „Kolumbus, als er in Indien ankommen, wird von den Einwohnern mit großem Geschenk verehrt und begeistert aufgenommen."

3 Beschreibe die Darstellung der Spanier und der Ureinwohner in Bild [3].

4 Erkläre, was der Künstler den Betrachtern vermitteln wollte.

Kolumbus in der „Neuen Welt"

Kolumbus brach mit drei Schiffen auf, die er vom spanischen Königspaar erhalten hatte. Nach drei Monaten auf See erreichte er am 12. Oktober 1492 Land. Er war sich sicher, eine Insel vor Indien gefunden zu haben. In Wirklichkeit war er aber auf den Bahamas gelandet, einer Inselgruppe vor Amerika. Im Namen des spanischen Königs ergriff er Besitz von der Insel Guanahaní und gab ihr den Namen „San Salvador" (= heiliger Erlöser, also Jesus). Die Inselbewohner nannte er „Indios", also „Bewohner Indiens". In diesen Indigenen* sah er Ungläubige, die zum christlichen Glauben bekehrt werden mussten. In den Wochen darauf entdeckte Kolumbus noch weitere Inseln wie Kuba und Haiti.

* *die* **Indigenen:** die Nachfahren der ersten Siedler eines Landes. „Indigen" bedeutet „ursprünglich".

Kolumbus schrieb 1492 über die Inselbewohner in sein Bordtagebuch:

Die Eingeborenen sind ohne Zweifel gutmütig und sanft. Da ich ihre Freundschaft gewinnen wollte, gab ich einigen von ihnen ein paar bunte Mützen und Halsketten aus Glasperlen und andere Dinge von geringem Wert, worüber sie sich ungemein freuten. [...]
Sie sind gewiss hervorragende Diener. Sie haben einen aufgeweckten Verstand, denn ich sehe, dass sie sehr schnell alles nachsagen können, was man ihnen vorspricht.

[4] *Eggebrecht, A. (Hrsg.): Glanz und Untergang des alten Mexiko, Mainz 1986, S. 152*

Wähle einen der Arbeitsaufträge aus:

▼ Liste Gründe auf warum die Europäer Entdeckungsreisen unternahmen.

▶ Erkläre, warum die Europäer von der „Neuen Welt" sprachen. Beurteile den Begriff.

☒ Nimm Stellung zu den Aussagen des Kolumbus über die Indigenen in Quelle [4].

Sprachspeicher
Besitz von etwas ergreifen • zum christlichen Glauben bekehren

☒: Kolumbus beschreibt die Indigenen als ...
Er hält sie für ...
Aus heutiger Sicht ist das ...

Üben 🎮 ▶️ 🔊

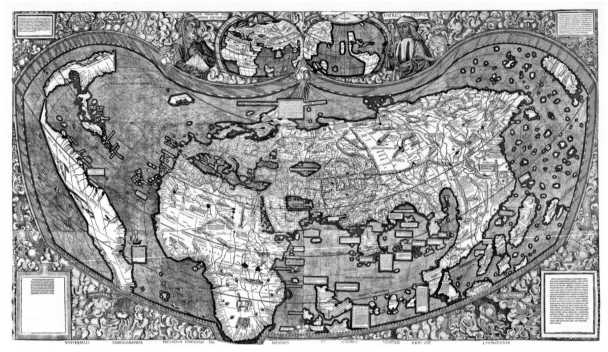

[1] *Weltkarte von Martin Waldseemüller, 1507. Größe: 128 x 233 cm. Damalige Auflage: 1000 Stück.*

Geschichtskarten und historische Karten

Im Geschichtsunterricht unterscheidet man zwei Arten von Karten: Geschichtskarten sind heute erstellte Karten, die Ereignisse oder Zusammenhänge aus der Geschichte zeigen. Sie sind wissenschaftlich richtig und haben einen korrekten Maßstab. Die Karten auf S. 200 und 204 sind Geschichtskarten.

Historische Karten sind Quellen aus der Vergangenheit. Was darauf zu sehen ist, muss nicht unserer heutigen Vorstellung entsprechen. Stattdessen zeigen sie uns die Perspektive des Zeichners. Sie geben Einblick in die damalige Wahrnehmung der Welt.

1 Untersuche die Karte [1]. Die Arbeitsschritte helfen dir bei der Auswertung.

Sprachliche Formulierungshilfen / Tipps

1. Schritt   Einen Überblick verschaffen

- Was ist auf der Karte dargestellt?
- Welche Dinge fallen dir auf?

Auf der Karte ist ... dargestellt.
Es fällt sofort auf, dass...
Mich verwundert, dass...

2. Schritt   Die Karte beschreiben

- Wann ist die Karte entstanden?
- Wer hat die Karte gezeichnet?

Die Karte ist im Jahr ... entstanden.
Die Karte wurde von ... gezeichnet.
Der Kartograph war ...
Die Karte hat den Titel ...

- Welcher geografische Raum ist dargestellt? (z.B. die Welt, Europa, die Mittelmeerregion)

Die Karte zeigt die Region/die Kontinente/...
Es handelt sich um eine Weltkarte/einen Stadtplan/....

- Welche weiteren Dinge sind zu sehen? (z.B. Symbole oder Texte, eine Legende)
- Welche weiteren Details sind wichtig? (z.B. die Größe der Karte, eine besondere Form ...)

Die Karte zeigt außerdem ...
Zu erkennen ist zudem ...
Die Karte hat eine Größe von ...
Die Karte ist rund/oval/rechteckig/...

3. Schritt   Die Karte erschließen

- Was zeigt die Karte? Was lässt sie aus? (Vergleiche mit einer heutigen Karte.)
- Entspricht der Maßstab der Länder und Meere unserer heutigen Kenntnis?

Die Karte unterscheidet sich von unseren heutigen Karten, denn sie ...
Es gibt aber auch Gemeinsamkeiten: ...
Zu erkennen sind ...
Die Formen der Länder sind...
Die Zeichnung von ... steht für ...
Es fehlt ...
Die Karte enthält keine Informationen zu ...
Folgende Kontinente sind nicht eingezeichnet: ...

4. Schritt   Die Karte deuten

- Was verrät die Karte über die Vorstellung ihres Zeichners von der Welt?
- Was weißt du über die Zeit der Entstehung der Karte? Welches Wissen hatten die Menschen, welches fehlte ihnen?

Die Karte zeigt ...
Die Karte macht deutlich, dass ...
Die Karte lässt erkennen, dass ...
Waldseemüller wusste, dass ...
Der Zeichner dachte, dass...
Die Karte baut auf Berichte von ... auf.
Im Vergleich zu älteren Karten ...

Im Vergleich zu unseren heutigen Karten ...
Die Karte stammt aus dem Jahr 1507. Erst 1492 wurde Amerika von den Europäern entdeckt. Zur Zeit Waldseemüllers wusste man vielleicht noch nicht, dass ...

5. Schritt   Weiterforschen und Fragen stellen

- Welche Fragen stellen sich dir nach der Untersuchung der Karte?
- Wie könntest du sie beantworten?

Interessant zu wissen wäre, ob ...
Ich würde gerne erfahren, ob ...

Die Zerstörung des Aztekenreichs

Warum kam es zum Untergang der Hochkultur der Azteken?

[1] *Markt in der aztekischen Hauptstadt Tenochtitlán,* heutige Illustration.

[2] *Spanier im Kampf gegen Azteken,* Buchmalerei eines indigenen Künstlers, 1585.

1 Beschreibe anhand von Bild [1] deine Eindrücke vom Leben in Tenochtitlán.

Das Leben der Azteken

Auf dem Gebiet des heutigen Mexikos lebten seit Jahrhunderten die Azteken. Ihre Hauptstadt Tenochtitlán hatten sie auf Inseln in einem See erbaut. Dort lebten über 100000 Menschen. Es gab riesige Gebäude aus Stein wie den 60 Meter hohen großen Tempel. Kanäle versorgten die Bevölkerung mit Trinkwasser. Regelmäßig trafen sich die Menschen auf Märkten, um ihre Waren anzubieten. Es gab Apotheken und Gasthäuser. Gelehrte führten einen Kalender und hielten wichtige Ereignisse mit einer Bilderschrift fest.

Die Azteken schufen eine Hochkultur. Sie verehrten viele Götter. Diese hatten sowohl menschliche als auch tierische Form. Ihr höchster Gott war Huitzilopochtli, der Gott der Sonne und des Krieges.

Das Leben im Aztekenreich war nicht immer friedlich. Die Azteken unterwarfen zahlreiche Völker und zwangen sie dazu, Abgaben zu bezahlen. Sie führten regelmäßig Kriege und brachten ihren Göttern die Kriegsgefangenen als Menschenopfer dar.

Die Spanier erobern das Aztekenreich

1509 brach der spanische Eroberer Hernán Cortés mit etwa 600 Soldaten von der Insel Kuba auf nach Mittelamerika. Die Spanier wollten das Land unterwerfen und den christlichen Glauben verbreiten. Außerdem vermuteten sie, dort Gold zu finden.

Die Völker, die von den Azteken beherrscht wurden, verbündeten sich mit den Spaniern. Sie griffen die Azteken gemeinsam an. Als die Azteken den Spaniern begegneten, sahen sie zum ersten Mal Menschen aus Europa. Sie kannten keine Rüstungen aus Eisen und keine Feuerwaffen. Auch Pferde hatten sie noch nie gesehen. Die Spanier waren ihnen deshalb militärisch überlegen.

Schließlich eroberten die Spanier das Aztekenreich. Wahrscheinlich starben dabei mehrere zehntausend Azteken. Die Spanier töteten viele aztekische Adlige und ihren letzten König. Auf den Ruinen Tenochtitláns gründeten sie eine neue Stadt - das heutige Mexiko City.

2 Fasse die Gründe der Spanier für die Eroberung Mittelamerikas zusammen.

3 Nenne Gründe für die Niederlage der Azteken.

Sprachspeicher
mit Trinkwasser versorgen · Waren anbieten · einen Kalender führen · einen Glauben verbreiten

[3] *Herrschaft der Spanier in Mexiko,* Wandgemälde aus den 1930er Jahren.

4 Beschreibe Bild [3]:
- Welche Arbeiten müssen die Eingeborenen verrichten?
- Wie behandeln die Spanier die Eingeborenen?

Die Spanier herrschen in Mexiko

Die Spanier hielten die Götter der Azteken für Teufel und verboten den Menschen, sie zu verehren. Sie zwangen die Bevölkerung, den christlichen Glauben anzunehmen. Tempel wurden abgerissen oder mit Kirchen überbaut. Die Kultur der Azteken wurde fast völlig zerstört.

Die Spanier ließen die Einheimischen als Sklaven im Bergbau und in der Landwirtschaft arbeiten, um Gold und Silber, Kakao, Kaffee, Tabak und Baumwolle zu gewinnen. Durch die harte Arbeit und schlechte Versorgung starben unzählige Menschen.

5 Erkläre den Bevölkerungsrückgang mithilfe des Textes und Bild [3].

6 Gib wieder, was de las Casas in Quelle [4] kritisiert.

Der Mönch Bartolomé de las Casas (1484-1566), berichtete dem spanischen König über die Behandlung der Einheimischen:

Ein königlicher Beamter erhielt 300 Einheimische als Arbeitskräfte zugeteilt. Nach drei Monaten hatte er durch die Arbeiten in den Gruben 270 davon zu Tode gebracht. Ihm blieben also nur 30 Arbeiter. Danach gab man ihm wieder 300 Menschen und noch mehr. Doch er brachte sie wiederum um. Und je mehr man ihm gab, desto mehr mordete er [...]. In drei oder vier Monaten starben mehr als 7000 Kinder, weil ihre Väter und Mütter in die Gruben geschickt wurden...

[3] *zit. n.: Strosetzky, C. (Hrsg): Der Griff nach der neuen Welt, Frankfurt/M 1990, S. 274.*

Wähle einen der Arbeitsaufträge aus:

- Liste die Gründe auf, die zum Untergang der Kultur der Azteken führten.
- Stelle Bild [3] einem Museumsbesucher vor. Beschreibe und erkläre, was zu sehen ist.
- Verfasse einen Zeitungsbericht, in dem du das Verhalten der Spanier bewertest.

Sprachspeicher
6: De las Casas berichtet in seinem Brief über ...
Er beschreibt, wie ...
Er kritisiert indirekt, dass ....

Folgen für Mittel- und Südamerika

Was änderte sich nach der Eroberung Mexikos?

[1] *Warenaustausch zwischen Amerika und Europa*, Grafik.

1 Sieh dir die Abbildung [1] genau an. Erstelle zwei Listen:
- Waren, die nach der Entdeckung Amerikas von Amerika nach Europa kamen.
- Waren, die nach der Entdeckung Amerikas von Europa nach Amerika gelangten.

Unbekannte Pflanzen und Tiere

Nach der Entdeckung Amerikas lernten die Europäer Pflanzen und Tiere des bisher unbekannten Kontinents kennen. Diese Pflanzen und Tiere hatte es bisher in ihrem Leben nicht gegeben. Kurze Zeit darauf begann auch die Verbreitung europäischer Pflanzen und Tiere in Amerika.

Zunächst entstand ein Handel mit den unbekannten Waren: Schiffe transportierten sie zwischen den Kontinenten.

Später wurden die Pflanzen auch auf dem jeweils anderen Kontinent angebaut und die Tiere gezüchtet.

Weitere Eroberungen und Missionierung

Spanier und Portugiesen drangen nach Südamerika vor und vergrößerten ihre Herrschaftsgebiete. Die Kulturen und Religionen der Ureinwohner wurden weitgehend zerstört. Auf Befehl der Könige von Spanien und Portugal kamen viele Geistliche mit den Eroberern aus Europa. Sie verbreiteten den christlichen Glauben bei den unterworfenen Völkern. Tausende von Menschen wurden zwangsweise getauft.

Die Eroberung eines anderen Landes sowie die Unterwerfung der dortigen Bevölkerung nennt man „Kolonialismus". Unterworfene Länder werden auch „Kolonien" genannt.

2 Erkläre den Begriff „Kolonialismus". Wie verhielten sich die Spanier in Mexiko?

3 Beurteile: Wie findest du das Vorgehen der Spanier? Begründe deine Meinung aus heutiger und damaliger Sicht.

Sprachspeicher
in ein Gebiet vordringen • das Herrschaftsgebiet vergrößern
• jemanden zwangsweise taufen

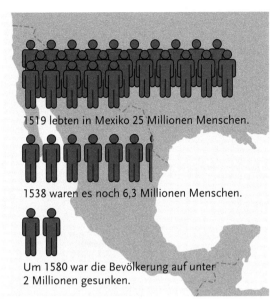

[2] *Entwicklung der Bevölkerung Mexikos 1519–1580.*

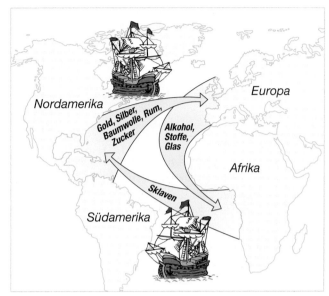

[3] *Dreieckshandel zwischen Europa, Amerika und Afrika,* Schaubild.

4 Erkläre Abbildung [2]. Nenne Gründe für die dargestellte Entwicklung.

5 Beschreibe die Karte [3]. Was bedeutet der Begriff „Dreieckshandel"?

Sklavenhandel

Weil die meisten Ureinwohner Amerikas an Überanstrengung und an den aus Europa eingeschleppten Krankheiten ums Leben gekommen waren, fehlten Arbeitskräfte. Sie wurden durch Sklaven aus Afrika ersetzt.

Von Europa segelten Schiffe an die Westküste Afrikas. Sie hatten Textilien, Glas oder Alkohol als Tauschwaren geladen. Diese Waren wurden bei afrikanischen Sklavenhändlern gegen Sklaven eingetauscht. Von Afrika brachten die Schiffe die Sklaven nach Mittel- und Südamerika. Dort wurden sie von den Spaniern und Portugiesen aufgekauft und als Arbeitskräfte ausgebeutet.

Von Mittel- und Südamerika wurden dann vor allem Edelmetalle wie Gold und Silber, aber auch Zucker, Kaffee und Tabak nach Europa gebracht und dort verkauft.

Dieser Dreieckshandel wurde vor allem von europäischen Kaufleuten organisiert und kontrolliert. Sie erzielten damit hohe Gewinne.

6 Zeichne ein einfaches Schaubild zum Dreieckshandel. Füge kurze Erklärungen hinzu.

Der Sklavenhandel zwischen Europa, Afrika und Amerika setzte sich lange Zeit fort. Auch in Nordamerika wurden später Afrikaner als Sklaven gehalten. Nach Schätzungen wurden etwa 30 Millionen Afrikaner nach Amerika verschleppt. Daher leben heute viele Nachkommen der Sklaven in Mittel- und Südamerika sowie in den USA.

Wähle einen der Arbeitsaufträge aus:

▼ Fertige eine große Zeichnung wie Abbildung [1] für den Klassenraum an.

▶ Erstelle eine Liste: Auf welche Nahrungsmittel müsstest du verzichten, wenn Amerika nicht entdeckt worden wäre? Nutze Abbildung [1].

☒ Verfasse einen Protestbrief an den König von Spanien: „Schluss mit dem Dreieckshandel!"
Starthilfe: „Eure Majestät! Ich möchte mich über etwas Schreckliches beschweren ..."

Sprachspeicher
Krankheiten einschleppen • Waren tauschen • den Handel organisieren / kontrollieren • Gewinne erzielen

Die Europäer und die Indigenen

Wie kann man das Handeln der Europäer in der „Neuen Welt" bewerten?

Die Sichtweise der Zeitgenossen
Schon bald nach der Eroberung Amerikas stritten sich in Spanien einige gebildete Menschen über die Behandlung der Einheimischen. Sie hatten die Herrschaft der Spanier teilweise mit eigenen Augen gesehen. Der Gelehrte Juan Ginés de Sépulveda und der Geistliche Bartholomé de las Casas hatten unterschiedliche Ansichten.

Sépulveda:
Die Einwohner Amerikas sind ungebildete Wilde. Sie haben keine Gesetze. Wenn wir über sie herrschen, ist das nur zu ihrem Besten, denn wir Europäer sind klüger. Gott hat uns dazu bestimmt. Wir haben die Aufgabe, diese Barbaren zu regieren, ihnen unsere Kultur und Religion zu bringen. Aus diesen faulen Menschen müssen wir zivilisierte* machen. Außerdem begehen die Wilden schreckliche Taten: Sie verspeisen Menschenfleisch, beten Dämonen an und opfern ihnen Menschen. Dem müssen wir ein Ende bereiten. Sie müssen an den wahren, an unseren Gott glauben.

de las Casas:
Die Eingeborenen können schnell lernen und unsere Sitten verstehen. Die meisten von ihnen sind sehr vernünftig. Sie leben in einer geordneten Gemeinschaft und haben gerechte Gesetze. Unsere Mönche haben ihnen die richtige Lebensführung beigebracht. Sie haben ihre alten Bräuche jetzt abgelegt.
Die Herrschaft der Spanier hat dagegen unzählige Menschenleben gekostet. So viele Menschenopfer haben die Eingeborenen niemals ihren Göttern gebracht. Die Schätze dieses Landes haben wir auf grausame Weise geraubt. Das Land haben wir uns widerrechtlich genommen, entvölkert, unfruchtbar gemacht und verwüstet.

1 Stelle gegenüber, wie Sépulveda und de las Casas die Indigenen beschreiben. Lege dafür eine Tabelle an:

Sépulveda	de las Casas
sie sind ungebildet ...	*sie lernen schnell ...*
barbarische Bräuche	*...*

2 Erkläre, was Sépulveda mit der Beschreibung der Indigenen bezwecken wollte.

3 Nimm Stellung zu den Aussagen von Sépulveda.

* **zivilisiert:** jemand, der sich an Regeln und Umgangsformen in der Gesellschaft hält

Sprachspeicher
2: Ich halte Sépulvedas Aussagen für ...
Seine Behauptungen sind ...
Man kann dem entgegenhalten, dass ...

[1] *In St. Paul (USA) wird eine Kolumbus-Statue von Demonstrierenden gestürzt. Mit dabei sind Nachfahren indigener Völker.* Foto, 2020.

[2] *Auf einer Demonstration gegen Kolumbus*, Foto, 2011.

4 Beschreibe die Fotos [3] und [4].

5 Stelle Vermutungen an, warum die Menschen auf den Fotos so handeln.

Das Erbe des Kolumbus

In vielen Ländern Amerikas wird der 12. Oktober heute noch als „Columbus-Day" gefeiert. An diesem Tag entdeckte Christoph Kolumbus die Insel Guanahaní vor Amerika. Menschen feiern das Zusammenleben der verschiedenen Kulturen in ihren Ländern. Seit den 1990ern kommt es dabei zu Kritik und Demonstrationen.

Kolumbus hat zwar nie das amerikanische Festland betreten. Als Entdecker Amerikas wird er aber als derjenige angesehen, der mit der Ausbeutung der „Neuen Welt" durch die Europäer begann und die Taten seiner Nachfolger erst möglich machte. In vielen Ländern Amerikas leben die Nachfahren der indigenen Bevölkerung in Armut und werden auch Jahrhunderte nach der gewaltsamen Eroberung ihrer Länder benachteiligt. Die Kritiker des Columbus Day fordern deshalb, nicht auf positive Weise an Kolumbus zu erinnern.

6 Fasse die Kritik am Columbus-Day zusammen.

Folgen des Kolonialismus am Beispiel Mexiko

In Mexiko leben heute rund 110 Millionen Einwohner. 14 % von ihnen sind Indigene, 75 % sind Nachfahren von Weißen und der Indigenen und 10 % Nachfahren der Europäer. Die Landessprache ist Spanisch. Es gibt aber auch noch 83 indianische Sprachen.

Die Nachfahren der Europäer bilden die Oberschicht. Sie besetzen wichtige Positionen in der Wirtschaft und Politik. Die Indigenen leben dagegen oft in Armut. Sie haben schlechtere Chancen für eine gute Ausbildung, Karriere und gesundheitliche Versorgung. Wissenschaftler denken, dass dies noch eine Folge des Kolonialismus ist. 2019 forderte der mexikanische Präsident Spanien auf, sich für seine Taten im 16. Jahrhundert zu entschuldigen.

Wähle einen der Arbeitsaufträge aus:

▸ Schreibe auf, was die Menschen in Bild [1] rufen könnten.

◪ Bewerte die Forderung des mexikanischen Präsidenten.

⊠ Nimm Stellung: Der Columbus-Day sollte weiterhin oder nicht mehr gefeiert werden.

Sprachspeicher
die Oberschicht bilden · Positionen besetzen

⊠: Ich halte seine Forderung für ...
Meiner Meinung nach sollte ...
Ich halte es für angebracht / nicht angebracht, dass ...

Üben

Das kann ich!

Versuche zunächst, die Aufgaben auf dieser Doppelseite selbständig zu lösen. Wenn du Hilfe brauchst, kannst du auf den in Klammern angegeben Seiten noch einmal nachsehen.

[1] *Wichtige Geräte der Seefahrt*, Illustrationen.

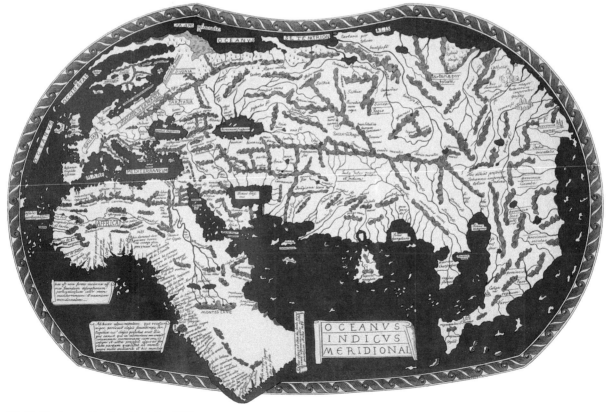

[2] *Weltkarte von Henricus Martellus, 1489.*

die Azteken   *die* Renaissance

der Kolonialismus   *der* Jakobsstab

Hernán Cortés   die Indigenen

[3] Begriffe und ihre Bedeutung

Im Bordtagebuch des Kolumbus heißt es über das erste Zusammentreffen mit den Indigenen:

Bald versammelten sich dort viele Leute der Insel. Ich gab einigen von ihnen Glasperlen und viele andere Dinge von geringem Wert, an denen sie großes Vergnügen fanden. Sie wurden unsere Freunde. Die Menschen waren anscheinend sehr arm. Alle gehen so nackt umher. Sie sind alle sehr gut gebaut, von sehr schöner Gestalt und mit sehr feinen Gesichtszügen. Ihr Haar ist dicht, fast wie das von Pferdeschwänzen, und kurz. Manche von ihnen malen sich mit Farben an. Sie kennen keine Waffen. Sie müssen gute Diener und begabt sein, weil ich sehe, dass sie alles sehr schnell wiederholen, was wir ihnen vorsprechen. Ich glaube, dass sie schnell Christen würden, weil mir scheint, dass sie keiner Sekte angehören. Ich werde bei meiner Abfahrt sechs von ihnen für den König mitnehmen, damit sie sprechen lernen.

[4] *Zit. nach Schmitt, E.: Nahe dem Großen Khan?, München 1992, S. 166 ff.*

Sachkompetenz

1 Benenne die wichtigen Geräte der Seefahrt in [1]. (S. 195).

2 Erläutere, wozu die Geräte der Seefahrt in [1] jeweils dienten. (S. 195).

3 Verfasse für die Begriffe und Namen in [3] eine passende Erklärung. Schreibe sie in dein Heft.

4 Erkläre die Begriffe „altes Weltbild" und „neues Weltbild". (S. 199).

5 Nenne Gründe, warum einige wenige Spanier das ganze Aztekenreich unterwerfen konnten. (S. 208).

6 Beschreibe die Folgen der Entdeckung Amerikas für die indigenen Völker. (S. 210).

Methodenkompetenz

7 Untersuche die Karte [2] mithilfe der Methode auf Seite 206.

8 Vergleiche Karte [2] mit der Waldseemüller-Karte auf Seite 206.

9 Erläutere mithilfe von [4] die Sicht der Europäer auf die Einheimischen (Aussehen, Verhalten, Zusammenleben).

Urteilskompetenz

10 Nimm Stellung: Sollte man von einer „Entdeckung" Amerikas sprechen? Berücksichtige die Sichtweise der Indigenen.

11 Bewerte das Verhalten der Europäer gegenüber den amerikanischen Ureinwohnern aus deiner Sicht.

Check

Geschichte betrifft uns / S. 22–23

Aufgabe 1
Zeitleiste: Damit kannst du die lange …
Epoche: Dieser Begriff kennzeichnet …
Quelle: Das ist ein Überrest oder eine …
Generation: Die Gesamtheit der Menschen, …
Zeitrechnung: Zeiteinteilung, um über Jahre …
Aufgabe 2 Richtig sind B, C, F.
Aufgabe 3 [4] Neuzeit [5] Mittelalter [6] Antike
Aufgabe 4 Richtige Ordnung: Urgeschichte – Frühe Hochkulturen (3000-500 v.Chr.) – Antike (500 v.Chr.-500 n.Chr.) – Mittelalter (500-1500 n.Chr.) – Neuzeit (seit 1500 n.Chr.) – Heute – Zukunft. Trage Christi Geburt beim Jahr 1 ein.
Aufgabe 5-7 eigene Lösungen

Kapitel 1 Auf den Spuren der frühen Menschen / S. 46–47

Aufgabe 1
Archäologe: Wissenschaftler, der….
Faustkeil: ein wichtiges Werkzeug aus Stein …
Höhlenbild: erste menschliche Kunstwerke …
neolithische Revolution: Übergang zwischen …
Sesshaftigkeit: Menschen bleiben an einem Ort …
Aufgabe 2 Es wurde wärmer, die Natur veränderte sich und Wildgetreide breitete sich aus. Menschen begannen, es auszusäen, zu ernten und zu lagern. Sie wurden sesshaft und hielten Tiere.
Aufgabe 3

	Altsteinzeit	Jungsteinzeit
Nahrung	Jagdtiere, Wild-pflanzen…	Getreide (Ackerbau), Milch und Fleisch von Haustieren
Kleidung	Häute von Wildtieren	Stoffe aus Wolle
Wohnung	Zelte aus Tier-häuten	Feste Häuser aus Holz, Stein …
Werkzeu-ge	Faustkeil, Holz-speere …	Äxte, Sicheln, ge-schliffene Steine, Tongefäße …

Aufgabe 4 Zuvor waren die Menschen Jäger und Sammler. Sie ernährten sich von Wildtieren und dem, was sie in der Natur fanden. Nach der Verbreitung wurde Getreide das Hauptnahrungsmittel. Au-ßerdem hielt man Tiere, um Milch und Fleisch zu gewinnen.
Aufgabe 5 Archäologen graben Funde vorsichtig aus und untersuchen sie. Sie bestimmen das Alter und die Funktion der Gegenstände, z.B. anhand von Jahresringen bei Holz oder mit der C-14-Methode.
Aufgabe 6 Man erfährt etwas über die Gewohnheiten und das Denken in früherer Zeit, z.B. Ernährung, Wohnen, Freizeit und Glauben.
Aufgabe 7 Die Gemeinschaft produzierte so viel Nahrung, dass nicht alle Menschen als Bauern tätig sein mussten. Sie spezielle „Berufen" wie Schmied ausüben. Händler verkauften ihre Waren weiter.
Aufgabe 8 eigene Lösung
Aufgabe 9 Das Schaubild zeigt dreimal die gleiche Fläche. Jäger benötigten das größte Gebiet, um sich zu ernähren. Mit der Viehzucht konnte man auf derselben Fläche mehr Menschen ernähren, mit dem Ackerbau am meisten. Allerdings sind andere Folgen für die Umwelt nicht berücksichtet (z.B. Verdrängung von Tierarten, Wasserverbrauch…).
Aufgabe 10 Metall war ein begehrter Rohstoff. Wer es verarbeiten oder verkaufen konnte, wurde reich und mächtig. Er konnte es gegen andere Waren tauschen.

Kapitel 2 Ägypten – eine frühe Hochkultur / S. 70–71

Aufgabe 1
Nil: Fluss in Ägypten
Pharao: König in Ägypten
Beamter: Schreiber, Staatsbediensteter
Papyrus: Pflanze, Grundlage für …
Pyramide: Grabmal von Pharaonen
Hieroglyphen: Heilige Zeichen …
Hierarchie: Gesellschaftsordnung …
Aufgabe 2 Die Gesellschaft war aufgebaut wie eine Pyramide. An der Spitze stand der Pharao, unter ihm der Wesir, darunter die Beamten und Schreiber. Die größte Gruppe waren einfache Menschen wie Händler, Bauern und Handwerker.
Aufgabe 3 Schlange und Geier: stehen für Ober- und Unterägypten; Krummstab und Geißel: Herrschaft und Schutz über das Volk; Bart: steht für die Verbindung zu den Göttern. Der Pharao musste z.B. die Ordnung im Land aufrechterhalten, das Land verteidigen und die Götter milde stimmen.
Aufgabe 4 Der Nil fließt durch die Wüste. An seinen Ufern lagerte sich fruchtbarer Schlamm ab. Dieser schmale Streifen wurde für den Ackerbau genutzt. Die Dörfer lagen am Rand.

Aufgabe 5 eigene Lösung

Aufgabe 6 Die Ägypter glaubten an ein Leben im Jenseits. Sie dachten, dass die Götter über Leben und Tod bestimmten. Deshalb wollten sie sie gnädig stimmen.

Aufgabe 7 z.B. die Bewässerung von Feldern, die Grundlagen der Mathematik, den Kalender mit 365 Tagen, die Schrift und das Papier.

Aufgabe 8 Mit der Schrift hielt man Vereinbarungen, Abgaben und Ernteerträge fest. Sie war wichtig, damit der Staat funktionierte.

Aufgabe 9 Das Bild ist eine Wandmalerei aus einem ägyptischen Grab. Zu sehen sind vier Personen: ein Mann (in der Mitte) mit einer stehenden Frau (links) und zwei kleinen Figuren. Der Mann schwingt einen Holzstock und hält einen Vogel fest. Er ist auf der Jagd. Es handelt sich um ein Familienbild des Mannes aus dem Grab. Er könnte es selbst in Auftrag gegeben haben.

Aufgabe 10 Der Nil tritt einmal im Jahr über die Ufer und lagert fruchtbaren Schlamm ab. Nur deshalb ist in Ägypten der Ackerbau möglich. Felder mussten jedes Jahr vermessen und die Flut vorhergesagt werden. So entstanden die Schrift und der Kalender...

Aufgaben 11 und 12 eigene Lösungen

Kapitel 3 Das antike Griechenland / S. 92–93

Aufgabe 1

Olympische Spiele: Sportwettkämpfe ...

Demokratie: Volksherrschaft ...

Hellenen, Hellas: eigene Bezeichnung ...

Polis: Stadtstaat ...

Metöken: Einwohner von Athen, die ...

Sklaven: unfreie Menschen ...

Aufgabe 2 Ein Stadtstaat im antiken Griechenland, der sich selbst verwaltete. Er beherrschte das Umland. Manche Einwohner besaßen Rechte als Bürger.

Aufgabe 3 Ich gehe jetzt zur Volksversammlung. Dort treffen sich alle Bürger der Stadt. Sie beraten über Politik, Krieg und Frieden und neue Gesetze. Nicht dabei sein dürfen Frauen, Sklaven und Menschen ohne Bürgerrecht.

Aufgabe 4 Es ist eine Tonscherbe, die beim Scherbengericht in Athen verwendet wurde. Alle Bürger konnten Namen auf Scherben schreiben. Der am meisten Genannte musste die Stadt verlassen.

Aufgabe 5 eigene Lösung

Aufgabe 6 z.B. Langlauf, Speerwerfen, Ringen, Wagenrennen, Faustkampf. Bis auf Wagenrennen gibt es heute noch alle.

Aufgabe 7 siehe Seite 84

Aufgabe 8 Die Gesellschaft Spartas hatte eine strenge Hierarchie wie eine Pyramide. Oben standen die Spartaner (Bürger Spartas), etwa 9.000 Personen, unter ihnen die 40-60.000 Perioken, die Bewohner des Umlands. Ganz unten standen die Heloten (140.-200.000 Personen), die wie Sklaven lebten. Nur die spartanischen Bürger hatten politische Rechte.

Aufgabe 9 Athen war vor allem eine Handels- und Seemacht. Es gab viele Künstler und Wissenschaftler. Bürger durften demokratisch mitbestimmen. Frauen besaßen kaum Rechte und kümmerten sich vor allem um Haushalt und Kinder. Sparta: fast alle Männer waren Krieger. Es gab eine strenge Kindererziehung. Frauen besaßen mehr Rechte und Freiheiten. Plutarch fordert, dass man Kinder nicht mit Gewalt, sondern mit Vernunft und durch sein eigenes Vorbild erziehen soll. Dies scheint heute noch vernünftig und modern.

Aufgabe 10 Griechische Demokratie (Athen): nur männliche Bürger sind wahlberechtigt und können Ämter übernehmen. Frauen, Metöken und Sklaven sind ausgeschlossen. Heutige Demokratie (Deutschland): Alle Bürger ab 18, auch Frauen, sind wahlberechtigt und können Ämter übernehmen.

Aufgabe 11 bis 13 eigene Lösung

Kapitel 4 Das Römische Reich / S. 122–123

Aufgabe 1 Gründungssage siehe S. 100; Erkenntnisse der Archäologen: Rom ist einige Jahrhunderte älter als die Sage erzählt (753 v.Chr.). Es wurde nicht von einer Person gegründet, sondern entstand aus mehreren Dörfern als Handels- und Marktort.

Aufgabe 2

Völkerwanderung: massenhaftes Eindringen...

Limes: befestigte Grenzanlage...

Legionar: römischer Soldat

Romulus: der Gründer Roms

Patrizier: Mitglied einer Adelsfamilie

Therme: öffentliches Bad

Plebejer: einfacher Bürger

Republik: Staatsform ohne König

Aufgabe 3 Das Reich erstreckte sich vom Atlantik bis zum Schwarzen Meer und von der Nordsee bis Nordafrika. Es umfasste den Mittelmeerraum, West- und Mitteleuropa und Vorderasien. Staaten: z.B. Frankreich, Spanien, Türkei.

Aufgabe 4: Gründe: Völkerwanderung (Eindringen bewaffneter Gruppen in das Reich, Eroberung von Provinzen), Teilung unter Diokletian, Bürgerkriege.

Aufgabe 5 Römer und Germanen standen sich teilweise feindlich gegenüber. Die Germanen wurden als wilde „Barbaren" angesehen. Andererseits trieb man auch Handel und hatte friedliche Kontakte.

Aufgabe 6 eigene Lösung; wichtige Daten: Gründungsjahr 753 v.Chr., Caesars Ermordung 44 v.Chr., Herrschaft des Augustus ab 30 v.Chr., Schlacht im Teutoburger Wald 9 n.Chr., Reichsteilung unter Diokletian 293 n.Chr., Christentum wird Staatsreligion 380 n.Chr., Eroberung Roms durch die Goten 410 n.Chr.

Aufgabe 7 siehe Methodenschritte Seite 110

Aufgabe 8 Cassius Dio [4] beschreibt die Germanen als friedlich, zivilisiert und interessiert an der römischen Lebensweise. Nur wegen der Unterdrückung der Römer hätten sie aufbegehrt.
Tacitus [4] beschreibt die Germanen als wild und ungezähmt. Sie ernährten sich von groben Speisen und lebten in Hütten. Beide Autoren sind Historiker, die sich an ein römisches Publikum richten.

Aufgabe 9 Republik: Mitbestimmung in der Volksversammlung; Wahl der Beamten; Frauen und Sklaven haben kein Stimmrecht. Der Senat und die Politik sind bestimmt von Patriziern (Adligen). Kaiserzeit: Der Senat und die Beamten sind unbedeutend geworden. Der Kaiser entscheidet weitgehend allein.

Aufgabe 10 Vater: Oberhaupt, bestimmt über Vermögen, Kindererziehung, Geschäfte. Frau: zuständig für Haushalt. Kinder: müssen sich dem Willen des Vaters unterordnen. Sklaven: ohne Rechte, gehören aber zur familia.

Kapitel 5 Lebenswelten im Mittelalter / S. 148–149

Aufgabe 1
Lehenswesen: Verhältnis von König und...
Grundherrschaft: Besitz von Land und...
Frondienst: Zwangsarbeit von Bauern
Stand: Rangordnung in der Gesellschaft
Ritter: berittener Krieger
Kloster: Hier lebten Mönche...
Vasallen: Gefolgsleute des Königs

Aufgabe 2 Lösung siehe Seite 131

Aufgabe 3 Karl führte Kriege gegen mehrere Feinde an den Grenzen (z.B. die Sachsen). Er zwang sie, das Christentum als einheitliche Religion anzunehmen. Die Grenzgebiete (Marken) sicherte er durch Befestigungen. Er reiste ständig herum, erließ Gesetze, setzte Verwalter ein und verteilte Land an Gefolgsleute.

Aufgabe 4 geschützte Lage, z.B. auf einem Berg; mehrere Mauerringe und Tore, Bergfried, Wohngebäude.

Aufgabe 5 Der Grundherr bot den Bauern Schutz vor Angriffen und stellte ihnen Land zur Verfügung. Dafür mussten sie ihm Abgaben und Dienste leisten (z.B. Teile der Ernte, Bäume fällen...)

Aufgabe 6 Hutten beschreibt das Leben in der Burg als ungemütlich (Enge, Gestank, Tiere...) und voller Sorgen. Heute stellen wir uns das Burgleben oft romantisch und gemütlich vor.

Aufgabe 7 eigene Lösung

Aufgabe 8 eigene Lösung; zurecht: z.B. wegen des großen Gebiets, das er eroberte und organisierte. zu Unrecht: z.B. weil er gewaltsame Kriege führte und Menschen zwang, seinen Glauben anzunehmen.

Aufgabe 9 Vorteile z.B.: mehr Sicherheit: Bauern müssen keinen Kriegsdienst mehr leisten und ihre Familie zurücklassen. Nachteile: sie sind unfrei, müssen Abgaben und Dienste leisten, dürfen nicht wegziehen.

Aufgabe 10 Nutze die Beispiele Mittelaltermärkte, Filme und Computerspiele.

Kapitel 6 Die Stadt im Mittelalter / S. 166–167

Aufgabe 1
Stadtherr: er regiert in der Stadt
Rathaus: prächtiges Bauwerk in der Stadt
Zunft: Zusammenschluss von Handwerkern
Marktordnung: Vorschriften, die...
Patrizier: die reichen Kaufleute...

Aufgabe 2 Marburg liegt an einem Fluss, besitzt eine Brücke und liegt unterhalb einer Burg. An diesen Orten wurden häufig Städte gegründet. Sie hatte eine Stadtmauer mit Türmen.

Aufgabe 3 Die Stadtgesellschaft war in Schichten gegliedert. Nicht alle hatten das Bürgerrecht.
Oberschicht: Patrizier, Bürgermeister
Mittelschicht: Handwerker
Unterschicht: Knechte, Mägde, Tagelöhner, Kleinhändler, Geldverleiher
unehrliche Berufe: Henker, Bettler, Straßenmusikanten

Aufgabe 4 Freie Wahl des Wohnorts, Befreiung vom Kriegsdienst; müssen Steuern zahlen und die Stadt verteidigen.

Aufgabe 5 Aufgaben: Bewachen der Stadt, Ausbesserung der Stadtmauer, Feuerwehr, Teilnahme an kirchlichen Festen. Die Tuchmacher wollen vielleicht ihre Bedeutung für die Stadt hervorheben.

Aufgabe 6 eigene Lösung; z.B. die Patrizier, die als Kaufleute Reichtum erwarben, oder die Zünfte, die zahlreiche Aufgaben übernahmen.

Aufgabe 7 eigene Lösung; heute finden wir es wichtig, dass alle mitbestimmen dürfen und gleichberechtigt sind. Dass nicht nur die Patrizier allein entschieden, war ein wichtiger Schritt in diese Richtung.

Kapitel 7 Religionen begegnen sich / S. 190–191

Aufgabe 1 A Felsendom (Islam), B Grabeskirche (Christentum), C Al-Aksa-Moschee (Islam), D Klagemauer (Judentum)

Aufgabe 2

Imam: ein Vorbeter...

Prophet: ein Gesandter Gottes...

Ramadan: der Fastenmonat...

Kalif: ein islamischer Herrscher

Koran: die heilige Schrift der Muslime

Aufgabe 3 Islam: arabische Halbinsel, Nordafrika, Vorderasien, Zentralasien; Christentum: Europa, Georgien, Äthiopien; Judentum: östlicher Mittelmeerraum, unzusammenhängende Gebiete in West- und Mitteleuropa.

Aufgabe 4 Ereignisse: 33 n.Chr. Kreuzigung Jesu (Christentum); 70 n.Chr. Zerstörung des Tempels in Jerusalem (Judentum), 610 n.Chr. Mohammed empfängt die Botschaft Gottes (Islam)

Aufgabe 5

	Judentum	Christentum	Islam
Schrift	Tora	Bibel	Koran
Gebetshaus	Synagoge	Kirche	Moschee
Gebetstag	Samstag	Sonntag	Freitag
Festtage	Chanukka, Pessah	Ostern, Weihnachten	Ramadan, Bairam

Aufgabe 6 Juden, Christen und Muslime lebten weitgehend friedlich und tolerant zusammen. Alle durften ihre Religion ausüben.

Aufgabe 7 Zusammenleben: in den Städten übernahmen Juden wichtige Aufgaben und sorgten für Wohlstand. Trennung: Juden wurden später gezwungen, in eigenen Stadtvierteln zu leben. Sie durften viele Berufe nicht mehr ausüben. Verfolgung: Juden wurden seit den Kreuzzügen und der Pest immer wieder verfolgt und vertrieben. Man gab ihnen die Schuld an negativen Ereignissen.

Aufgabe 8 Ursachen: Muslimische Herrscher verweigern Christen den Zugang nach Jerusalem; Anlass: Aufruf Papst Urbans II. 1095; Beweggründe: Versprechen des Papstes auf Vergebung ihrer Sünden; Land und Besitz durch Eroberung neuer Gebiete; Folgen: Gründung neuer Staaten, Kontakte mit Muslimen.

Aufgabe 9 siehe Seite 184

Aufgabe 10 Al-Athir beschreibt die Kreuzritter als grausame Schlächter und Räuber, die viele Menschen ermordeten. Er übertreibt mit seinen Zahlen allerdings.

Kapitel 8 Neue Welten, neue Horizonte / S. 214–215

Aufgabe 1 oben: Kompass, Jakobsstab; unten: Lot, Anker, Seekarte

Aufgabe 2 Kompass: Himmelsrichtung bestimmen; Jakobsstab: Breitengrad bestimmen; Lot: Wassertiefe bestimmen; Anker: Halt des Schiffes sichern; Seekarte: Orientierung

Aufgabe 3

Azteken: Hochkultur auf dem Gebiet...

Renaissance: Wiedergeburt...

Kolonialismus: Eroberung und...

Jakobsstab: Gerät aus der Seefahrt....

Hernán Cortés: Anführer der...

Indigene: ursprüngliche Einwohner eines Landes

Aufgabe 4 altes Weltbild: man dachte, Sonne und Planeten kreisen um die Erde; neues Weltbild: Erde und Planeten kreisen um die Sonne.

Aufgabe 5 Überlegene Waffen (Feuerwaffen, Schwerter aus Stahl), Rüstungen, Pferde; von den Azteken unterdrückte Völker halfen ihnen.

Aufgabe 6 Millionen starben durch eingeschleppte Krankheiten und Zwangsarbeit für die Europäer. Diese errichteten mit Gewalt eine Herrschaft und zwangen sie, Christen zu werden.

Aufgabe 7 eigene Lösung; zu sehen sind nur Europa, Afrika und Asien. Der Atlantik und Pazifik erscheinen sehr schmal. Amerika ist noch unbekannt.

Aufgabe 8 Auf der Karte Waldseemüllers ist Amerika bereits eingezeichnet, auch wenn die Größe des Kontinents noch nicht stimmt; seine Karte scheint viel detaillierter.

Aufgabe 9 Die Einheimischen werden als einfache Wilde dargestellt, die sich wie Kinder an Glasperlen erfreuen. Sie seien friedlich und gut als „Diener" geeignet.

Aufgabe 10-11 eigene Lösung

A

Adel, *der*: eine wohlhabende und führende Schicht der Gesellschaft, die eine Reihe von Vorzügen genoss; Adelstitel sind z. B. Fürst, Gräfin, Freiherr usw.

Alt|stein|zeit, *die*: Vor etwa zwei Millionen Jahren begann die Altsteinzeit. Sie endete mit der letzten Eiszeit um 8000 v. Chr. In dieser Zeit lebten die Menschen ausschließlich als Jäger und Sammler. Sie zogen in familienähnlichen Gemeinschaften von 20 bis 30 Personen umher. Ihre Geräte und Waffen stellten sie aus Steinen, Knochen und Holz her.

Antike, *die*: Zeitabschnitt nach der Frühgeschichte. Die Zeit der Antike beginnt mit Griechenland um ca. 1000 v. Chr. und endet um 500 n. Chr. mit dem Ende des Weströmisches Reiches.

Archäologie, *die*: eine Wissenschaft, die Überreste von Menschen aus früherer Zeit durch Ausgrabungen und Bodenfunde erforscht.

Aristokratie, *die*: Nach dem griechischen Wort aristoi (= die Besten) und kratein (= herrschen); Bezeichnung dafür, dass die Herrschaft in einem Staat von Angehörigen des Adels ausgeübt wird.

B

Beamte, *die*: beauftragte Verwalter des Königs, später des Staates, zum Erledigen staatlicher Aufgaben (Einzug der Steuern, Durchsetzung der Gesetze).

D

Demokratie, *die*: Nach den griechischen Wörtern demos (= Volk) und kratein (= herrschen); Bezeichnung für eine Staatsform, in der das Volk über die Politik eines Staates bestimmt. In vielen griechischen Stadtstaaten nahmen alle männlichen Bürger an den Beratungen und Beschlüssen der Polis teil. In den heutigen demokratischen Staaten dagegen wählen alle erwachsenen Männer und Frauen ein Parlament.

E

Eis|zeit, *die*: ein Abschnitt der Erdgeschichte mit niedrigeren Temperaturen als heute und kühlem bis kaltem Klima. Eiszeiten sind zusätzlich durch die Ausdehnung der Gletscher gekennzeichnet, die sich von Nordeuropa kommend immer weiter nach Mitteleuropa schoben. Die letzte Eiszeit endete vor etwa 12 000 Jahren. Die Zeiträume zwischen den Kaltzeiten nennt man „Warmzeiten".

F

Faustkeil, *der*: Er ist das älteste Werkzeug der Menschheit und wurde während der Altsteinzeit genutzt um z. B. Holz zu bearbeiten oder auch Fett von Tierhäuten abzuschaben. Er wurde aus hartem Gestein hergestellt.

Forum, *das*: Markt- und Versammlungsplatz in einer römischen Stadt.

G

Generation, *die*: Eine Generation umfasst die Zeitspanne, bis Kinder wieder Kinder bekommen, also rund 25 Jahre. Generationen lassen sich auch in einem Stammbaum darstellen.

Gladiator, *der*: Gladiatoren waren meist Sklaven, die bei öffentlichen Veranstaltungen in Rom auf Leben und Tod gegeneinander oder gegen Raubtiere kämpften.

Globus, *der*: Ein kugelförmiges Modell der Erde, welches seit Ende des 15. Jahrhunderts hergestellt wird.

Grab|beigabe, *die*: Damit wollten die Menschen die Toten für das Leben im Jenseits ausrüsten. Manchmal waren Grabbeigaben Gegenstände, die der Verstorbene zu Lebzeiten genutzt hatte aber oft wurde auch Schmuck extra als Grabbeigabe gefertigt.

H

Hieroglyphen, *die*: ägyptische Bilderschrift, die um 3200 v. Chr. entwickelt wurde; dem französischen Ägyptologen Champollion gelang es 1822, ihre Bedeutung zu entziffern.

Hoch|kultur, *die*: Ein Zusammenschluss von Menschen zu einem Staat unter einer dauerhaften Herrschaft eines Königs; Schrift, Kunst, Recht und Religion zeichnen eine Hochkultur aus. Ein Beispiel für eine frühe Hochkultur ist Ägypten.

I

Imperium, *das*: (von lat.: imperare = befehlen) Ursprünglich bedeutete Imperium die Macht der römischen Beamten. Später nannten die Römer so das Gebiet, das sie eroberten und beherrschten.

J

Jung|stein|zeit, *die*: (= Neolithikum) In dieser Zeit (10 000–3000 v. Chr.) gingen die Menschen zum Ackerbau und zur Viehzucht über. Bisher hatten sie als Jäger und Sammler gelebt. Nun wurden die Menschen sesshaft.

K

Kaiser, *der*: Alleinherrscher, König der Könige; der Name ist von dem ersten Alleinherrscher in Rom, Caesar, abgeleitet.

Klerus, *der*: Bezeichnung für alle Priester und Bischöfe. Der Klerus bildete einen eigenen Stand im Mittelalter. Seine Angehörigen nennt man „Kleriker".

König, *der*: alleiniger Herrscher eines Landes; seine Herrschaft wurde oft mit der Einsetzung durch einen Gott oder durch Götter begründet.

Kolonie, *die*: (von lat.: colonus = Bebauer, Ansiedler) eine neu gegründete Siedlung; zahlreiche griechische Stadtstaaten litten unter Überbevölkerung und Hungersnöten. Deshalb wanderten seit 750 v. Chr. viele Griechen aus. Sie besiedelten die Küsten des Mittelmeeres und des Schwarzen Meeres und gründeten dort neue Städte (Kolonien).

Kreuz|zug, *der*: Die Kreuzzüge waren Kriege im Mittelalter, die Christen gegen Muslime und Andersgläubige führten. Christen zogen von Europa aus in Richtung Jerusalem, um dort heilige Orte zu befreien. Die Teilnehmer der Kreuzzüge nennt man Kreuzfahrer oder Kreuzritter.

L

Legionär, *der*: die römischen Soldaten wurden „Legionäre" genannt. Sie waren Angehörige einer Legion, die aus etwa 4000 bis 6000 Soldaten bestand.

M

Metall|zeit, *die*: Um 3000 v. Chr. setzte sich die Bronze bei der Verarbeitung für Waffen, Werkzeuge und Schmuck durch. Ab 800 v. Chr. begann in Europa die Eisenzeit. Waffen und Geräte wurden nun aus Eisen hergestellt.

Missionierung, *die*: gezielte Verbreitung des eigenen Glaubens unter Andersgläubigen im Auftrag einer Kirche oder Glaubensgemeinschaft.

Monarchie, *die*: Das Wort kommt aus dem Griechischen und bedeutet „Alleinherrschaft". Es handelt sich um eine Staatsform, bei der eine Person, z. B. ein Pharao, König, Kaiser oder Fürst, allein über sein Volk herrscht. Die Herrschaft wird meist innerhalb der Familie weitervererbt.

Mumie, *die*: Leichnam, der durch besondere Verfahren vor der Verwesung bewahrt wurde (Ägypten) oder über lange Zeit in einem Moor/Gletscher luftdicht abgeschlossen war.

N

Nomade, *der*: Ein Mensch ohne festen Wohnsitz, der auf der Suche nach Nahrung oder Weideland für sein Vieh umherzieht.

O

Oase, *die*: Ort in der Wüste, an dem es ein Wasservorkommen gibt. Dort wachsen Pflanzen und Landwirtschaft ist möglich.

Olympische Spiele, *die*: Sportliche Wettkämpfe, die zu Ehren des Göttervaters Zeus in Olympia veranstaltet wurden. 293-mal (von 776 v. Chr. bis 393 n. Chr.) konnten die Spiele in ununterbrochener Reihenfolge stattfinden. Danach wurden sie durch den römischen Kaiser Theodosius verboten. Der Franzose Baron de Coubertin rief sie 1896 wieder ins Leben.

P

Papyrus, *der*: Sumpfgras an den Ufern des Nils. Aus der Staude stellten die Ägypter den Vorläufer des Papiers her.

Patrizier, *die*: (lat.: patres = Väter) Die wohlhabenden römischen Bürger, die dem Adel entstammten und politische Ämter übernahmen.

Pharao, *der*: Titel der ägyptischen Könige. Der Begriff bedeutet „großes Haus". Der Pharao war als Alleinherrscher der oberste Herr aller Menschen am Nil. Es gab auch einige Frauen auf dem Pharaonenthron. Wie der Pharao wurde auch die Königin als Gottheit verehrt.

Plebejer, *die*: (lat.: plebs = Menge, Masse) Freie Bauern, Handwerker, Händler und Kaufleute in Rom, die nicht zum Römischen Adel gehörten und häufig Kriegsdienst leisten mussten.

Polis, *die*: (griech. = Burg, Stadt; Mehrzahl: Poleis) Bezeichnung für die im alten Griechenland selbstständigen Stadtstaaten, z. B. Athen, Sparta, Korinth. Die Einwohner einer Polis verstanden sich als Gemeinschaft. Sie waren stolz auf ihre politische Selbstständigkeit und achteten darauf, wirtschaftlich unabhängig zu bleiben.

Provinz, *die*; **Provinzen,** *die*: ein erobertes Gebiet Außerhalb Italiens, das unter römischer Verwaltung stand.

Q

Quelle, *die*: Ein Zeugnis aus der Vergangenheit. Wir können aus Quellen etwas über unsere Geschichte erfahren. Man unterscheidet zwischen Sachquellen, Bildquellen, Schriftquellen und mündlichen Überlieferungen.

R

Renaissance, *die*: (von ital. „Wiedergeburt") Bezeichnung für die Zeit am Ende des Mittelalters, in der man Bücher und Kunstwerke der griechischen und römischen Antike „wiederentdeckte". Sie hatten großen Einfluss auf das Denken und die Wissenschaft.

Republik, *die*: (von lat.: res publica = die öffentliche Sache) Der Begriff „Republik" steht für eine Staatsform, in der das Volk oder ein Teil des Volkes die Macht ausübt.

S

Senat, *der*: (lat.: senex = Greis) Rat der Ältesten, eine Versammlung von Patriziern in Rom, die in der Politik das Sagen hatte.

Sklaven, *die*: Unfreie Menschen, die zur Verrichtung von Arbeiten eingesetzt wurden; im Altertum waren Sklaven zumeist Kriegsgefangene oder deren Nachkommen. Sklaven konnten wie eine Ware gekauft und verkauft werden.

Staat, *der*: Als „Staat" wird eine Form des Zusammenlebens bezeichnet, bei der eine Gruppe von Menschen – das Volk – in einem abgegrenzten Gebiet nach einer bestimmten Ordnung lebt. Der ägyptische Staat gilt als einer der ersten Staaten.

Stamm, *der* eine lose Gruppe benachbarter Familien oder Siedlungsgemeinschaften. Sie haben in ihrer Lebensweise viele Gemeinsamkeiten.

Stand, *der*: Abgeschlossene Gruppe in einer Gesellschaft; die Mitglieder einer Gruppe bestimmen sich durch Geburt, Vermögen oder unterschiedliche Rechte.
Die Zugehörigkeit zu der Gruppe bestimmte die Rechte und die Pflichten des Menschen für sein ganzes Leben.

T

Toleranz, *die*: Eigenschaft eines Menschen, Anderssein und Andershandeln (Meinungen, Werte und Verhaltensweisen) bei anderen Menschen nicht abzulehnen.

Tyrann, *der*: Das Wort kommt aus dem Griechischen und bezeichnet einen Alleinherrscher, der durch den Einsatz von Gewalt die Macht ergriffen hat.

V

Verfassung, *die*: Eine Verfassung legt fest, welche Aufgaben und Rechte die Bürger haben und wer den Staat regiert. Sie kann eine „geschriebene Verfassung" sein, wie etwa das Grundgesetz der Bundesrepublik Deutschland. Geschriebene Verfassungen gibt es erst seit etwa 200 Jahren.

Volk|(s)|tribun, *der*: er war ein Vertreter des Volkes in der römischen Republik und konnte nur von den Plebejern gewählt werden. Seine Amtszeit war auf 1 Jahr begrenzt. Es gab 10 Volkstribunen. Sie konnten mit ihrem „Veto-Recht" einen Beschluss des Senats ablehnen.

W

Welt|religion, *die*: Religionen mit einer hohen Anzahl von Anhängern und einer großen Verbreitung auf der Welt. Dazu zählen Christentum, Islam, Judentum, Hinduismus und Buddhismus.

Z

Zeit|zeuge, *der*: Ein Zeitzeuge oder eine Zeitzeugin kann über die Zeit, die er oder sie miterlebt hat, berichten (mündliche Überlieferung).

Zunft, *die*: Zusammenschluss von Handwerkern einer Berufsrichtung in den mittelalterlichen Städten. Die Zunftordnung schrieb die Herstellung und den Verkauf von Waren sowie das Zusammenleben der Handwerker vor.

Luisa Ricciarini; **S.114|2:** mauritius/Hemis.fr; **S.114|3:** Bridgeman; **S.116|1:** bpk/Scala; **S.116|3:** akg; **S.117|2:** akg/Peter Connolly; **S.117|3:** akg/Bildarchiv Steffens; **S.119|u.r:** Imago/brennweiteffm; **S.119|o.:** Depositphotos/Rainer Lesniewski; **S.119|u.l.:** Depositphotos/Rainer Lesniewski; **S.120|2:** bpk/Scala; **S.121|3:** mauritius/alamy/Peter K.Lloyd; S.121|4: interfoto/Sammlung Rauch; **S.122|2:** bpk/Münzkabinett; SMB/Reinhard Saczewski**; S.124|125:** dpa/imageBROKER; **S.127:** Deutsche Burgenvereinigung e.V. Marksburg; **S.128|o.r.:** Imago/Hoffmann Photograp; **S.128|o.l.:** dpa/Birgit Reitz-Hofmann/Shotshop; **S.128|u.r.:** mauritius/Udo Siebig; **S.129:** Imago/Hoffmann Photograp; **S.130|1:** bpk/ RMN - Grand Palais/ Jean-Gilles Berizzi; **S.133|4:** akg; **S.133|5:** bpk/Germanisches Nationalmuseum/Dirk Meßberger; **S.134:** akg; **S.137:** akg; **S.138|1:** Cornelsen/Straive; **S.139|4:** mauritius/Pitopia; **S.139|5:** Depositphotos/Tadija Savic; **S.142|1:** interfoto/Science & Society/Florilegius; **S.142|2:** StockFood/Diez; Ottmar; **S.142|3 u.:** Imago/imagebroker/O.xDiez; **S.142|3 o.:** mauritius/Norbert Neetz; **S.143|1:** bpk/British Library Board; **S.143|2:** akg; **S.144|1:** Shutterstock/saiko3p; **S.144|2:** interfoto/Hanna Wagner; **S.144|3:** interfoto/Sammlung Rauch; **S.144|4:** mauritius/alamy/REDA &CO srl; **S.146|o.r.:** mauritius/Karl F. Schöfmann; **S.146|m.:** dpa/Dave King/Dorling Kindersley; **S.146|o.l.:** WAS IST WAS Band 118 Das Mittelalter; Copyright © 2013 TESSLOFF VERLAG; Nürnberg; **S.147:** Altigi GmbH/Goodgame Studios; **S.148|3:** mauritius/Westend61 RF; **S.150/151**: akg images; **S.153:** bpk / Kunstbibliothek; SMB / Knud Petersen; **S.155:** akg images; **S.158|1:** Ecole Nationale Superieure des Beaux Arts; Paris; France/Bridgeman; **S.158|3:** Bridgeman/Bibliotheque de l'Ecole des Beaux-Arts; Paris; France; **S.159|4:** Bridgeman; **S.159|5:** Bridgeman; **S.161|m.:** mauritius/Rene Mattes; **S.161|l.:** akg/Hedda Eid; **S.161|r:** Shutterstock/Gyuszko-Photo; **S.161|3:** OKAPIA KG/ © Christian Grzimek; **S.162|1:** bpk/Scala; **S.162|2 l.:** bpk/Scala - courtesy of the Ministero Beni e Att. Culturali; **S.162|2 r.:** bpk/Alfredo Dagli Orti; **S.162|3:** OKAPIA KG / © Christian Grzimek; **S.163|2:** akg/Michael Teller; **S.164|1:** akg; **S.166:** Bridgeman/Luisa Ricciarini; **S.168/169:** Fotofinder/ hemis.fr**; S.170|2:** Shutterstock/Lucky-photographer; **S.170|3:** dpa/dpa-Zentralbild/Stephan Schulz**; S.171|4:** Shutterstock/Mazur Travel; **S.171|5:** akg/Gerard Degeorge; **S.172|2:** Bridgeman; **S.174:** Bridgeman; **S.175:** akg; **S.178:** akg/Album/Oronoz; **S.179|4:** Bridgeman/Granger; **S.180|1:** akg; **S.180|2:** akg/British Library; **S.182:** akg; **S.183:** bpk/Dietmar Katz; **S.184:** akg; **S.185:** Imago/INSADCO\r; **S.186:** Zentralrat der Juden – Meet a Jew; **S.187|u.l.:** Shutterstock/BabichAndrew; **S.187|o.r:** dpa/Zoonar/Zoonar.com/benis arapovic; **S.188|1:** Imago/MiS\r; **S.188|2:** Shutterstock/Irina Wilhauk; **S.188|3:** mauritius/Heiner Heine; **189|1:** Shutterstock/CHARTGRAPHIC; **S.190|A:** Shutterstock/Mazur Travel; **S.190|B:** dpa/dpa-Zentralbild/Stephan Schulz; **S.190|C:** akg/Gerard Degeorge; **S.190|D:** Shutterstock/Lucky-photographer; **S.192/193:** dpa/ZB/dpa-Zentralbild/Elmar Hartmann; **S.196:** bpk/Dietmar Katz; **S.197:** dpa/ZB/dpa-Zentralbild/Elmar Hartmann; **S.198:** bpk/Scala; **S.202:** Shutterstock/KBF Media; **S.203|1:** Shutterstock/f9photos; **S.203|2:** bpk; **S.205:** akg; **S.206:** bpk/Staatsbibliothek zu Berlin/Ruth Schacht; **S.208|1:** Brightman Images/National Geographic Creative**; S.208|2:** akg; **S.209:** bpk/Hermann Buresch; **S.213|1:** mauritius/alamy/ZUMA Press; Inc.; **S.213|2:** dpa/The Orange County Register/ZUMAPRESS.com; **S.214:** bpk/Ruth Schacht

Illustrationen und Karten:

Cornelsen/Detlef Seidensticker: S.172|1; **Cornelsen/Carlos Borrell Eiköter:** S.32|3; S.33|5; S.45|2; S.52; S.53; S.76|1; S.79|2; S.98|1; S.103; S.109; S.128|1; S.130|2; S.154; S.157; S.163|1; S.179|3; S.181|4; S.200; S.204|1; S.211|3; **Cornelsen/Elisabeth Galas:** S.28|2; S.44; S.47|4; S.47|5; S.120|1; S.126; S.211|2; **Cornelsen/Klaus Kühner:** S.177; **Cornelsen/Klaus Kühner, bearbeitet von Carlos Borrell Eiköter:** S.164|2; **Cornelsen/ Markus Kluger:** S.139|3; S.160; S.170|1; **Cornelsen/Michael Teßmer:** S.4|o.l.; S.32|1|2; S.34|1; S.35|r.; S.39|1|2|6; S.40|2; S.41|1|3; S.43|3|4; S.46|2; S.74; S.75; S.77; S.80|u.r.; S.82|1|o.r.; S.84; S.92; S.97; S.101|m.r.; S.104|2; S.105; S.122|3; S.131; S.136|1; S.148|2; **Cornelsen/Thomas Binder:** S.3|o.l.; S.79|4; S.88|o.l.; S.132; S.136|u.r.; S.140; S.145; S.173; S.176; S.181|6; S.194|1; S.201; **Cornelsen/Volkhard Binder:** S.80|1; S.81|4; S.165; S.171|6; **Cornelsen/Carsten Märtin:** S.S.50|3; S.70|4; S.138|2; S.152; **Cornelsen/Erfurth Kluger Infografik GbR:** S.160; S.170|1; **Cornelsen/Gregor Mecklenburg:** S.83|3; **Cornelsen/Hans Wunderlich:** S.33|4; S.36; S.67|6; S.100|1; S.102|1; S.141; S.156; **Cornelsen/Joana Stratmann:** S.108; S.115; S.135; S.149; S.194; S.195; S.199; S.210; S.212; S.214; **Cornelsen/Klaus Becker:** S.28|1; **Cornelsen/Matthias Pflügner:** S.86; **Cornelsen/Nicole Rademacher:** S.20; S.21|m.; S.55; S.70|2; S.93

Was ist zu tun?

Hier kannst du nachlesen, was du bei Aufgaben machen sollst, die mit den folgenden Worten beginnen.

Arbeite heraus

Du sollst aus einem Material Informationen entnehmen. Sie werden nicht wörtlich genannt. Du musst sie dir aus dem Zusammenhang erschließen.

Begründe

Du sollst wichtige Gründe nennen, warum eine Sache so oder anders ist. Die Informationen dafür entnimmst du dem Material.

Beschreibe

Du sollst einen Sachverhalt gut geordnet darstellen. Du musst nichts deuten oder bewerten.

Beurteile

Du sollst einen Sachverhalt überprüfen und ein Sachurteil abgeben. Wichtig ist, dass du dein Urteil von der Sache her begründest.

Bewerte

Du sollst ein persönliches Werturteil fällen. Mache klar, wie du zu deiner Bewertung kommst und was deine Wertmaßstäbe sind.

Entwirf

Du sollst eine Skizze, also eine grobe Zeichnung, für eine Darstellung machen.

Entwickle

Du sollst für einen Sachverhalt oder ein Problem einen Lösungsvorschlag oder einen Gegenvorschlag formulieren.

Erkläre

Du sollst einen Sachverhalt im Zusammenhang so darstellen, dass Bedingungen, Ursachen und Zusammenhänge verständlich werden.

Erläutere

Du sollst einen Sachverhalt an Beispielen verdeutlichen. Diese entnimmst du dem genannten Material.

Fasse zusammen

Lies den Text genau, notiere Stichwörter und gib den Inhalt wieder.

Fertige an

Du sollst etwas herstellen, z.B. eine Zeichnung.

Finde heraus

Ermittle einen Sachverhalt aus unterschiedlichen Informationsquellen.

Gestalte

Du sollst Informationen übersichtlich und kreativ als Bild und Text zusammenstellen (z.B. als Schaubild, Plakat oder Mindmap).

Gib die Aussagen … wieder

Lies den Text genau und mache Notizen. Gib die wichtigsten Aussagen (Behauptungen) ohne Kommentar wieder.

Nenne

Du sollst Informationen sammeln und aufschreiben, ohne diese zu kommentieren.

Nimm Stellung

Entspricht „bewerte".

Untersuche

Du gehst einer Sache auf den Grund, indem du Fragen stellst und die Ergebnisse aufschreibst.

Überprüfe

Du sollst auf Grundlage deines Wissens oder von Materialien feststellen, ob eine Behauptung richtig ist.

Vergleiche

Arbeite aus den Materialien Unterschiede und Gemeinsamkeiten heraus. Lege dafür z.B. eine Tabelle an.